世界矿业发展报告

（2022~2023）

ANNUAL REPORT
ON GLOBAL MINING DEVELOPMENT
(2022-2023)

吴爱祥　陈红薇　主编

王冰　副主编

社会科学文献出版社
SOCIAL SCIENCES ACADEMIC PRESS (CHINA)

　　本研究报告系北京科技大学矿业与钢铁行业中外人文交流研究院年度研究成果，得到北京科技大学科技与文明中外人文交流研究中心立项开放课题资助。

世界矿业发展报告（2022~2023）
编 委 会

主要编撰者简介

吴爱祥 教授、博士生导师,北京科技大学校务委员会副主任。"国家杰出青年科学基金"获得者、教育部"长江学者"特聘教授,兼任国务院学位委员会学科评议组成员、"金属矿山高效开采与安全"教育部重点实验室主任、中国金属学会采矿分会主任,以及 *International Journal of Minerals, Metallurgy and Materials* 和《工程科学学报》主编。长期致力于金属矿绿色开采理论与技术研究,主要研究方向为散体动力学、膏体充填采矿和金属矿连续开采工艺。先后获得国家科技进步二等奖 4 项、省部级特/一等奖 9 项,牵头制定国家标准 2 项,获得授权发明专利 20 余项,发表 SCI/EI 论文 200 余篇,出版中英文专著 5 部。

陈红薇 教授、博士生导师,北京科技大学外国语学院院长、矿业与钢铁行业中外人文交流研究院常务副院长。北京市教学名师,国家一流专业建设项目负责人,北京高校优秀本科育人团队负责人。担任全国英国文学年会常务理事、外语学科发展研究专业委员会理事,国际期刊 *Literature Compass* 编委等。研究方向为国别区域与文化研究、共同体研究、文学与科技伦理。主持和参与国家社科基金项目和省部级以上项目 11 项,出版著作 10 部,发表学术论文 50 多篇。

王 冰 讲师，一级翻译（笔译、口译），中国翻译协会专家会员，北京科技大学矿业与钢铁行业中外人文交流研究院中东欧小组和矿业研究方向负责人。先后毕业于国防科技大学和北京外国语大学，从事口译实践和教学工作，拥有十余年国际会议口笔译经验。主要研究方向为国际政治、语言学、中东欧区域国别研究、国际能源与矿业合作研究。先后参与教育部新文科研究与改革实践项目等省部级项目，主持北京科技大学校级科研、教研项目5项，在《现代国际关系》（英文版）和《区域与全球发展》等期刊上发表区域国别类论文多篇。作为参与人，获得北京市教育教学成果奖二等奖（2021年）、校级教育教学成果奖特等奖（2020年）和一等奖（2020年）。

序 言

　　矿产资源是国家经济社会发展的重要基础，被誉为"工业的食物和血液"。1949 年新中国成立以来，通过自力更生和加大矿业勘探开发力度，我国矿业发展取得了巨大成就。1953～1978 年，我国主要矿产品的产量大幅度增长，为新中国的建设提供了不可或缺的工业食粮。改革开放以来，我国从开始引进外资合作勘查开发国内矿产资源，到引进国外先进的矿业技术与管理经验，再到实施"走出去"的发展战略，一跃进入世界矿业大国的行列，为中国经济三十余年高速持续增长提供了重要支撑。党的十八大以来，我国矿业认真落实"两种资源、两个市场"的发展战略，积极推动共建"一带一路"高质量发展，踊跃参与全球矿业市场竞争，向矿业强国迈出了重要的步伐。中国矿业发展的宏观影响力不断扩大，为我国国民经济和社会发展提供了更加可靠的矿产资源保障，也为全球矿业的可持续发展贡献了中国智慧。

　　党的二十大报告将矿产资源安全提升到国家安全的高度，强调要"加强重点领域安全能力建设，确保粮食、能源资源、重要产业链供应链安全"；要"在关系安全发展的领域加快补齐短板，提升战略性资源供应保障能力"。党的二十大报告同时强调，"共建'一带一路'成为深受欢迎的国际公共产品和国际合作平台"，应将"推动共建'一带一路'高质量发展"作为推进高水平对外开放的重要举措。这为我们深刻认识能源资源安全问题、深化矿产行业国际合作、保护矿产企业海外利益指明了方向。

　　当前，各国经济逐步走出新冠疫情的阴影，全球实现碳达峰、碳中和和清洁能源转型已经成为大势所趋。全球经济复苏和绿色转型对矿产供应保障提出了更高的要求。在此背景下，由北京科技大学、教育部中外人文交流中心共同建立的北京科技大学矿业与钢铁行业中外人文交流研究院应运而生。

作为北京科技大学的二级内设机构，研究院以打造集学术研究、决策咨询、技术服务、人才培训、人文交流和文化传承为一体的开放性和国际性高端智库为己任，旨在搭建研究、资源与行业企业需求有效对接的新平台，针对矿业与钢铁行业企业特点开展人文交流研究，增强服务社会的针对性、实效性，更好地服务于国家"走出去"战略，推动共建"一带一路"高质量发展。

三年来，研究院围绕服务矿业与钢铁行业开展研究，研究领域主要包括"矿业和钢铁行业+国别"研究，矿产企业本土化发展经验研究，重点矿产资源国的人文社会研究等。在对非洲、中东欧国家和德国的矿业和钢铁行业情况进行深入研究的基础上，研究院推出了《中国矿山企业非洲本土化及人文交流机制研究》《中国—塞尔维亚矿业与钢铁合作人文社会环境研究报告》《德国钢铁行业研究》等研究报告。

《世界矿业发展报告（2022~2023）》是北京科技大学矿业与钢铁行业中外人文交流研究院成立后公开出版的第一部代表性研究成果，由北京科技大学矿业与人文研究团队编撰而成。《世界矿业发展报告（2022~2023）》在广泛收集资料的基础上，创新性地将矿产行业发展态势与当前全球能源转型、重视环境保护、强调企业社会责任等新要求相结合，以保障我国矿产资源安全为目标，突出研究院在人文社会学科的研究专长，努力为矿产行业提供人文社会科学的解决方案。希望本报告可以为政府制定矿业合作政策、行业确定发展方向、企业适应环境变化提供智力支持。

习近平总书记在《给北京科技大学老教授的回信》中指出，要促进钢铁产业创新发展、绿色低碳发展，为铸就科技强国、制造强国的钢铁脊梁作出新的更大的贡献。未来，作为新中国的"钢铁摇篮"，北京科技大学将继续秉持"求实鼎新"的校训精神，以高质量智库成果助力矿业与钢铁行业持续健康发展，为推动共建"一带一路"高质量发展和构建人类命运共同体贡献力量。

摘　要

矿产资源是支持经济社会发展的血液，是确保各个经济部门发展的物质基础。然而，近年来，受到国际矿产市场价格波动、地缘政治博弈加剧、全球能源转型深入推进等多重因素影响，全球矿业发展环境正在发生深刻变化。在不断变化的环境中，进一步保障我国的矿产资源安全、保障我国矿产企业的海外利益、讲好矿产企业的中国故事，是摆在所有矿业人面前的一道时代考题。

党的二十大报告明确指出，要"加强重点领域安全能力建设，确保粮食、能源资源、重要产业链供应链安全"，要"加强海外安全保障能力建设，提升战略性资源供应保障能力"。这进一步凸显了做好世界矿业发展环境研究的紧迫性和必要性。本书是由北京科技大学矿业与钢铁行业中外人文交流研究院组织编撰的关于矿产行业发展的最新年度报告，分为总报告、区域报告、专题报告、附录四个部分。

本书全面总结了2022～2023年度世界矿产行业的发展状况，按区域和专题两条主线，分别梳理了各地区矿产投资的最新趋势、矿业发展环境的最新变化，同时对世界矿产行业关心的几个重点问题进行深入剖析，以期既展示供矿产行业发展的现状，又突出影响矿业发展的重点问题。

总报告部分对世界矿产行业的现状和最新进展进行梳理，并对未来发展趋势做出了展望。在区域报告中，分别对各大洲矿产行业的投资现状、矿业发展环境的变化以及重要的发展特征进行了总结。在专题报告中，遴选欧洲对非矿产投资政策与措施、拉美矿业发展的新挑战、俄罗斯矿业发展新趋势以及中亚地区涉矿社会组织等代表性议题，回应全球矿产企业对绿色转型、社会组织影响、地缘政治、关键金属供应链等问题的关切。本报告旨在全景式展示世界矿产行业发展现状、发展环境的最新变化以及对未来的预测，从而为政策制定者、矿产企业、行业组织提供智力支持。

　　未来，世界矿产行业依然面临成本上涨、低碳转型以及政策法规收紧等多重挑战，矿产行业高质量发展迫在眉睫。本研究可为我国政府制定矿产资源安全战略和保护海外利益方案提供支撑，为矿产企业和国家形象传播提供政策建议，有助于维护我国矿产资源安全和企业海外利益的具体实践。

　　关键词：关键矿产　矿业　资源安全

目 录

Ⅰ 总报告

Ⅱ 区域报告

Ⅲ 专题报告篇

Ⅳ　附录

总 报 告

General Report

2022~2023年国际矿业发展态势：
现状、挑战与机遇

陈红薇 王冰*

摘 要： 2022年是不平凡的一年。尽管受到疫情的冲击，但受到低碳能源转型的推动，全球矿产行业率先恢复。全球主要矿产价格先升后降，矿产行业并购稳步推进；随着金属价格出现大幅回落，矿业公司利润和资源国出口收入普遍承受压力；此外，矿产企业勘探投资稳步增加。突出特征包括关键矿产投资热度不减，矿产产业链韧性和矿产资源安全备受各国关注，企业经营成本普遍提高。就全球发展环境而言，矿业发展的外部约束日益增多，跨国矿产投资的规则限制有所收紧，矿产资源国内部关于外资的态度分歧增大。未来，大国之间对

* 陈红薇，教授，博士生导师，北京科技大学外国语学院院长、矿业与钢铁行业中外人文交流研究院常务副院长；王冰，北京科技大学外国语学院讲师、一级翻译，北京科技大学矿业与钢铁行业中外人文交流研究院中东欧小组和矿业研究方向负责人。

矿产资源的争夺将进一步加剧，资源国可能加大对矿产资源的管控力度，然而，企业对于关键矿产的勘探和开发将持续。建议企业熟悉投资目的国的政策法规和社会环境，采取综合手段降低企业经营成本，提高竞争力，并且重新审视产业内外联合的新机遇。

关键词： 矿业发展　矿业政策　社会环境

一　引言

2022 年是不平凡的一年，对于全球矿产行业来说也是如此。2022 年不仅见证了新冠疫情对行业发展的影响进入第三个年头，同时又在期待中迎来了疫情后解封的曙光；2022 年不仅让矿产行业继续享受关键矿产品价格上涨而带来的投资热潮，也不得不面对矿产开发产能不可能一夜间暴增的现实；2022 年既让外国投资者继续被主要矿产资源国欢迎投资的诉求所吸引，又让投资者不得不提前为这些国家政策和环境的更多不确定性做好准备。总之，2022~2023 年度的全球矿业更像是机遇与挑战的结合，甚至不经仔细审视，很容易一边倒地得出机遇大于挑战抑或挑战大于机遇的结论。本研究包括矿业发展概况介绍、矿业发展环境演变分析以及对未来展望等几个部分。

二　2022 年全球矿产行业发展回顾及趋势

2022 年，受到新冠疫情、通货膨胀、中国经济放缓等多重因素影响，全球主要经济体的 GDP 增速放缓。国际货币基金组织预计，全球经济平均增长率将从 2022 年的 3.4% 下降到 2023 年的 2.9%，2024 年有望回升到 3.1%。2023 年 1 月，国际货币基金组织提高了对全球经济平均增长率的预期，但仍低于历史（2000～2019年）3.8%的平均值（见表1、图1）。随着中国市场的重新开放和中国经济的复苏，全球经济有望进一步加速。此外，预计全球平均通货膨胀率将从2022年的8.8%降至2023年的6.6%和2024年的4.3%，但仍高于新冠疫情前（2017～2019年）的约3.5%的水平。

表1 2021～2024年全球主要经济体GDP增速

单位：%

国家	2021年（实际值）	2022年（估计值）	2023年（预测值）	2024年（预测值）
阿根廷	10.4	4.6	2.0	2.0
澳大利亚	5.2	3.6	1.6	1.7
巴西	5.0	3.1	1.2	1.5
加拿大	5.0	3.5	1.5	1.5
中国	8.4	3.0	5.2	4.5
埃及	3.4	6.6	4.0	5.3
法国	6.8	2.6	0.7	1.6
德国	2.6	1.9	0.1	1.4
印度	8.7	6.8	6.1	6.8
印度尼西亚	3.7	5.3	4.8	5.1
伊朗	4.7	3.0	2.0	2.0
意大利	6.7	3.9	0.6	0.9
日本	2.1	1.4	1.8	0.9
哈萨克斯坦	4.1	2.5	4.3	4.4
韩国	4.1	2.6	1.7	2.6
马来西亚	3.1	6.7	4.4	4.9
墨西哥	4.7	3.1	1.7	1.6
荷兰	4.9	4.2	0.6	1.2
尼日利亚	3.6	3.0	3.2	2.9
巴基斯坦	5.7	6.0	2.0	4.4
菲律宾	5.7	7.0	5.0	6.0
波兰	6.8	5.4	0.3	2.4
俄罗斯	4.7	-2.2	0.3	2.1
沙特阿拉伯	3.2	8.7	2.6	3.4
南非	4.9	2.6	1.2	1.3

续表

国家	2021 年 （实际值）	2022 年 （估计值）	2023 年 （预测值）	2024 年 （预测值）
西班牙	5.5	5.2	1.1	2.4
泰国	1.5	3.2	3.7	3.6
土耳其	11.4	5.5	3.0	3.0
英国	7.6	4.1	-0.6	0.9
美国	5.9	2.0	1.4	1.0

资料来源：2023 年 1 月国际货币基金组织《世界经济展望》，January，2023，https：//www.imf.org/en/Publications/WEO/Issues/2023/01/31/world-economic-outlook-update-january-2023。

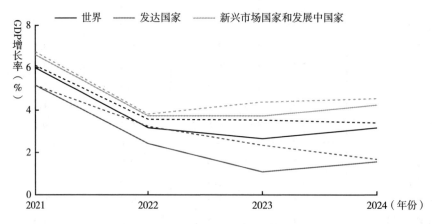

图 1　2021~2024 年全球 GDP 增长预测

注：实线为 IMF 2022 年 10 月预测值，虚线为 IMF 2022 年 4 月预测值。

资料来源：2022 年 10 月国际货币基金组织《世界经济展望》，https://www.imf.org/en/Publications/WEO/Issues/2022/10/11/world-economic-outlook-october-2022。

（一）全球矿业的总体情况及趋势

1. 矿产价格与企业收入

受到全球经济放缓、清洁能源转型、主要矿产国国内政策的影响，2022~2023 年度全球矿产行业的发展经历了冰火两重天。根据普华永道的调查，全球最大的 40 家矿业公司 2021 年的财务业绩表现抢眼，在大宗商品价格高企和谨慎的成本管理支持下，收入增长 32%，净利润飙升 127%。①

随后，国际矿产品市场剧烈动荡，大多数矿产品价格冲高后回落。2022 年 2 月至 8 月，能源（尤其是天然气）价格上涨了 129.2%，引领了大宗商品价格的上涨。同时，贱金属价格下跌 19.3%，贵金属价格下跌 6.0%。自 2022 年第四季度至今，金属价格出现大幅回落，矿业公司普遍承受压力（见图 2、表 2）。世界第二大矿业公司力拓集团近期宣布将年度股息减半。截至 2022 年，全球排名第一的矿业公司嘉能可（Glencore）报告，2021 年的年收入约为 2437 亿美元。截至 2021 年，排在第二位的矿业公司必和必拓已从前几年的收入下滑中复苏。它们的主要关注点是金属和采矿。②

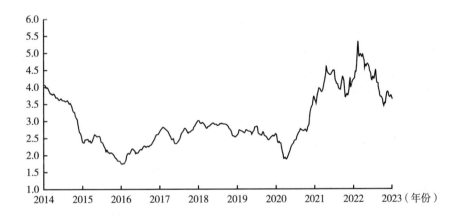

图 2　2014~2023 年矿产价格指数变化

资料来源："Weekly Pricing Pulse：Commodity Prices Slide Amid Weak Mainland China Demand," S&P Global, https：//www.spglobal.com/marketintelligence/en/mi/research-analysis/weekly-pricing-pulse-commodity-prices-slide-amid-weak-mainland.html。

---

① PWC, "Miners Have An Opportunity to Emerge As Leaders in a Critical Transition," https：//www.pwc.co.uk/press-room/press-releases/miners-opportunity-to-emerge-as-leaders-in-critical-transition.html.

② "Global Leading Mining Companies By Revenue 2022 Ranking," Statista, https：//www.statista.com/statistics/272707/ranking-of-top-10-mining-companies-based-on-revenue/.

表 2　2020~2024 年能源矿产价格变化

类别	能源矿产	单位	2020 年	2021 年	2022 年	2023 年(预测)	2024 年(预测)
贵金属	黄金	美元/盎司	1771	1799	1800	1800	1700
有色金属	铝	美元/吨	1732	2486	2725	2600	2700
	铜	美元/吨	6197	9294	8800	8400	9100
	铅	美元/吨	1837	2189	2150	2250	2200
	镍	美元/吨	13861	18467	24250	22500	23200
	锡	美元/吨	17110	31172	30000	20000	25500
	锌	美元/吨	2280	3007	3500	3200	3000
	碳酸锂	美元/吨	6375	18938	68000	55000	50000
	氢氧化锂	美元/吨	7290	17582	67000	56000	51000
黑色金属	钢复合材料	美元/吨	582	959	860	825	800
	铁矿石	美元/吨	105	156	115	100	90
煤炭	动力煤	美元/吨	61	137	320	280	250
	炼焦煤	美元/吨	131	212	375	300	275
石油	布伦特原油	美元/桶	43	71	102	95	88

资料来源："Mining And Metals Key Themes For 2023," December 6, 2022, https://www.fitchsolutions.com/mining/mining-and-metals-key-themes-2023-06-12-2022。

2022 年，在标准普尔旗下的高盛商品指数（GSCI）中，金属类商品指数 2022 年初上涨 23.9%，于 3 月达到峰值，随后稳步下跌。受到铁矿石和铜价格下跌的影响，2022 年前三季度，巴西矿业产量下降了 2.8%，智利矿业产量下降了 4.4%，秘鲁矿业产量下降了 1.3%。但在煤炭、铀、天然气等能源价格上涨的推动下，同期澳大利亚矿业产量增长了 7.1%，加拿大矿业产量增长了 2.3%，哈萨克斯坦矿业产量增长了 30%，纳米比亚矿业产量增长了 21.5%，阿根廷矿业产量增长了 14.4%。

铁矿石、铜的价格冲高后回落，使得巴西、智利的出口额大幅下降。2022 年，巴西铁矿石出口量为 3.46 亿吨，较 2021 年的 3.57 亿吨下降 3.1%；出口额约 290 亿美元，较 2021 年的 446 亿美元下降 35.0%。2022 年前 10 个月，智利铜出口额为 355 亿美元，较 2021 年同期的 398 亿美元下降 10.8%。

2. 2023年及近期的产业展望

惠誉解决方案预测，2023年几乎所有矿产和金属平均价格都将略有下降。俄乌冲突和中国经济恢复将在2023年继续支撑金属价格。但由于通胀压力抑制需求，全球经济放缓有可能对金属价格造成抑制。

就铁矿石产量而言，在持续五年的停滞不前后，全球铁矿石产量预计将在2022～2026年加速增长（见图3）。澳大利亚的铁矿石产量将持续增长，但可能出现增长放缓态势；巴西的产量有望加快增长；中国铁矿石产量有望企稳，这几股力量将推动全球铁矿石产量稳步增长，但总体增幅可能有所放缓（见图4）。中国将大力投资海外矿山，以保障铁矿石进口供应安全。

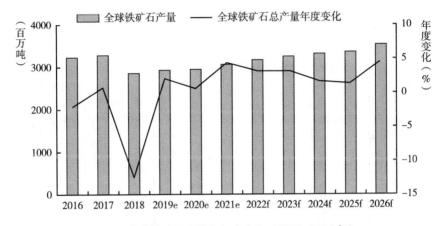

图3　全球铁矿石产量和年度变化（2016～2026年）

注：e、f分别表示基于美国地质局（USGS）估计值和预测值，下同。

资料来源："Global Iron Ore Mining Outlook," Fitch Solutions, September 5, 2022, https://www.fitchsolutions.com/mining/global-iron-ore-mining-outlook-05-09-2022。

就铁矿石价格而言，根据惠誉解决方案的预测，2023年铁矿石价格将有所上调。主要原因是中国经济复苏带来的持续乐观情绪推动了价格预期（见图5）。然而，在短时价格上涨之后，随着新建矿山的产量增长，从长期来看，预计铁矿石价格将呈下降趋势。预计到2031年，价格将下降至50美元/吨。

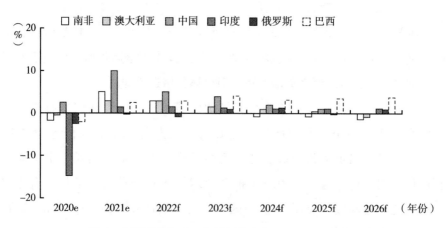

图 4　主要国家铁矿石产量年度变化（2020~2026 年）

资料来源："Global Iron Ore Mining Outlook," Fitch Solutions, September 5, 2022, https：//www.fitchsolutions.com/mining/global-iron-ore-mining-outlook-05-09-2022。

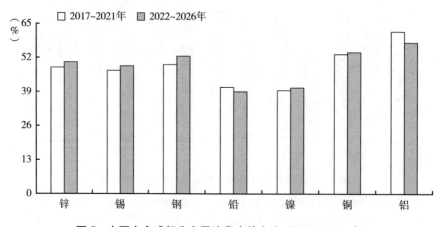

图 5　中国在全球部分金属消费中的占比（2017~2026 年）

资料来源："Global Iron Ore Mining Outlook," Fitch Solutions, September 5, 2022, https：//www.fitchsolutions.com/mining/global-iron-ore-mining-outlook-05-09-2022。

　　值得关注的是，随着"碳达峰""碳中和"的深入推进，我国对转型金属矿产的需求将大幅增加，但根据惠誉解决方案的预测，中国在全球金属消费中的比重仍将维持高位。

（二）矿产投资①

2022 年，全球绝大部分矿产资源国增加了矿产投资预算，投资预算水平均超过疫情前的水平，其中增幅最大的是加拿大，随后是美国、拉丁美洲、澳大利亚和非洲（见图6）。这显示矿业部门已率先走出疫情的影响。

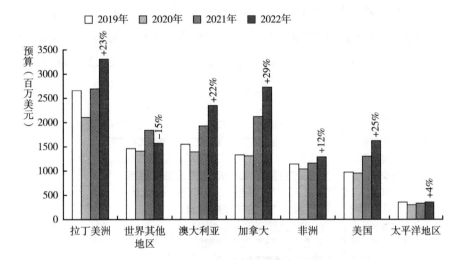

图6　2019～2022 年度矿业领域投资预算

资料来源："Early 2022 Optimism Pushes Exploration Budgets Up 16% YOY," S&P Global Market Intelligence, https://www.spglobal.com/marketintelligence/en/news - insights/research/ early-2022-optimism-pushes-exploration-budgets-up-16-yoy。

标普对2900家上市和私营公司的调查显示，受到疫情复苏的积极情绪和能源转型的推动，2022 年，有色金属勘探预算总额从 2021 年的 112 亿美元增加到 130 亿美元，增长 16%。黄金仍然是全球勘探预算流入的主要领域，2022 年的增幅更大。从勘探资金的流向看，拉丁美洲的增幅最大，增加了 6.03 亿美元，增长 23%，达到 32.6 亿美元。②

---

① 因为矿业投资数据不易获取，无投资数据时便使用政府或企业公布的预算来估计行业走势。
② "Early 2022 Optimism Pushes Exploration Budgets Up 16% YOY," S&P Global Market Intelligence, https://www.spglobal.com/marketintelligence/en/news - insights/research/early - 2022-optimism-pushes-exploration-budgets-up-16-yoy.

在有色金属勘探方面，2022年勘探预算投入排名最多的企业分别是阿格尼克鹰矿公司（Agnico Eagle）、力拓集团（Rio Tinto）、纽蒙特公司（Newmont）、巴里克黄金公司（Barrick Gold）、英美资源集团（Anglo American）、英美黄金阿散蒂公司（Anglo Gold Ashanti）、淡水河谷公司（Vale SA）、弗雷斯尼洛公司（Fresnillo）、奥斯科矿业公司（Osisko Mining）和金罗斯黄金公司（Kinross Gold）（见图7）。2022年，有色金属勘探预算最多的国家分别是加拿大、澳大利亚、美国、智利、墨西哥、秘鲁、中国、阿根廷、俄罗斯和巴西。其中，增幅最大的是阿根廷（见图8）。

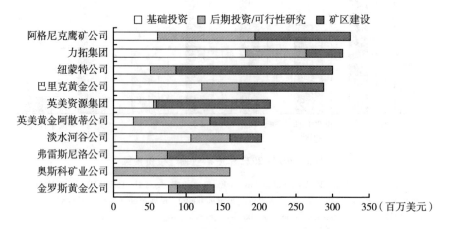

图7　2022年有色金属勘探投资预算排名前十位的企业

资料来源：" Agnico Eagle Nabs Top Spot from Rio in 2022 Nonferrous Exploration Budget Ranks," S&P Global Market Intelligence, https：//www. spglobal. com/marketintelligence/en/news-insights/latest-news-headlines/agnico-eagle-nabs-top-spot-from-rio-in-2022-nonferrous-exploration-budget-ranks-72667231。

从发展趋势来看，进入21世纪，全球矿产勘探支出明显增加。特别是自2016年以来，全球勘探投资就呈现总体增长的趋势，2019年跌幅较为明显。然而，截至目前，矿产企业对勘探的投资仍然相对谨慎，总体投资水平虽已经超过疫情前，但远未达到2012年的最高水平。这显示出全球矿产行业日趋成熟。勘探投资的增加，为后疫情时代全球矿业的整体复苏奠定了基

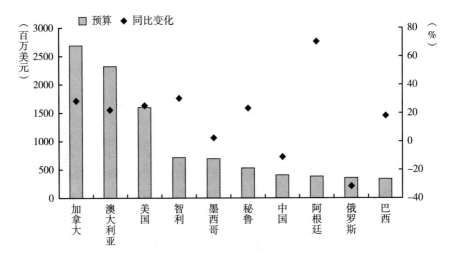

图 8 2022 年有色金属勘探预算前十位的国家

资料来源："Agnico Eagle Nabs Top Spot from Rio in 2022 Nonferrous Exploration Budget Ranks," S&P Global Market Intelligence, https://www.spglobal.com/marketintelligence/en/news-insights/latest-news-headlines/agnico-eagle-nabs-top-spot-from-rio-in-2022-nonferrous-exploration-budget-ranks-72667231。

础（见图 9）。不过需要注意的是，标准普尔预测，在 2022 年全球勘探投资增加 16%后，2023 年全球勘探投资将减少 10%～20%。[①]

（三）企业并购

1. 企业并购现状

2022 年，采矿和金属行业的上游和下游及其最终用户之间垂直整合的动力越来越大，以防止供应链中断。随着外部环境的不断变化，全球更多的矿产企业已经走向内涵式发展，通过产业链延伸和横向并购实现扩张。例如，力拓集团在 2021 年斥资 33 亿美元收购了加拿大矿商 Turquoise Hill，以获得对蒙古国巨型铜矿奥尤陶勒盖更大的控制权。与此同时，合资经营

[①] "2023 Metals and Mining Industry Outlook," S&P Global Market Intelligence, https://pages.marketintelligence.spglobal.com/Big-Picture-Reports-2022-EYP-Metals-Mining-Download-Demo-Request.html.

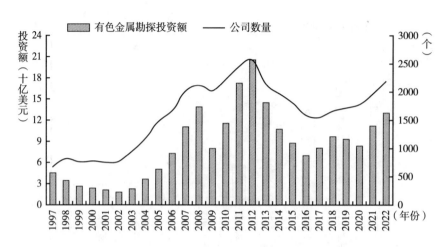

图9 1997～2022年有色金属勘探投资额及公司数量

资料来源： "Early 2022 optimism pushes exploration budgets up 16% YOY," S&P Global Market Intelligence，https：//www. spglobal. com/marketintelligence/en/news－insights/research/early-2022-optimism-pushes-exploration-budgets-up-16-yoy。

等也成为众多矿产企业规避矿产资源国不断严苛的外资审查要求的一种方式。

2022年，矿产行业的企业并购已经接近疫情前的水平。根据标普《2023年金属和矿业展望》，2022年矿产行业企业并购稳步进行，并购交易的数量有所增加。然而，2022年矿业并购活动总体仍低于疫情前水平（见图10），主要原因是亚太、欧洲、中东和非洲地区的交易量下降。交易金额的下降大于交易活动数量的下降，部分原因是大型交易（价值超过50亿美元的交易）减少了一半以上，从2021年的19笔减少到2022年的9笔。

就不同金属类别而言，黄金部门仍然是采矿业中最分散的行业之一。2019年，排名前五的黄金生产商贡献了不到世界产量的1/5。而大多数其他金属的情况是前五大生产商占全球产量的比例较高，钾肥前五大生产商甚至占比2/3（见图11）。一个值得关注的趋势是，2022年，出现了许多跨行业的交易。例如，化工企业收购可再生能源项目，石油和天然气公司收购电力

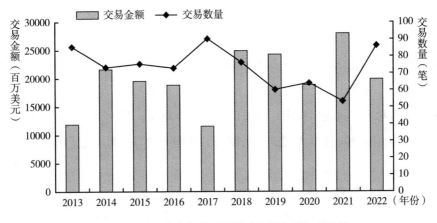

图 10　2013~2022 年的矿产并购交易金额和交易量

资料来源："2023 Metals and Mining Industry Outlook,"S&P Global Market Intelligence, https://pages. marketintelligence. spglobal. com/Big-Picture-Reports-2022-EYP-Metals-Mining-Download-Demo-Request. html。

零售商，汽车原始设备制造商收购或直接从关键矿产开采商那里获得产品。预计这种趋势将继续加速和扩大。

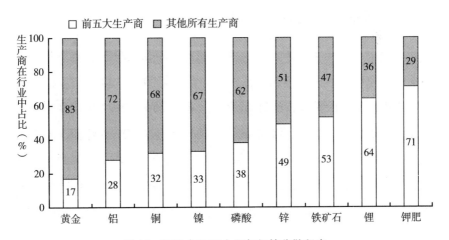

图 11　2019 年不同金属部门的分散程度

资料来源："Opportunities Over M&A Trend In Gold Mining,"Seeking Alpha, October 27, 2022，https://seekingalpha. com/article/4545222-opportunities-over-m-and-a-trend-in-gold-mining。

2. 未来并购趋势

就部门而言，黄金行业仍然分散，未来呈现更多并购的可能性大于其他金属行业。相比之下，锂金属部门的集中度较高，未来并购的步伐有可能放缓。为了保障矿产供应安全，矿产企业将重新审视自己的战略合作伙伴关系。随着政府对生产商提出要求，要求他们建立本地供应链，并在能够获得国内供应的地方减少对进口关键矿产的使用，并购活动将会带来更多国内企业的整合。

碳减排目标将继续推动关键矿产的需求。然而，为了应对市场不确定性的增加，并购流程可能会很长，完成交易可能需要更多时间。铜和锂等矿物将继续受到并购企业的高度追捧。工业参与者将越来越多地寻求直接拥有关键矿产，或与矿商达成直接收购协议。[1]

三　2022年全球矿产行业发展特点

（一）关键矿产投资热潮不减

2022年，全球电动汽车市场突飞猛进，新能源汽车需求增长刺激了相关企业和国家对铜、锂等金属的需求，导致价格飙升。2021年，铜在关键矿产收入中占最大的份额，2021年价格上涨了26%，2022年出现回落，未来可能继续增长。到2040年对铜的需求预计将增长50%，然而，基准矿物情报（Benchmark Mineral Intelligence）的数据显示，到2050年对锂的需求将增加更多，目前一年锂的开采量未来将仅够一个月左右使用。[2] 各主要矿产资源国纷纷制定了本国的关键矿产名录，鼓励关键矿产供应链的本土化。

---

[1] PWC, "Global M&A Trends in Energy, Utilities and Resources: 2023 Outlook," https://www.pwc.com/gx/en/services/deals/trends/energy-utilities-resources.html.

[2] Investing News Network, "How Market Trends in the Critical Minerals Space are Influencing M&A Deals," January 3, 2023, https://investingnews.com/market-trends-critical-minerals-influence-mergers-and-acquisitions/.

矿产企业和资源大国普遍加大了对关键矿产的勘探力度，其他行业企业开始更多涉足关键矿产上游产业。在毕马威的一项调查中，超过1/3的受访者预测，他们将大幅改变企业的产品组合，转向大宗商品和金属，以加速清洁能源转型。①

（二）矿产产业链韧性备受各国关注

随着地缘政治博弈加剧，全球很多国家日益重视本国矿产资源安全，纷纷采取措施鼓励矿产企业进行本土勘探，建立本地供应链，提高矿产产业链韧性。例如，欧盟在考察了关键矿产名录和供应链之后，强调将矿产资源的开发移回欧洲本土，加强关键矿产的本土加工。澳大利亚也制定了本国关键矿产名录，一方面增强产业链的韧性，另一方面抢占关键矿产供应的先机。强调矿产资源安全和供应链韧性导致了更多的竞争，甚至可能出现矿产资源供应国和消费国一定程度的市场脱钩或市场碎片化。从长期来看，这不利于全球矿业的可持续发展。

（三）企业经营成本普遍提高

2022年，全球通胀给矿产企业的经营普遍造成了明显的负面影响。就生产而言，英美资源集团在2022年的单位成本上升了16%，而产量下降了3%；力拓集团2023年的铁矿石成本预计将增长7.7%，其铜成本预计2023年将增长6.7%。尽管2022年第四季度冶金企业报告的成本上涨首次出现缓解迹象，但成本仍将在更长时间内保持较高水平，冶金企业将能源成本排在2023年面临最大风险的第四位。此外，矿产贸易争端也可能增加最终矿产用户的通胀压力，进而影响最终用户的运营成本。在澳大利亚，全球通货膨胀所导致的经营成本上涨、新冠疫情期间人员流动不充分导致的员工成本上涨，使部分企业拟建的关键矿产生产项目和加工产能未能如期实现。

---

① KPMG, "KPMG Mining Outlook 2023," November 30, 2022, https：//kpmg. com/au/en/ home/media/press-releases/2022/11/brighter-prospects-mining-sector-transforms-towards-net-zero-30-november-2022. html.

四 2022~2023年矿业发展环境的变化

随着中国取得疫情防控的重大决定性胜利，以及世界重要矿产消费国的经济复苏和"碳中和"引发的能源转型不断深入，矿产开发和利用的巨大需求有望进一步释放。然而，如今的全球矿业发展环境与以往已有很大不同，突出表现在政治和环境因素发生了显著变化。一方面，矿产行业发展将继续受到地缘政治的深刻影响，各国为保障矿产产业链安全而鼓励企业并购和开发投资，沿着产业向上下游的整合与行业外企业的闯入将深刻改变全球矿业的格局。另一方面，矿业跨国投资的外部环境有可能进一步趋紧，矿产企业不仅要继续应对日益高涨的资源民族主义、与当地社区关系、员工福利、成本上涨等问题，而且还要在温室气体减排、矿业社区公正等方面面临更大的压力。过去一年，全球矿产行业发展的外部环境变化主要表现出以下几个特征。

（一）矿业发展的外部约束日益增多

矿产勘探、开发和加工容易影响自然景观和人文景观，也会给环境造成一定的影响。此前，很多发达国家已经逐步将矿产的勘探和开发转移到国外，但是，随着全球能源低碳转型的推进和地缘政治博弈加剧，各国不断强调要增强矿产供应链的安全性和韧性，本土的矿产资源开发又开始受到重视。如何解决矿产资源开发和环境保护、矿产开发与当地社区关系，特别是与土著居民社区关系的问题，是摆在所有矿产企业面前的一道日益严峻的难题。2022年，秘鲁等矿产资源国家涉矿抗议和游行数量有所增多，严重影响了这些国家矿产开发。力拓集团曾尝试开发位于塞尔维亚贾达尔（Jadar）的锂矿，但这一项目最终由于环保问题而夭折。此外，矿产企业自身减排也是可能增加企业成本、影响企业竞争力的重要因素。根据毕马威的研究，在接受调查的322名全球矿业高管中，29%的人表示，他们计划到2025年实现净零排放的目标，而另有40%的人表示，计划到2030年实现净零排放。①

（二）跨国矿产投资的审查限制日趋严格

能源转型所需的关键矿产仍将是许多国家采购的优先产品。2022年，全世界许多国家制定了本国的关键矿产名录，并采取措施保障本国矿产供应链的韧性。各国在矿产资源方面的竞争呈现加剧态势，尤其是澳大利亚等矿产资源国不断加大对矿产资源外部投资的审查力度，对企业进行跨国投资造成了一定的影响。例如，澳大利亚的《外国投资框架》规定，对所有外国投资者来说，收购的采矿或生产物业的权益位于涉及国家安全的土地时，需要获得政府批准的门槛为100%，即所有收购均须获得批准。特别是具有国家背景的矿产企业进行跨国投资的难度将会越来越大。即便是直接投资，企业可能也需要结伴而行，联合投资和并购会是未来矿产行业规避风险、抓住机遇的一个新举措。

（三）政府和企业在国际矿产资源合作方面的态度差距越来越大

在地缘政治博弈不断加剧的大背景之下，很多国家将矿产资源安全提升到了国家安全的高度，在政治层面对矿产资源的供应链进行了干预，资源民族主义出现抬头的倾向。资源民族主义在国家层面的表现包括增加矿业税收、限制出口、重谈合约、国内选矿等方式；极端的手段包括强制股权转让、直接没收等（见图12）。资源民族主义导致国际矿产行业出现被人为分割的迹象。但是，矿产资源国的媒体舆论、矿产企业及矿产企业组成的联合会、矿产企业所在的州政府和省政府对外来投资普遍持欢迎态度，与国家政府之间的意见分歧日益突出。未来，这种资源国内部对外资态度的分歧和张力还可能继续存在。

---

① KPMG，"KPMG Mining Outlook 2023," November 30, 2022, https：//kpmg.com/au/en/home/media/press-releases/2022/11/brighter-prospects-mining-sector-transforms-towards-net-zero-30-november-2022.html.

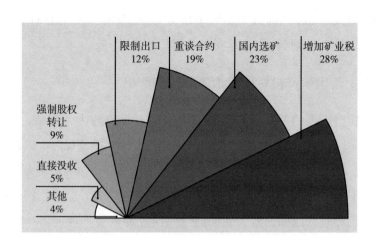

图 12　2023 年资源民族主义可能的表现形式

资料来源：伟凯律师事务所《2023 年矿业和金属市场情绪调查》，White & Case LLP，"Mining & Metals 2023：Lifting the Fog of Uncertainty，" https：//www.whitecase.com/insight-our-thinking/mining-metals-2023-lifting-fog-uncertainty。

五　未来几年矿产行业发展展望

在百年变局和世纪疫情相互叠加、实现"双碳"成为大势所趋以及地缘政治博弈加剧的大背景下，全球矿业发展环境也发生了较为明显的变化。未来几年，全球矿业部门可能呈现以下几个大趋势。

（一）大国之间对矿产资源的争夺将进一步加剧

美国、欧盟等国家和国家集团逐渐认识到提高本土矿产资源供应安全的重要性，其纷纷制定了保障本国矿产资源供应链韧性的政策措施，全球低碳转型加大了对铜、锂等个别金属矿产的需求。然而，目前受到全球矿业产能的限制，现有产能难以在短时间内满足巨大的需求。因此，大国对于关键矿产或战略矿产的争夺将进一步加剧。例如，美国 2022 年通过的《通胀削减法案》涉及为本土产业提供高额补贴、鼓励本国及海外企业将生产基地转移到美国本土等，引发世界其他国家的强烈不满。未来，各国可能通过税收、金融等各种手段促进矿产和新能源产业链供应链的本地化，以降低未来可能出现的中断风险。2022年，美国与澳大利亚、加拿大、芬兰、法国、德国、日本、韩国、瑞典、英国和欧盟建立了全球矿产安全伙伴关系（global minerals security partnership），致力于建立强大的关键矿产供应链。

（二）资源国可能加大对矿产资源的管控力度

在全球努力实现清洁能源转型的背景之下，主要的矿产资源国也希望把握难得的机遇。在全球范围内，清洁能源转型所需的关键矿产储量大且开发成本较低的国家只有屈指可数的几个，集中度较高。例如，智利、秘鲁和澳大利亚三国的铜矿储量占全球的比重为43%，智利一国的占比高达21.52%。2021年探明玻利维亚、智利和阿根廷南美三国国境交界处构成的"锂三角"盐滩下蕴藏着全球约63%的锂储量。因此，在未来有关关键矿产的争夺中，资源国有可能进一步加大对于矿产资源的管控，希望从中获得更多的收益和更大的话语权。这有可能进一步推高矿产价格和激化大国对于关键矿产的竞争。对矿产企业而言，未来的跨国投资和经营环境将变得更加复杂难测。即便是成功进入资源国，企业依然面临经营成本上涨的局面。通常情况下，当价格飙升或预计未来价格将走高时，资源民族主义就会抬头。各国政府就可能以提高矿业税收、出口限制和当地选矿等方式积极干预矿业部门的发展。

（三）关键矿产的勘探和开发将持续

全球对清洁能源转型关键矿产的需要超过了矿业部门的现有产能。据估计，到2050年，锂产量每年需要增长12%左右，才能生产出足够20亿辆电动汽车上路的锂。[1] 同时，石墨和锂等一些关键矿产项目往往较小、开发难

---

[1] KPMG, "KPMG Mining Outlook 2023," November 30, 2022, https：//kpmg. com/au/en/home/media/press-releases/2022/11/brighter-prospects-mining-sector-transforms-towards-net-zero-30-november-2022. html.

度较大，矿产企业需要较高的价格才能覆盖较高的成本。此外，采矿项目的开发可能需要很长时间，不少的关键矿产项目从发现到首次生产平均需要10~15年。① 加之成本上涨等因素，在未来一段时间内，现有矿业产能难以满足全球能源转型对关键矿产的需求。各国矿产企业有望进一步增加锂等关键矿产的勘探和开发。除了生产，锂和其他关键金属的循环利用也应成为国家政府和矿产企业关注的重点领域之一。此外，深海采矿、太空采矿等非传统的采矿领域也应受到更多关注。

六　总结与建议

由于矿产资源普遍被视为一种不可再生资源，在全球低碳转型和地缘政治博弈不断加剧的背景下，全球对矿产资源的争夺呈现明显加强的态势。受到需求增加和投资开发环境趋紧的双重影响，未来，跨国投资和经营的矿产企业应该在以下几个方面加大力度。

一是熟悉投资目的国的政策法规和社会环境。矿产企业进行跨国投资往往最重视当地的政治稳定性、法律的完善性以及其他涉及企业经营成本的经济因素，对于人文和社会因素的关注较少。但是，随着涉矿社会抗议有所增加和资源民族主义抬头，矿产企业所付出的社会成本越来越高，很多外部成本会转变成企业的内部成本。对于跨国投资和经营的企业来说，不仅需要了解矿产国政策和法律的最新变化，还要高度重视ESG（环境、社会和公司治理）和企业社会责任问题。在毕马威对大型矿产企业的一次最新调查中，只有30%的受访者表示他们已经将ESG目标整合到企业战略中；其余受访者表示距此还有很长的路要走。② 2023年，来自社区和环保

---

① PWC, "Series 2 Episode 2: Critical Minerals in Energy Transition," https://www.pwc.co.uk/industries/power-utilities/insights/innovation-in-energy-podcast-series/critical-minerals-in-energy-transition.html.

② KPMG, "KPMG Mining Outlook 2023," November 30, 2022, https://kpmg.com/au/en/home/media/press-releases/2022/11/brighter-prospects-mining-sector-transforms-towards-net-zero-30-november-2022.html.

主义者的抗议将继续影响矿产企业的产量。企业应致力于改善 ESG 工作，以防止运营现场生产的中断。

二是采取综合手段降低企业经营成本，提高竞争力。首先，全球低碳能源转型对矿产企业本身的低碳能源转型提出了新挑战。由于矿产部门的诸多环节难以彻底实现电气化，矿产企业必须通过碳排放交易市场等其他手段减少自身的碳足迹。其次，根据一项研究，过去二十五年来，制造业和商业服务业的十大公司的生产率指数分别增长了约 15% 和 25%，而采矿业十大公司的生产率同期增长仅为约 1%，提高生产效率是矿业企业提高竞争力的重要手段之一。再次，根据国际货币基金组织的数据，2022 年全球消费者价格通胀率平均为 7.4%。全球通胀很可能还将持续一段时间。通胀压力和供应链中断引发原材料、能源和劳动力成本上涨，导致矿产企业收入下降。这一趋势将持续到 2023 年。

三是矿产企业应重新审视产业内外的联合。2022 年一个很有趣的趋势是：一些能源企业、能源设备企业开始进军关键矿产开发和加工环节。过去的一年，出现了许多涉及不同行业或细分行业的并购交易。例如，化工企业收购可再生能源项目，石油和天然气公司收购电力零售商，汽车设备制造商收购或直接从关键矿产开采商那里获得产品。预计这种趋势将继续加速和扩大。这些矿业外企业的闯入加剧了产业内部竞争，传统的矿产企业应当直面这种转型和竞争，努力在拓展矿企横向并购的同时，以开放的心态寻求沿产业链进行纵向联合的机遇。并购是矿产企业规避绿地项目的经营风险、地缘政治问题、环境问题以及成本风险的一种手段。根据标普的预测，可再生能源和关键矿产领域，特别是涉及电池矿产的并购将是 2023 年及今后并购的主要细分领域。

区 域 报 告

Regional Reports

亚洲：中亚矿业发展分析报告

韩秉秦*

摘　要： 中亚地区矿产资源丰富，是重要的油气和新能源矿产的出口区域。近年来，该地区能源矿业投资日益升温，但资源分配不均。哈萨克斯坦、土库曼斯坦、乌兹别克斯坦等矿产资源丰富的国家大力吸引外资，抓住机遇开发能源矿产和低碳转型所需的金属矿产。受到欧洲等地能源转型的支持，锂金属等新能源材料矿产开发尤其受到重视，中亚地区氢能和新能源开发还得到欧盟大力支持。然而，中亚地区在矿业发展方面也面临个别国家营商环境有待改善、地区恐怖主义威胁持续加大等不容忽视的挑战。

关键词： 中亚　能源矿产　新能源材料　恐怖主义

＊　韩秉秦，北京科技大学外国语学院教师，毕业于北京外国语大学高级翻译学院，曾就职于外交部翻译司，研究方向为口笔译理论与实践、区域国别研究。

一　引言

中亚位于亚洲中部内陆地区，是贯通亚欧大陆的重要交通枢纽，是货物东进、西出、南下、北上的必经之地。此外，中亚地区作为丝绸之路经济带的重要组成部分，自古以来就具有重要的战略意义和经济意义。

中亚是全世界固体矿产资源最丰富的地区之一，地质成矿条件好，固体矿产资源丰富，"拥有全球38.6%的锰矿储量、30.07%的铬、20%的铅、13.1%的铀、12.6%的锌、8.7%的钛、5.8%的铝"[①]。中亚地区是重要的铀生产地区，中亚的矿产资源主要集中在哈萨克斯坦、土库曼斯坦和乌兹别克斯坦三国，全球44.9%的铀是由哈萨克斯坦和乌兹别克斯坦生产的。中亚地区虽然拥有丰富多样的矿产资源，但其开采程度相较于其他矿产资源丰富的地区而言，总体水平较低，因此未来开发潜力巨大。因而，中亚丰富的矿产成为国际矿产开发的新热点，中亚日益成为全球矿产资源的重要供应地。"2022年哈萨克斯坦经济前六个月同比增长3.4%，2023~2024年，GDP增长预计将加速至3.5%~4.0%。采矿业投资总额占2022年哈工业领域投资总量的67%，占哈全行业投资总额的33%。"[②]

随着全球低碳减排行动的推广，世界能源需求正在发生根本性的变化。全球矿业需求正在从化石燃料逐步转向清洁能源所需的关键技术材料。近年来，清洁能源技术的快速发展，使得世界上主要的清洁能源产品生产国对锂、锰等矿物和金属的需求呈指数级增长。

二　中亚国家主要矿场资源分布

哈萨克斯坦是2020年全球GDP排第53位的经济体，出口总额排第47

---

① 《中亚矿产我知道》，腾讯新闻，https://new.qq.com/rain/a/20210618A0434300。

② 俄罗斯卫星通讯社：《哈总统：哈萨克斯坦今年上半年GDP增长3.4%》，https://baijiahao.baidu.com/s?id=1738307593206957408&wfr=spider&for=pc。

位，进口总额排第 55 位，人均 GDP 排第 82 位，经济复杂性指数（ECI）排第 72 位。哈萨克斯坦出口最多的产品是原油、精炼铜、石油、天然气、放射性化学品以及铁合金。2020 年，哈萨克斯坦是世界上最大的放射性化学品出口国与氧化铬和氢氧化物出口国。

在 2020 年全球 GDP 排名中，乌兹别克斯坦居第 79 位，出口总额排第 77 位，进口总额排第 73 位，人均 GDP 排第 162 位，最复杂经济体排第 84 位。乌兹别克斯坦的主要出口商品为黄金、非零售纯棉纱、石油气和精炼铜，主要出口到英国、俄罗斯、中国、土耳其和吉尔吉斯斯坦。

土库曼斯坦出口总额世界排第 101 位，进口总额排第 150 位，最复杂经济体排第 88 位。土库曼斯坦的主要出口产品是天然气、原油、精炼石油、特殊用途船舶以及氮肥。

2020 年，塔吉克斯坦是世界上出口总额排第 143 位的经济体，进口总额排第 145 位。塔吉克斯坦的主要出口商品是黄金、原铝、原棉、铅矿以及锌矿，主要出口到瑞士。2020 年，塔吉克斯坦是世界上最大的锑出口国。

2020 年，吉尔吉斯斯坦是全球 GDP 排第 149 位的经济体，出口总额排第 131 位，进口总额排第 114 位，人均 GDP 排第 176 位，经济复杂性指数排第 71 位。吉尔吉斯斯坦的主要出口商品是黄金、贵金属矿石、干豆类、精炼石油，主要出口到英国、俄罗斯、哈萨克斯坦、乌兹别克斯坦以及土耳其。

三 中亚矿业发展特点

（一）能源矿业投资日益升温

中亚位于三大地质构造的交汇处，且西濒里海，因此造就了中亚地区丰富的油气资源储量和丰富的矿产资源。中亚的油气资源主要集中在哈萨克斯坦和土库曼斯坦。截至 2021 年，哈萨克斯坦拥有世界石油总储量的 3%，居全球第 11 位，其 62% 的国土蕴含有油气资源①，而且里海海域还有大面积未勘探区域，预测这里的资源储量巨大。油气资源主要分布在哈全国的 15 个油气田，其中包括中亚国家中最大的油田田吉兹油田、卡拉恰干纳克油田和卡沙甘油田。2022 年，哈萨克斯坦共产出 8400 万吨石油，出口 6430 万吨，是世界第九大原油出口国，2023 年预计出口石油将达 7100 万吨。

中亚地区是连接欧洲和东亚、南亚地区的重要交通通道，也是共建"一带一路"的重要节点地区。2022 年俄乌冲突的爆发使得国际能源市场出现巨大波动，欧洲国家的能源需求存在巨大缺口，中亚地区成了国际能源投资的新热土。截至 2022 年，约有 600 家美国公司在该地区运营，投资额为 450 亿美元。哈萨克斯坦是中亚地区第一大外国投资目的地，约占流入该地区外国直接投资（FDI）总额的 70%。外国直接投资主要流向采矿、运输、金融服务、电信和能源方面。2022 年，哈萨克斯坦在可再生能源、冶金、农业、矿业和工程领域实施了 46 个涉及国际金融投资的项目。2022 年的 FDI 比 2021 增长了 17.8%，预计 2023 年的 FDI 会继续增加，将吸引约 250 亿美元的 FDI。哈萨克斯坦官方预计，直到 2030 年的未来七年内，哈将吸引约 1500 亿美元的 FDI。除此之外，哈萨克斯坦 2005～2020 年的累计能源投资为 1610 亿美元，其中 300 亿美元来自美国。2021 年，欧洲复兴开发银行在哈萨克斯坦投资了 18 个可持续发展项目，投资额共计 6.3 亿美元，40% 的项目旨在促进绿色经济发展。

欧盟与哈萨克斯坦近年来互动频繁，双方在能源等领域的合作不断拓展。随着欧洲能源危机持续，以及俄乌冲突的影响，欧盟把寻求能源的目光投向了哈萨克斯坦。近年来，欧盟和哈萨克斯坦在能源领域的合作取得新进展。

哈萨克斯坦是中亚的重要产油国，但其接近 80% 的石油出口到了欧洲国家，出口亚洲的仅占其出口石油总额的 11%。因此确保对欧的油气正常

---

① 《哈萨克斯坦原油储量列全球第 11 位》，中国商务部官网，http://kz.mofcom.gov.cn/article/jmxw/202012/20201203020134.shtml。

输出对于哈欧双方都有着重要的安全意义和经济意义。由于当前俄乌冲突，再加上欧盟对俄的制裁，之前哈萨克斯坦与欧盟之间途经俄罗斯的输油项目存在被切断的风险，例如里海管道联盟项目是哈萨克斯坦重要的对外输出石油通道之一，也是全球重要的输油管道之一，2022 年哈萨克斯坦通过该管道出口 5400 万吨石油。① 为此，哈萨克斯坦也在寻求新的运输替代路线。2022 年 3 月，哈能源部部长阿克丘拉科夫对外表示，哈准备将 1700 万吨经里海管道联盟输送的石油通过其他途径输出。"托卡耶夫政府现在将目光放到了穿过里海、经阿塞拜疆等国到欧洲的跨里海国际运输走廊上。今年 3 月，哈萨克斯坦已与阿塞拜疆及格鲁吉亚商讨此事，并取得了两国的支持。"②

土库曼斯坦拥有丰富的石油和天然气资源，中亚地区的天然气储量也主要集中在土库曼斯坦。土库曼斯坦拥有世界第四大天然气储量，却排在前十大天然气生产国之外。土库曼斯坦几乎所有的政府收入来自天然气出口，对石化产品、棉花和纺织品的出口依赖较小。《2021 年英国石油世界能源统计评论》显示，截至 2020 年底，土库曼斯坦已探明石油储量 6 亿桶，2020 年石油产量达到 21.6 万桶/日；天然气探明储量 19.5 万亿立方米，2020 年天然气产量为 590 亿立方米。土库曼斯坦生产的天然气在国内消费 313 亿立方米，向中国出口 277 亿立方米。土库曼斯坦大约 60%的石油产量消耗在国内，其余的则通过里海出口到世界市场。

在吸引国际投资方面，2022 年 12 月，土库曼斯坦与韩国就土库曼斯坦天然气化工厂实施新投资进行了讨论并签署了几项协议。该项目包括韩国现代工程公司、LX 国际公司和日本伊藤忠商事株式会社将在巴尔干省建造一座天然气加工厂，生产柴油和石脑油；韩国大宇工程建设公司将在巴尔坎州建设一座能够年产 115.5 万吨尿素的尿素厂，在列巴普州建设一个能够年产

---

① 《哈萨克斯坦：经里海管道联盟出口的石油约 1600 万吨可以改道》，界面新闻，https：//baijiahao. baidu. com/s？id＝1728256839416249296&wfr＝spider&for＝pc。
② 《欧盟和哈萨克斯坦能源合作各取所需》，https：//baijiahao. baidu. com/s？id＝174922676164797495&wfr＝spider&for＝pc。

30 万吨磷肥的磷肥厂。

2022 年 7 月，迪拜政府全资子公司 Dragon Oil 将其与土库曼斯坦国家石油天然气公司的合作协议延长至 2025 年 5 月。为支持扩张和发展计划，公司预计将在合同延长期内额外投资 70 亿~80 亿美元。为了到 2035 年能够达到 3.5 亿桶原油的产量，未来的产量将为每天 6 万~7 万桶。鉴于当前的国际油气市场供需情况，预计 2023 年，该国的石油和天然气行业将继续保持增长态势。

"2022 年 1~11 月，中国与土库曼斯坦的贸易额为 101.2 亿美元，同比增长 53.2%，其中 93.3 亿美元为土对华出口。"[①] 作为中国最大的管道天然气来源国，土库曼斯坦 2022 年 1~11 月向中国提供了 2191 万吨油当量的天然气，总价值超过 61 亿美元。[②] 目前，中土之间共有三条天然气输气管道，双方领导人于 2022 年 2 月同意建设第四条天然气输气管道。

采矿业是乌兹别克斯坦的重要战略性产业，其黄金产量位列世界第九，铀产量位列世界第七。乌兹别克斯坦矿产资源的分布和储备已经勘探得比较清晰，而且周边基础设施较为完善，因此该国多年来一直是外国投资的热点地区。根据乌兹别克斯坦国家统计委员会的报告，2021 年前 9 个月，乌兹别克斯坦矿业企业的外国直接投资额达到 5.572 亿美元，占其外国投资和贷款总额的 13.6%。2022 年，乌兹别克斯坦吸引的 FDI 超过 214 亿美元，占其 GDP 的比例超过 30%。

（二）新能源材料投资成为新热点

随着气候变化问题不断加剧，世界各国对于新能源及其相关科技产品的使用日益增加，对新能源相关矿产的投资也成为新的投资风口。中亚地区具有丰富的新能源矿产资源，尤其是锌、锰矿的储量位居世界前列，这也使得

---

① 《总统访华选在年初，能源合作颇受重视，中土携手推进丝路对接》，上观新闻，https：//export.shobserver.com/baijiahao/html/569583.html。

② 《中土经贸合作进入新时代》，https：//baijiahao.baidu.com/s？id = 1754585179267510750&wfr = spider&for = pc。

中亚地区近年来成为国际关注的新热点。2022 年全球对锂的需求量为 74.5 万吨。[①] 根据国际能源署和世界银行的推算，全球对锂资源的需求到 2024 年将增加到 109.1 万吨；预计到 2030 年之后，对主要新能源材料锂的需求将增长超过 10 倍；到 2050 年，对锗的需求将增长 86 倍。在如此巨大的能源需求推动下，中亚国家加快了自身发展新能源的步伐。

随着 2022 年联合国 COP27 气候变化大会的落幕，各国更加关注后疫情时代减排降碳的落实工作。2022 年，全球在清洁能源领域的投资总额超过了 1 万亿美元，其中可再生能源、新能源和电动汽车、蓄电池等领域的增长尤其明显。这其中，欧洲是设定目标最高、行动力度最大的。以新能源汽车为例，欧洲一些国家为新能源汽车基础设施建设提供优惠补贴政策（见表1），2020 年欧洲地区的新能源汽车销售量占全球总销售量的 43.8%[②]，为全球第一大新能源汽车市场。2021 年全球电动汽车销量集中，欧洲销量为 230 万辆，占比为 19%[③]。

表 1　欧洲主要国家新能源汽车基础设施建设优惠补贴政策

国家	基础设施建设（充电桩及电网）优惠	地方性优惠
法国	安装费用 30% 可作为税收抵免，ADVENIR 给公司和公共机构 40% 的安装补贴，给居民 50% 的补贴	电动汽车在特定地方停车两小时免费
德国	装充电桩 22KW 补贴 3000 欧元；装充电桩 100KW 补贴 12000 欧元，加入电网补贴 5000 欧元	电动汽车免费停车，预留停车位，可使用公交专用道
英国	居民安装充电桩可以获得安装费用的 75%（最高为 500 英镑，含增值税）的补贴	电动汽车免收伦敦交通拥挤区的费用，也有相应的免费停车区域
意大利	面积超过 500 平方米的充电桩设施有经济补偿	
西班牙	充电桩有经济补偿	电动汽车豁免部分高速公路通行费，免费停车，可使用专用车道

---

① 《全球锂供给情况汇总》，雪球网，https：//xueqiu.com/4473290236/220211929。
② 《2020 年全球新能源汽车行业市场现状及竞争格局分析 欧洲取代中国成为最大销售地区》，知乎，https：//zhuanlan.zhihu.com/p/349789821。
③ 《2021 年全球电动汽车销售数据》，https：//www.ev-volumes.com。

续表

国家	基础设施建设（充电桩及电网）优惠	地方性优惠
挪威	为在主要道路上每 50 公里建设快速充电站提供公共资金；在某些城市为共用公寓楼、购物中心、停车场等建设常规充电站提供资金	减免城市通行费，减免高速公路通行费，免费停车，使用公交车专用道，对于新建筑物的停车场，必须至少将 6% 的空间分配给电动汽车

资料来源：《中欧新能源汽车补贴政策与基础设施建设优惠政策对比》，http：//www.spvtime.com/214426/。

欧洲也是在节能减排方面压力最大的，一方面，欧洲主要国家传统能源匮乏，大部分依赖进口，但是近年来由于国际能源价格波动，特别是 2022 年俄乌冲突的爆发以及新能源建设和推广效率缓慢使得欧洲能源危机更加凸显，节能减排和经济民生之间的矛盾更加激化。尤其是 2022 年冬天，很多欧洲国家迫于压力重启煤炭火电站或者增加对煤炭开采和使用的支持，以缓解本国内部的能源压力，但同时也在大力发展氢能清洁能源的尝试。从外部能源来看，欧洲把目光转投到油气资源丰富的中亚地区。截至 2022 年 9 月，哈欧之间的贸易额为"286 亿美元，其中有超过 230 亿美元是哈出口欧盟的油气及相关产品"[1]。欧洲的大能源公司如壳牌、道达尔等都在哈开展卡沙甘油田、卡拉恰甘纳克油田等几大油田运营油气项目，欧盟国家也是哈每年石油出口的主要目的国，约占哈石油出口量的 80%。

由于气候影响，且当地多草原、沙漠和高山地带，中亚地区在发展风能和太阳能方面有着得天独厚的条件，这也使得中亚具备发展电解氢能的重要基础，未来可成为世界范围内数一数二的氢能供应地。哈萨克斯坦近年来大力发展可再生能源，哈政府高层大力支持向新兴产业绿氢等方向的投资。2022 年，哈萨克斯坦官方与澳大利亚能源公司 Fortescue Future Industries 签署框架协议，实施绿色制氢项目，有望使哈萨克斯坦在未来七年内成为全球

---

[1] 《欧盟和哈萨克斯坦能源合作各取所需》，http：//center.cnpc.com.cn/bk/system/2022/11/15/030085036.shtml。

最大的氢能供应国。哈萨克斯坦作为欧洲氢能的重要供应地，也成为欧洲脱碳计划的重要一环。2022 年 10 月 27 日，中亚—欧盟领导人首次会晤在哈萨克斯坦首都阿斯塔纳举行。10 月 30 日，德国外长贝尔伯克到访哈萨克斯坦，她表示："哈萨克斯坦在可再生能源生产方面具有巨大潜力，未来双方将开展在中亚地区生产绿色氢能的合作。"[①] 贝尔伯克在哈访问期间还提议设立氢外交办公室，以便双方开展进一步的绿色合作。总部位于德国的可再生能源开发商 Sveind Energy Group 的子公司 Hyrasia One 与哈萨克斯坦政府签署协议，将共同投资 500 亿美元建设世界上最大的纯绿色氢气生产工厂。这些风能和光伏电厂将建在哈萨克斯坦西南地区的草原上，装机容量约为 40GW，每年产生约 120TWh 清洁电能，并将所产电能用于供应里海沿岸的电解工业园区，预计每年可生产 200 万吨清洁氢气。11 月 7 日，欧盟委员会和哈萨克斯坦政府签署谅解备忘录，双方在发展蓄电池组、可持续材料和绿色清洁氢产品方面建立战略伙伴关系。哈萨克斯坦也成为首个与欧盟建立此类战略合作伙伴关系的中亚国家。双方将共同制定 2023~2024 年发展路线图，在可再生能源原材料、储能电池和绿色氢的稳定供应方面加强合作，建立可靠的新能源原材料供应和相关后续开发产品的完整产业链，共同实现绿色低碳转型。

中哈之间也在新能源开发方面开展了积极合作。哈萨克斯坦南部地区人口增长较快，加上哈萨克斯坦基础设施发展严重滞后，基础设施老化问题较为普遍，绝大部分火力发电站是苏联时期留下来的，所用的发电设备和输电线也是如此。而且哈萨克斯坦的煤炭资源主要分布在该国北部地区，因此国内电力主要依靠北方煤矿地区的发电经长距离输送供南部地区使用。中国国家电投根据这一情况提出开发利用哈南部丰富的风力资源，发展风电等可再生能源以解决当地用电困难的问题。双方于 2018 年签署札纳塔斯风电合作开发协议，项目由中国国家电投中电国际和哈萨克斯坦 Visor 集团共同投

---

① 《德国外长中亚行寻求能源合作》，https：//baijiahao. baidu. com/s？id＝1748424082792083893&wfr＝spider&for＝pc。

资，装机容量 100MW，是中亚地区最大的风电项目；2021 年 6 月 9 日，已完成全部 40 台风机吊装。在融资方面，该项目摆脱以往惯例，采用组合融资形式，吸收了亚投行和其他跨国银行的资金，项目的设计、设备和建设均由中方完成，形成了国际合作投资建设的高效新模式。2022 年，中电国际在哈萨克斯坦阿克莫拉州完成了 Borey 100 兆瓦风电项目和 Energo Trust 50 兆瓦风电项目的施工，控股权交割也已经完成，预计分别将于 2023 年初并网发电。札纳塔斯风电场合作项目、Borey 100 兆瓦风电项目和 Energo Trust 50 兆瓦风电项目均已列入《中哈产能与投资合作重点项目清单》。这三个项目完工后每年可发电约 9.5 亿千瓦时，换算成火力发电，相当于每年节约标准煤约 35 万吨，减少 91.7 万吨的二氧化碳排放。2022 年 12 月 30 日，哈萨克斯坦札纳塔斯 100MW 风电项目二期工程完工，该项目在运行和在建设中的总装机容量已经达到 440MW，预计于 2024 年并网发电。投产后每年将产出 3.4 亿千瓦时电力，减少 27 万吨二氧化碳排放。

（三）中亚成为在俄企业的重要转移目的地

俄乌冲突爆发后，俄罗斯面临诸多制裁，很多大的跨国企业和品牌不得不选择撤离俄罗斯或者将其在俄罗斯的业务转移到其他地区，2022 年有超过 1400 家外国企业退出俄罗斯市场或者将其公司撤出俄罗斯。国际能源巨头英国石油公司出售俄罗斯石油公司 20% 的股份；挪威国家石油公司（Equinor）在 2022 年宣布撤出与俄罗斯的合资企业并停止交易俄罗斯生产的石油。Equinor 最终与俄罗斯达成协议，以 1 欧元的价格出售其资产，股权转让给俄罗斯石油公司（Rosneft oil）。"2022 年 2 月，壳牌公司宣布退出与俄罗斯天然气工业股份公司的合资企业，退出其在萨哈林 2 号（Sakhalin-2）液化天然气设施中 27.5% 的股份，以及 Salym 石油开发公司和 Gydan 能源公司中各 50% 的股份。"[①] 2023 年 2 月 7 日，俄罗斯汽车品牌

---

① 《壳牌宣布退出俄气股权，终止参与"北溪-2 号"项目》，https://baijiahao.baidu.com/s?id=1726077920480844498&wfr=spider&for=pc。

伏尔加汽车制造厂以 1 欧元收购日产汽车公司在俄罗斯的工厂。根据俄联邦劳动就业局公布的数据，截至 2022 年 7 月，有超过 3000 家国外机构暂停在俄的销售或经营活动，超过 500 家外企被注销。作为地理位置上毗邻俄罗斯，且与西方关系比较缓和，尤其是国际投资营商环境相对较好、政局稳定的哈萨克斯坦自然成为诸多国际大公司的首要搬迁地，中亚其他各国也在积极地吸引国际投资和企业。根据哈萨克斯坦官方公布的信息，目前已经有50 多家企业与哈政府就由俄搬迁至哈进行沟通协商，其中包括佳能、埃马克、阿尔斯通等公司。根据 2022 年哈萨克斯坦官方的数据，21.5% 的新登记注册企业为外资企业。很多俄罗斯本国企业为了躲避西方对俄制裁，也开始离开本土，到文化和语言都相通的中亚地区运营。

根据世界银行 2020 年的全球投资环境排名，哈萨克斯坦排第 25 位，超过排第 28 位的俄罗斯。

此外，哈萨克斯坦近年来推出了多项吸引外资的举措和投资便利措施，以增强自己对国际资本的吸引力。哈萨克斯坦《投资法》中明确规定，对国内外投资者一律平等对待，外资享受国民待遇。政府还提供各类优惠政策吸引外资，"税收优惠。自签署优先投资项目合同下一年起连续十年内，免缴企业所得税和土地税；在哈境内首次投入使用的设施，自首批资产计入企业固定资产的下一年起连续八年内免缴财产税；对建筑安装工作和采购设备（除增值税和消费税）的实际花费给予 30% 的补贴，实际花费不得超过国家鉴定结果确认的花费总额"。① 哈萨克斯坦并没有只依赖自身巨大的矿产和油气资源优势，在开发自然资源的同时，也在向经济多样化的方向发展，以便吸引更多的国际投资者。哈外交部表示，该国家领导层设定的目标是，在未来七年吸引超过 1500 亿美元资金到哈萨克斯坦投资兴业。哈外交部副部长表示，最重要的不仅是投资量的增长，而且要有质的变化。2005~2010年，70% 的 FDI 流向了石油和天然气领域；而 2019~2021 年，这一投资份

---

① 《哈萨克斯坦投资宏观环境分析》，http://zrzy.hebei.gov.cn/heb/gongk/gkml/kjxx/gjjl/10757233018897592320.html。

额仅为 45%。越来越多的国际投资正流向哈经济优先发展的方向，例如信息、通信和加工制造业领域。

除了传统的能源和矿产领域合作，哈欧也积极探索在更多领域的合作。2022 年 3 月，哈政府与欧盟就深化双方在交通、金融和农业等领域的合作进行了磋商。随着国际局势的变化，欧盟也主动向中亚国家抛出合作橄榄枝，与中亚国家举办领导人会晤，与哈萨克斯坦建立了定期召开的峰会机制，每年在双方轮流举办。欧盟与哈萨克斯坦还建立了欧盟—哈萨克斯坦合作委员会，每年召开会议，商讨双方合作事宜。

近年来，欧盟和乌兹别克斯坦之间的互动与合作日渐深化。2019 年在乌兹别克斯坦—欧盟合作委员会第 15 次会议上，欧乌双方达成协议，欧盟方面将向乌兹别克斯坦提供 500 万欧元，帮助该国加入世界贸易组织（WTO）。双方达成了"费尔干纳河谷水资源可持续管理"协议，欧盟将捐赠 3000 万欧元给乌用于加强咸水地带的生态保护。欧盟还将捐赠 1500 万欧元帮助乌兹别克斯坦发展畜牧业。

2022 年 7 月 6 日，欧盟和乌兹别克斯坦成功完成了关于加强伙伴关系与合作协定的谈判。欧盟外交与安全政策高级代表兼欧盟委员会副主席佩德罗·塞拉诺（Pedro Serrano）和乌兹别克斯坦共和国副总理萨尔多·乌穆尔扎科夫（Sardor Umurzakov）草签了新的加强伙伴关系与合作协议（EPCA）。根据协议内容，EPCA 将为加强欧盟—乌兹别克斯坦伙伴关系提供一个新的、现代化的框架。欧盟与乌兹别克斯坦之间的主要合作领域包括政治合作和改革，强调共同价值观、民主和法治、人权和基本自由以及可持续发展；加强外交和安全政策方面的合作，重点是区域稳定和国际合作、不扩散大规模毁灭性武器、预防冲突和危机管理；司法、自由和安全合作，包括数据保护，打击洗钱和恐怖主义、有组织犯罪和腐败、毒品生产和买卖，以及司法合作和领事保护；贸易方面，确保在货物和服务贸易、采购和知识产权等领域为经济运营商提供更好的监管环境；加强其他一些关键政策领域的合作，包括经济和金融合作，以及在能源、运输、环境和气候变化、数字经济、农业和农村发展、就业和社会事务、文化、教育和青年等领域的合作及研究等。

此外，欧盟也在考虑将乌兹别克斯坦纳入欧盟贸易普惠制；在技术合作方面欧盟将加大对乌兹别克斯坦发展战略的支持；在能源部门合作的重点是可持续性和绿色转型等。

四　中亚投资环境风险和挑战

（一）边界问题经常引发军事冲突

从整个区域来看，中亚各国文化和语言相近，而且又都曾是苏联加盟共和国，但各国之间还是存在一定的政治分歧和边界摩擦冲突。苏联时期的历史原因使中亚五国的国界相互交错，错综复杂。一方面，各国间存在领土边界争议，而且很多丰富的自然资源处于争议地区、共管地区，或者由多国共有，故经常发生冲突；另一方面，中亚五国之间存在一些飞地，也会给不了解情况的外国投资者带来困扰。作为中亚面积最大、经济体量也最大的国家，哈萨克斯坦于 2001 年与吉尔吉斯斯坦、2002 年与乌兹别克斯坦、2017年与土库曼斯坦解决了边界问题，成为该地区第一个解决了所有边界问题的国家。而土库曼斯坦于 2017 年完成了与邻国乌兹别克斯坦和哈萨克斯坦的边界确定，也解决了边界问题。但乌兹别克斯坦、塔吉克斯坦和吉尔吉斯斯坦是该地区边界问题较为复杂的国家，自 1991 年独立以来，三国始终未能解决这一问题。乌兹别克斯坦和吉尔吉斯斯坦是典型的温带大陆性气候和沙漠性气候，水资源严重缺乏，再加上污染和污水处理能力不足，使得两国对水源地非常重视。塔吉克斯坦虽然水资源丰富，但是开发程度低，且多为季节性冰川融水，仅开发了 10% 的淡水资源。三国边界相交的费尔干纳河谷是边界争端的主要因素，上下游国家经常因为水资源的分配不均和私自截留而产生矛盾，在此地经常发生边界摩擦。此外，费尔干纳盆地不光水资源丰富，而且农牧业发达，被称为"中亚粮仓"；地下蕴含了丰富的油气资源，根据测算，该盆地的石油储量超过 30 亿吨、天然气储量接近 10 万亿立方米，但目前已经探明的石油储量不足 2 亿吨，仍有很大的开发潜力。目前，该地区一共有

40 多个油气田。

塔吉克斯坦和吉尔吉斯斯坦之间因领土主张以及与水资源使用有关的问题经常发生争端。2022 年 9 月 16 日双方再次发生冲突，引发国际社会的密切关注。中亚国家之间的竞争或冲突有时会引发保护主义措施，如设置贸易壁垒或交通限制等，从而严重影响国际社会对该地区的评级。

随着中亚地区的重要性日渐提升，该地区成为大国角力的重要舞台。俄罗斯一直将中亚地区视为自家的"后院"，在经济、政治和安全方面始终对中亚保持着巨大影响力。但是近些年，欧美各国与中亚各国的交往和活动日渐频繁，俄罗斯与西方国家在本地区的利益冲突会更加明显，中亚国家也越来越成为大国地缘政治博弈的新热点。

（二）发展水平差异大，营商环境各不同

中亚国家虽然都是能源和矿产的重要出口国家，但是中亚五国普遍发展较为滞后，目前还都是发展中国家，法律法规、营商环境、融资便利程度以及外部安全形势等都有待加强。根据 2022 年全球 196 个国家及经济体的 GDP 排名，中亚五国排名两极分化比较明显，其中哈萨克斯坦、乌兹别克斯坦和土库曼斯坦排名相近，分列第 51 位、第 74 位和第 83 位，属于中间水平。吉尔吉斯斯坦和塔吉克斯坦则排名相对靠后，为第 142 位和第 143 位（见表 2）。

表 2　2022 年中亚国家 GDP 排名

排名	国家	GDP 数值（亿美元）
51	哈萨克斯坦	1940
74	乌兹别克斯坦	655
83	土库曼斯坦	531
142	吉尔吉斯斯坦	82
143	塔吉克斯坦	81

资料来源：https://www.populationu.com/gen/countries-by-gdp。

中亚国家的经济结构较为单一，主要依赖对少数商品的出口，这也使得中亚国家的经济很容易受外部国际市场变化以及国际局势的影响，经济稳定性和自主控制能力较差。例如，俄罗斯是中亚国家最为重要的进出口贸易伙伴。但是近几年，由于克里米亚危机和俄乌冲突后西方国家对俄实施制裁，俄罗斯经济发展明显放缓，这种制裁的影响也传导到中亚地区。吉尔吉斯斯坦、乌兹别克斯坦和塔吉克斯坦的重要资金来源之一是在俄务工人员的汇款，均是世界上较为依赖国外汇款的国家。从劳务外汇占 GDP 的比例来看，吉尔吉斯斯坦为 33%、塔吉克斯坦为 29%。

根据疫情前俄罗斯官方的数据，2019 年分别有 147 万名乌兹别克斯坦劳工、55 万名吉尔吉斯斯坦劳工和 87 万名塔吉克斯坦劳工在俄工作，分别占乌、吉、塔总人口的 4%、10% 和 9%。这些在国外的劳工对母国的经济贡献良多，因而俄罗斯经济发展放缓会对中亚国家的经济发展产生重大影响。首先，导致在俄劳工大批回国，给各自国内的就业市场带来压力，加剧社会不稳定风险。其次，很多劳工无法在俄罗斯找到工作，劳工向国内汇款的金额也急剧减少，致使这些国家的预算和人口收入水平下降，大大加剧了各国的社会紧张程度。最后，外部危机可能对本国货币产生影响。在俄罗斯经济发展放缓期间，中亚国家也被迫让本币与卢布一起贬值，以避免失去竞争力。

哈萨克斯坦作为中亚第一大经济体，其国内各项法规制度相较中亚其他四国更为完善。但 2022 年 1 月该国爆发内乱，引发了国际投资者对该国政治稳定和经济前景的担忧。此后，哈总统托卡耶夫对外表示，哈政府将竭力确保投资环境的安全稳定，并履行对外国投资者的承诺。政府承诺将开展政治和经济改革，打击国民经济中的垄断、寡头和腐败现象，加强私有化和国际化。

哈政府始终对外国公司以及私有公司的股权实施较为严格的控制。根据法律，外国和国内私人公司可以对哈任何经济领域进行投资，但对外国公司所占的股权设定了明确的限制，例如，外国媒体机构的股权不能高于 20%，对在国内和国际航空运输方面提供服务的外国公司股权上限是 49%。在矿产资源领域，哈政府 2017 年 12 月出台了《底土和底土使用规范》，规定自法规实施起，国有公司——哈萨克斯坦国家原子能公司必须要在新设立的铀生产合资企业中拥有不低于 51% 的股份。

哈的法律和法规在落实过程中存在一定的不规范性，社会的执法和运作过程也存在一定程度的不透明性，根据一些国际机构的评级，哈萨克斯坦的透明度仅为 29%，远低于国际和地区的平均水平，在全球透明度指数排名中，哈萨克斯坦仅排第 121 位。

发展不利的另一个因素是欧洲"碳关税"的实施。2022 年 12 月，欧盟理事会和欧洲议会正式推出"碳关税"，将于 2023 年 10 月开始试行，2026 年全面推广实施。碳关税涉及电力和氢气领域，以及下游新能源行业，例如动力电池、光伏等，无形中增加了这些行业对欧盟的出口成本。欧洲复兴开发银行可持续基础设施机构主任 Aida Sitdikova 表示，哈萨克斯坦的碳强度仍是个挑战，其 70% 的碳排放来自煤炭燃烧。随着 2026 年碳边界上限的调整，该国将面临能源竞争力的问题。为了能够利用稀土矿物和金属支持全球脱碳，该国就必须以绿色能源作为工业动力，逐步淘汰煤电设备。

乌兹别克斯坦对大宗商品（占 GDP 的 28%）和侨民汇款（占 GDP 的 15%）的依赖程度较高，因此乌国内经济发展容易受到自然环境和国外主要劳务市场变化的影响，经济自主性较差。市场结构中国有程度较高，关键领域国有力量比较集中，市场竞争力较弱。

土库曼斯坦目前被视为外国直接投资会有较高风险的国家，其商业法律和监管制度薄弱，而且行政程序较为烦琐；政府对外汇进行严格的管制，这对于需要大量资金投入的能源和矿业行业产生一定的障碍。政府没有采取措施鼓励石油行业以外的外国直接投资，因此外资进入的行业较为单一。严格的外汇管制导致美元与当地货币的黑市汇率平均为官方汇率的 5 倍以上（以 2021 年数据为例），这导致无法将在当地赚取的利润完整地汇到外国投资者本国，或者进口新的设备产品进行二次生产。

（三）恐怖主义威胁和价值观矛盾不容忽视

中亚五国紧邻阿富汗和巴基斯坦，由于彼此间尚存在未确定的边界问题和管辖真空地带，因此该地区容易被恐怖主义所利用。中亚五国中，有些国家的经济社会发展较为滞后，社会中存在一些积压许久的社会问题和矛盾。未来防止恐怖主义外溢、渗透，防止其与原有问题叠加形成对中亚各国的威胁，成为中亚国家面临的严峻挑战，也是其必须重视的难题和迫切要解决的重要问题之一。

中亚国家在反恐方面同欧美国家的合作日渐深入，但其对欧美的态度也日渐复杂。以哈萨克斯坦为例，1991年独立后，哈开始向市场经济制度改革。虽然哈在经济和社会改革方面取得了一定成效，但与其他欧洲国家的市场经济模式仍有很大差异，在政治制度和社会观念方面也存在明显的差异。因此，哈萨克斯坦一方面将欧盟视为自己重要的经济和贸易合作伙伴，希望通过经贸合作学习西方在发展市场经济上的先进经验，获得西方国家在资金和技术上的支持，更好地完成自身的转变，尽早融入国际贸易大循环中。但另一方面，在与西方国家合作的过程中，欧洲的价值观等其他西方意识形态也随之在哈得以传播和深入，这也让哈萨克斯坦政府和民众感到威胁，担心其会对哈的政治稳定和传统价值观造成破坏。

非洲矿业发展分析报告

秦晓惠*

摘　要： 非洲是世界上矿产最丰富的地区之一。近几年受疫情影响，矿产价格整体下降，非洲矿业生产受到一定影响，但近期由于能源转型和疫情解除，非洲矿业勘探预算开始稳定上升。目前欧美国家对非洲矿业投资最多，它们把握着非洲矿业的命脉。此外，虽然非洲矿业勘探预算近年来缓慢上升，但其占全球勘探预算的比例一直在下降。近几年，非洲的矿业出口额稳步提升，这给非洲带来大量的经济收入。为了适应全球能源转型，低碳成为主旋律，非洲各国积极采取措施，如进行矿业政策改革、降低税收等来吸引外国资本投资当地矿业。与此同时，非洲有大量铜、钴等关键矿产，对非洲国家来说，这必将是一个吸引外资、增加国家经济收入的重大机遇，发展绿色矿业是必由之路。但是，非洲许多国家存在政治环境不稳定、种族矛盾和冲突问题严峻、基础设施不完备等问题，这些影响了非洲矿业的进一步发展，如刚果（金）、南非等矿业大国都有类似问题。只有国家政治环境稳定，矿业才能正常有序发展，人民才会从中受益。未来国际企业在非洲的矿产资源投资仍将面临诸多机遇和挑战。

关键词： 非洲　矿产　能源转型　绿色金属

* 秦晓惠，北京科技大学外国语学院教授，矿业与钢铁行业中外人文交流研究院非洲团队负责人，英国牛津大学、美国约翰斯·霍普金斯大学高级研究者，研究方向为共同体视域下的语言使用与传播、非洲区域国别与历史文化。

一　引言

非洲面积为 3022 万平方公里。在这片拥有 13.9 亿人口的土地上蕴含着丰富的矿产资源，非洲的矿产储备占全球储备量的 2/3，其中金矿、钴矿等矿藏资源储量为全球第一，铀、锆石等已探明的资源储量为全球第二，石油的储量占世界储量的 12%，因此，非洲被称为矿产资源的宝库。[①] 因其得天独厚的地势，非洲矿产资源质量上乘且分布集中，便于开采。例如，金矿、铝土矿、铁矿主要分布在西非沿海地区，而在非洲南部跨越赞比亚和刚果边界的巨型铜矿带含有丰富的铜矿和钴矿（见表 1、图 1、图 2）。世界各大国关注这里的矿产资源如铜、金等，纷纷制定政策并采取相应措施进军非洲矿业，而且竞争日渐激烈。

表 1　非洲主要矿产资源国

序号	国家	矿产资源种类
1	安哥拉	石油和钻石
2	喀麦隆	铝土矿、金、石灰石、钴、花岗岩、铁矿、霞石正长岩、镍、金红石
3	乍得	碳酸钠或泡碱、金、黑钨矿、铝土矿、铀、银和冲积钻石
4	科特迪瓦	金、铜、石油
5	刚果民主共和国	铜、钴、金、钻石、锌、铁和铀
6	加蓬	钻石、锰、铁矿石、铀、铅、锌、大理石、铌、金、磷酸盐
7	几内亚	铝土矿、铁矿石、铀、钻石和黄金
8	马拉维	砂、铝土矿、磷酸盐、铀和稀土矿床
9	莫桑比克	煤、金、钽、铝、天然气、镍、萤石和铀
10	纳米比亚	钻石、金、铀、锌、铅和铜
11	尼日利亚	金、钶钽铁矿、黑钨矿、钽铁矿、沥青、铁矿石和铀
12	卢旺达	金、钽、锡和钨
13	坦桑尼亚	黄金、钻石、坦桑石、铀和煤
14	南非	钻石、金、煤、铂、钯、铬、铀、锰、钛铁矿、锆、钒、金红石、蛭石
15	津巴布韦	钻石、金、煤、锂、镍、铂和钨

资料来源：笔者根据有关数据自制，"Mining in Africa," https://www.miningafrica.net/mining-countries-africa/。

[①] "Mining Industry in Africa-Statistics & Facts," https://www.statista.com/topics/7205/mining-industry-in-africa/#topicOverview.

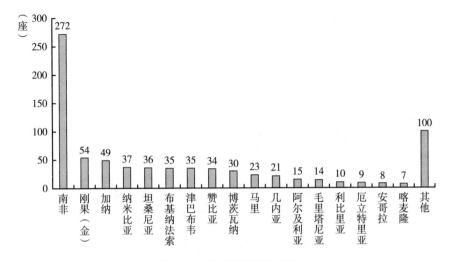

图1 非洲主要国家矿山数

资料来源：参见任军平等《非洲矿业发展概况》，《地质学报》2021年第4期。

非洲矿产资源分布主要集中在非洲南部和非洲西部沿海地区，矿产种类丰富且海运方便，在一些矿产资源方面占有极大优势，矿业领域有相当大的资源发展潜力。至2021年，非洲共发现789座矿山，其中南非的矿山有272座、刚果（金）有54座、加纳有49座。从地区上看，非洲南部含有大量的金、金刚石、铀和稀有金属等矿产资源；中部非洲盛产金刚石、铜、钴、铀、锡等，其中在赞比亚—刚果（金）铜钴成矿带上分布有多个世界级大型层状铜钴矿床；非洲西部拥有铁矿石、铝土矿、金、锰以及石油和天然气等自然资源；北非有大量的石油、天然气和磷酸盐等资源；东非的矿产资源还未被充分勘探，已知的主要矿产有石墨、金、钾矿和各种宝石等。[①]

非洲各国矿业的发展和潜力也因矿产的不平衡分布而存在显著差异。非洲不同国家间经济结构差异较大，一些国家经济发展水平相对较高，经济结构与发达国家相近，如毛里求斯、南非、塞舌尔等；刚果（布）、安哥拉等

[①] "World Mining Data 2022," https：//www. world－mining－data. info/wmd/downloads/PDF/WMD2022. pdf.

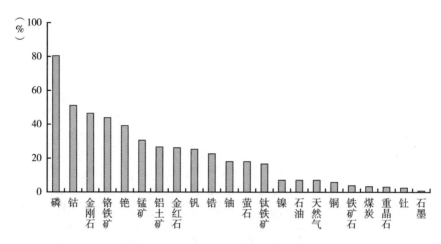

图2　非洲主要矿产储量世界占比

资料来源：笔者根据"World Mining Data 2022"数据自制，https：//www.world-mining-data.info/wmd/downloads/PDF/WMD2022.pdf。

国家矿产资源不是很丰富，但工业占比相对较高。一些国家经济发展水平落后，农业占比相对较高，如塞拉利昂、中非共和国、乍得等。但从整体来看，在非洲的经济结构中，第一位是服务业；第二位是工业；第三位是农业。[①]

在非洲地区，矿业被认为是经济发展的重要支柱，因此各国政府十分重视对矿业的管理和税收制度。随着非洲地质矿产勘查水平的提高，一些重要的矿产国家开始逐步提高矿业税率，以确保本国从矿业发展中获得更多的利益，同时开始关注保护环境和劳工权益。例如，刚果（金）颁布了新的矿业法规，其中包括提高所有矿产的权益金税率和特许使用费，同时针对关键矿产征收高达10%的税费。南非也在加强其本土控制权（《黑人经济振兴政策》），要求公司董事会至少应有50%的董事为南非人，公司采购必须有75%来自BEE公司。赞比亚为控制债务提高了矿业税率，铜价超过7500美元/吨时，其税率将上调至10%。津巴布韦规定矿业企业须将51%的股权或可控收益让给津巴布韦本国人，同时新矿法大幅增加了矿业权注册费。总

---

① "Mineral Industry of Africa，"https：//en.wikipedia.org/wiki/Mineral_ industry_ of_ Africa.

之，通过加强矿业税收制度等管理措施，非洲国家可以更好地控制和管理本国矿业资源，促进经济发展和可持续利用，同时保护本国环境和劳工权益。[①]

二 非洲矿业投资发展状况

近年来，对非洲进行的投资呈现平稳上升的趋势。2022年流入非洲的外国直接投资金额达到了830亿美元，相较于2020年的390亿美元增加了1倍多。[②] 该年非洲吸引的外资总量占全球外国直接投资的比例达到了5.2%。2020年新冠疫情曾导致外国直接投资减少，随后非洲大多数国家和地区的经济迎来缓慢增长。其中，南部非洲、东非和西非的外资流入量有所增加，中部非洲的外资流入量保持稳定，而北部非洲的外资流入量则有所下降。值得注意的是，南部非洲的外资流入量增加了近10倍，达到了420亿美元，这主要得益于南非的大规模企业重组，即Naspers和Prosus在2021年第三季度进行了股份交换。该国宣布的新项目包括由总部位于英国的Hive Energy赞助的46亿美元清洁能源项目融资交易，以及由总部位于美国的Vantage Data Centers赞助的10亿美元绿色项目，旨在建设非洲第一个绿色能源园区。[③] 欧洲依然是非洲最大的外国投资来源，其中英国以650亿美元和法国以600亿美元分居第一、第二位。[④] 在以能源和可再生能源为目标的多边金融和资本市场中最大的投资项目是CWP可再生能源公司在毛里塔尼亚投资的power-to-X氢能项目，达400亿美元。[⑤]

[①] 王秋舒等：《非洲矿业国际合作新趋势及对策建议》，《中国矿业》2019年第12期。

[②] UNCTAD, "World Investment Report 2022," https：//unctad. org/publication/world-investment-report-2022.

[③] UNCTAD, "Investment Flows to Africa Reached a Record $83 Billion in 2021," https：//unctad. org/news/investment-flows-africa-reached-record-83-billion-2021.

[④] UNCTAD, "World Investment Report 2022," https：//unctad. org/publication/world-investment-report-2022.

[⑤] 中华人民共和国商务部，http：//sl. mofcom. gov. cn/article/ztdy/202208/20220803340491. shtml。

（一）总体情况

非洲大陆拥有丰富的矿产资源，涵盖了全球最重要的 50 种矿产。其中，17 种矿产储量居全球第一位，包括金、金刚石、铂族金属、铝土矿、钴、铀等；此外，铬、锰、钌、铱、铂族等 5 种矿产占全球总储量的 80% 多；钴、钒、钯、锗、钻石、黄金和磷酸盐等 7 种矿产占全球总储量的 50% 多；铀、钽、锆、铯、铝矾土、氟石和石墨等 7 种矿产占全球总储量的 30% 多。[①] 由于非洲矿产资源的丰富，国际矿业巨头如嘉能可、力拓集团、艾芬豪等纷纷将目光聚焦在这片土地上，不断加强布局。

非洲大陆是世界上最富有矿产资源的地区之一，许多非洲国家的重要国民经济支柱是矿业。2021 年 4 月的数据显示，阿尔及利亚有约 360 亿美元的矿业产值，在非洲 39 个国家中居首位；其次是埃及，其矿业产值约为 245 亿美元；利比亚、纳米比亚、尼日利亚、刚果（金）和南非等 5 个国家的矿业产值为 150 亿~200 亿美元；刚果（布）的矿业产值约为 58 亿美元。值得一提的是，其他非洲国家的矿业产值均小于 50 亿美元。[②] 这些数字显示了非洲矿业产业的巨大潜力和多样性，也凸显了各国在开发和利用矿产资源方面的不同发展水平和潜在机遇。根据最新公布的数据，有 24 个非洲国家的矿业产值占其 GDP 的比例超过 6%，其中包括刚果（布）和利比亚（40%~50%），刚果（金）和安哥拉（30%~40%），赤道几内亚、阿尔及利亚、毛里塔尼亚和加蓬（20%~30%），赞比亚、博茨瓦纳、几内亚、莫桑比克和津巴布韦（10%~20%），以及苏丹、纳米比亚、厄立特里亚、埃及、南苏丹、南非、加纳、乍得、尼日尔、利比里亚和科特迪瓦等（6%~10%）。

[①] "Mining Industry in Africa-Statistics & Facts," https：//www.statista.com/topics/7205/mining-industry-in-africa/#topicOverview.

[②] "Africa-Mining by The Numbers，2022，" https：//www.spglobal.com/marketintelligence/en/news-insights/research/africa-mining-by-the-numbers-2022.

（二）勘探投资预算情况

图 3 展示了 2011~2022 年非洲矿业的勘探预算。从 2012 年开始勘探预算逐年下降，到 2016 年达到最低之后维持在一个平衡的位置。2019 年非洲矿业的勘探预算同比减少了 1.56 亿美元。削减的大部分预算是用于后期和可行性探索的拨款。尽管如此，参与勘探的公司数量却略有增加，升至 258 家。

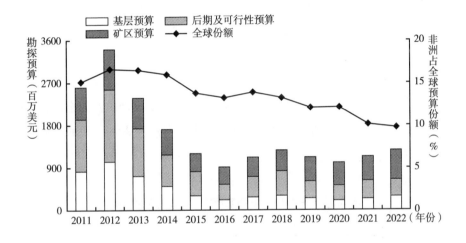

图 3　2011~2022 年非洲矿业的勘探预算

资料来源："Global Market Intelligence," https://www.spglobal.com/marketintelligence。

近年来，非洲一直是全球固体矿产勘查投资的热点地区之一。2018~2021 年非洲的投资额有所下降，但在 2011~2017 年非洲的固体矿产勘查投资一直居世界前三位。尽管非洲固体矿产勘查投资的占比自 2012 年的 16.6% 下降至 2022 年的 8%，但总体来看，非洲仍是全球固体矿产勘查投资的重要地区之一。

从 2011 年至 2020 年，黄金因其价值高昂且性能出众备受瞩目，成为最受关注的矿种之一，用于勘探金矿的投资额占了近一半的矿产勘探总额。其次是铜矿，近年来由于能源转型的趋势，铜矿逐渐引起各国的关注，占据了勘查总投资额的 13.31%~23.39%。2011~2020 年，铜和金的勘查投资合计占据了非洲固体矿产勘查总投资额的 64.42%~74.48%。未来，金和铜仍将是非洲勘查的主要矿种。[1] 相比之下，其他矿种在 2011~2020 年吸引的勘查投资相对较少，合计占比约为 30%。除了金和铜，也有对其他矿产进行投资勘探，如金刚石、铀矿等。值得一提的是，随着全球能源转型，近几年来对钴矿的勘探投资呈逐渐上升趋势，从 2011 年的 150 万美元增长到 2020 年的 2080 万美元。

投资区域方面，2018~2019 年，刚果（金）、布基纳法索、加纳、南非、马里是非洲主要的勘查投资国（见表 2）；其中，刚果（金）是近年非洲年度吸引固体矿产勘查投资最多的国家，主要投资矿种为铜、钴；布基纳法索是近年非洲年度吸引固体矿产勘查投资第二的国家，主要投资矿种为金矿；马里近年的固体矿产勘查投资呈上行趋势，主要投资矿种为金矿；而南非近年来对固体矿产勘查投资总额呈下降趋势，但仍是非洲主要的固体矿产勘查投资国之一。[2]

表 2　2018~2019 年非洲矿产勘探投资前十的国家

单位：百万美元，%

国家	2019 年	2018 年	变化百分数
刚果（金）	174.2	269.5	−35
布基纳法索	134.2	149.1	−1
加纳	100.3	102.9	−3
南非	97.4	97.8	−0.4
马里	96.3	99.6	−3
科特迪瓦	79.8	101.6	−21

---

[1] 《非洲固体矿产勘查投资总体形势与发展趋势》，http://zrzy.hebei.gov.cn/heb/gongk/gkml/kjxx/gjjl/10783309490858913792.html。

[2] 《非洲固体矿产勘查投资总体形势与发展趋势》，http://zrzy.hebei.gov.cn/heb/gongk/gkml/kjxx/gjjl/10783309490858913792.html。

国家	2019 年	2018 年	变化百分数
坦桑尼亚	55.2	38.4	44
纳米比亚	46.7	35.1	33
安哥拉	35.9	18.2	97
赞比亚	33.3	40.0	−17

资料来源：笔者根据 S&P Global Market Intelligence 数据自制，https：//www.spglobal.com/marketintelligence。

从投资矿业公司类型看，2011~2014 年，初级矿业公司是非洲固体矿产勘查投资的主体，占比在 40% 以上；2015 年以来，非洲固体矿产勘查投资由之前以初级矿业公司为主转变为以大型矿业公司为主，大型矿业公司投资占比在 50% 左右。相比较而言，国有矿业公司的投资长期以来处于相对较低水平，并由 2012 年的 1.18 亿美元降至 2020 年的 0.03 亿美元。[①]

非洲的矿产资源丰富，包括金、铜、铁、铝、钴、铂族金属、煤炭、锂等，吸引了大批跨国矿业公司和中资企业的投资。大型跨国矿业公司主要有英美资源、巴里克黄金公司、力拓集团、淡水河谷公司、第一量子矿业公司、艾芬豪矿业公司、嘉能可等，其中英美资源被认为是在非洲矿业产值最大的矿业公司，主要投资煤、铁、锰、铜、钴、镍、铂族金属、金刚石等矿产，投资的矿山遍布非洲多个国家。嘉能可是在非洲矿业产值第二大的矿业公司，在非洲主要投资煤、铬、铜、钴及钒等矿产，投资的矿山主要分布在刚果（金）、南非、赞比亚等国家。

中资企业在非洲的矿业投资也得到了迅速发展，主要集中在刚果（金）、南非、几内亚、莫桑比克、坦桑尼亚、马里等国家，涉及的矿种以铜、金、钴、铝土矿、铁为主。中资企业已成为非洲矿业开发的重要投资者之一，其中对铜、铝土矿的勘查开发投资效果相对明显。

---

① "Annual Survey of Mining Companies，2021," https：//www.fraserinstitute.org/studies/annual-survey-of-mining-companies-2021.

（三）矿产出口情况

近年来，非洲的矿产出口呈现增长的趋势。2020 年非洲的矿产出口总额约为 1240 亿美元。根据联合国贸易与发展组织（UNCTAD）的数据，2021 年，非洲的矿产出口总额约为 1300 亿美元，较 2020 年增长了约 5%。主要矿产品包括黄金、铜、钢铁、铬、铝、煤炭等。从单一国家的角度看，2021 年埃及是非洲最大的矿产出口国，其 2021 年的矿产出口总额约为 220 亿美元；南非是非洲最大的黄金生产国，其 2021 年的黄金出口总额约为 80 亿美元。此外，随着全球经济的不断增长和对能源需求的增加，预计非洲矿产出口将继续保持增长趋势，并成为全球矿产市场的重要参与者。

从矿产资源类型看，黄金是非洲最大的矿产出口品，2020 年非洲黄金出口总额约为 430 亿美元，2021 年这一数字略有提高，达到了 450 亿美元左右。铜也是非洲一种重要的矿产资源，2020 年非洲铜出口总额约为 250 亿美元，2021 年略有增长，达到了 270 亿美元左右。除了黄金和铜，非洲还有大量的铝、钢铁、煤炭等矿产资源，这些资源的出口也在不断增加。例如，2020 年非洲铝出口总额约为 180 亿美元，2021 年增加到了 200 亿美元左右；钢铁出口总额在 2020 年和 2021 年分别为 120 亿美元和 130 亿美元左右；煤炭出口总额在 2020 年和 2021 年分别为 80 亿美元和 90 亿美元左右。[①]

出口国方面，2020 年南非曾是非洲最大的矿产出口国，2020 年的矿产出口总额约为 360 亿美元；2020 年埃及和加纳分别是非洲第二大和第三大矿产出口国。此外，贝宁、尼日利亚、科摩罗、坦桑尼亚和塞内加尔等国也是非洲重要的矿产出口国。南非除了拥有大量的黄金，还有丰富的铜和钢铁矿产，2020 年南非铜出口总额约为 80 亿美元，钢铁出口总额约为 60 亿美元。埃及主要出口铜，2020 年埃及铜出口总额约为 60 亿美元；加纳主要出口黄金，2020 年加纳黄金出口总额约为 40 亿美元。非洲矿产出口数据仅反

---

① UNCTAD, "Economic Development in Africa Report 2022," 2022 年 7 月 14 日。

映了这些国家在矿产资源出口方面的一个经济指标，不能完全反映这些国家的经济实际情况，因为经济发展是多方面因素共同作用的结果。①

（四）主要矿产国家的矿业环境

1. 刚果民主共和国

刚果民主共和国［以下简称刚果（金）］拥有大量未开发的黄金、钴和高品位的铜，2022 年原金总产量为 29498.09 千克，与 2021 年的 31421.05 千克相比，相差 1922.96 千克，下降 6.12%。2022 年原金出口总量为 28306.26 千克，价值 11.04 亿美元。2022 年比 2021 年少出口 3532.86 千克，同比下降 11.09%，价值同比下降 13.08%。2022 年，铜的产量为 2515846.74 吨，相比 2021 年的 1924373.59 吨有较大增长；而且钴的产量为 115371.31 吨，也比 2021 年的 93010.53 吨有所增长；锌矿产量为 13578.30 吨，较 2021 年的 16079.39 吨有所下降。② 钴是生产电动汽车的关键金属之一。2020 年，刚果（金）钴的产量为 9.5 万吨，占全球钴产量的近 41%，是全球最大的钴矿产地。刚果（金）是 2020 年第六大工业钻石生产国，产量为 370 万克拉。③

刚果（金）的经济高度依赖矿业和油气产业，其经济结构相对单一。2010~2017 年，矿业对该国经济的平均贡献率为 14.32%。刚果（金）最大的铜钴矿项目是位于东南部的 TFM 铜钴矿。2015 年，刚果（金）国家矿业公司（GECAMINE）生产铜 17827 吨，占全国总产量的 1.76%。2019 年 4 月，该公司宣布施行结构改革，目前其生产的铜纯度已达 99.96%，较此前的 99.92% 有较大幅度提升。在刚果（金）投资矿业的企业众多，大型外资

---

① UNCTAD, "Economic Development in Africa Report 2022," 2022 年 7 月 14 日。

② Republique Democratique du Congo, "Statistiques Minieres Provisoires et Partielles Exercice 2022," https://mines.gouv.cd/fr/wp-content/uploads/2023/02/LES-STATISTIQUES-MINIERES-EXERCICE-2022-2.pdf.

③ International Trade Administration, "Democratic Republic of the Congo-Mining and Minerals," https://www.trade.gov/country-commercial-guides/democratic-republic-congo-mining-and-minerals.

矿业企业包括嘉能可、欧亚资源集团等；大型中资矿业企业包括洛阳钼业投资的腾凯丰古鲁梅铜钴矿项目，华刚矿业、紫金矿业控股的穆索诺伊矿业项目，中国有色矿业集团投资的迪兹瓦矿业项目等。投资刚果（金）矿业的中国大型国企一方面与当地的矿业公司进行合资合作或参股；另一方面通过并购或控股其他国家的矿业公司来获取矿业产权。但是目前在刚果（金）投资面临安全问题、腐败问题和企业社会责任问题等诸多挑战。经过多年的摸索和积累，中刚矿业投资合作初显成效。[①]

刚果（金）吸收外资的竞争优势主要有以下几点。

其一，丰富的矿产资源。刚果（金）拥有非常丰富的矿产资源，包括铜、钴、锡、金、银、铀、锂等。刚果（金）是世界上最大的钴铜生产国之一，并且其黄金、钻石、铀等资源也十分丰富。这些矿产资源使刚果（金）成为世界范围内重要矿产生产国之一，吸引了许多外资。

其二，优惠的投资政策。刚果（金）政府一直在积极吸引外资，并采取了一系列的优惠政策。例如，外资企业可以享受税收减免、土地优惠租赁、出口退税等。这些政策有助于降低外资进入刚果（金）市场的门槛，吸引更多的投资。

其三，政治稳定。尽管刚果（金）曾经历长期的内战和政治不稳定，但是近年来，政治环境逐渐稳定，政府已经采取一系列措施来吸引外资，建立了更加稳定的投资环境。这使得刚果（金）成为非洲大陆上最具投资吸引力的国家之一。

其四，地理位置优势。刚果（金）地处非洲中部，是连接东、中、南非的重要通道，拥有广泛的内陆市场和贸易网络。同时，其海港等基础设施也日益完善，外资企业可以更加便捷地将产品输送到全球市场。

其五，劳动力成本低。刚果（金）是非洲最大的国家之一，拥有丰富的人力资源，劳动力成本也比欧美等发达国家低得多。这对于外资企业来

---

① 《对外投资合作国别（地区）指南·刚果民主共和国（2021年版）》，http：//www.mofcom. gov. cn/dl/gbdqzn/upload/gangguojin. pdf.

说，意味着可以更加低廉地获取人力资源，提高生产效率和降低成本。①

刚果（金）丰富的矿产资源和优越的投资环境吸引了大量投资，但不稳定因素仍然存在。刚果（金）有 254 个部族，较大的部族有 60 多个，部族之间存在错综复杂的矛盾，使得刚果（金）长期以来难以维系和平，以争夺资源为目的的国内族群或跨族群战争不断。从 2001 年以来，刚果（金）进行了多项政策改革来改善投资环境和状态，如推进自由化、启用浮动汇率体系、施行多种新法律等，以此来鼓励进行资源勘测和开发利用；加强建设相关民生服务组织、创设 ANAPI 和企业注册一站式窗口等。在税收方面，政府取消了大量税收，让利给外国企业以吸引外国资本投资。此外还简化了居民的供电流程，降低了相关费用。在国际组织层面，刚果（金）积极地融入国际组织如非洲统一商法组织（OHADA）等，履行外国仲裁裁决公约。②

2. 南非

南非是非洲大陆第二大的经济体，其市场也主导着非洲矿业市场的发展。南非地理环境非常优越，南部拥有被称为"世界上最繁忙的海上通道之一"的好望角航线，海上运输极其便利。其经济较为发达，社会较为开放。南非有黑人、白人和黄种人。宗教在社会、文化和生活中占据着核心地位，其宗教信仰呈现多元化的特征，世界几个主要宗教在南非均有影响力，宗教活动在南非相当普遍。南非矿产资源丰富，开发利用潜力巨大，因而吸引了全球范围内的国家与企业对南非矿产进行矿业投资和开发。如何更好地适应并融入南非当地环境，也是各国开展矿业投资需要探讨的重要议题。

被称为"世界五大矿产资源国之一"的南非，其矿产资源以种类丰富、储量雄厚闻名，已探明储量并开采的矿物有 70 余种。南非的铂族金属、锰矿石等多种矿产的储量都居世界前列；煤炭资源是南非的主要能源；天然

---

① 《对外投资合作国别（地区）指南·刚果民主共和国》，https：//www.yidaiyilu.gov.cn/wcm.files/upload/CMSydylgw/202012/202012231143038.pdf。

② "Mining Laws and Regulations Congo-DR 2023 – ICLG," https：//iclg.com/practice – areas/mining–laws–and–regulations/congo–d–r.

气、石油资源主要依赖进口；其他新型能源如风能、太阳能等也有采用。该国的产量以煤炭（25%）、铂矿（24%）、黄金（16%）和铁矿石（11%）为主。丰富的矿产资源使南非在锰、铬和钒等矿产开发方面具有很大优势。南非以130多年的矿产勘探和开采而自豪。自1994年实现国家政治民主转型后，南非更加强调地下所有矿物必须使所有南非人民受益，并颁布了《矿产和石油资源开发法》。该法案明确地下所有矿产属于国家。多年来，南非生产和出口的传统和现代矿物，如铁矿石和铬等，为世界各地的许多国家的经济发展做出了贡献。[1]

图4为2022年底非洲市值领先的十大矿业公司，从中可以看出非洲最大的矿产公司绝大部分（90%）在南非，这意味着南非矿业公司主导着非洲矿业。实际上，该国拥有非洲大陆最大的矿业市场。2021年，该国是全球领先的铂金生产国，产量为130吨，其出口额占2021年全球铂金出口贸易额的26%左右。[2]

然而，自2008年以来，由于人口增长和大量家庭接入电网，南非一直处于电力供需失衡的状态，对矿业产生负面影响。另外，缺乏必要规模的地质科学数据来为投资决策提供信息，也降低了外国投资者对矿业勘探的兴趣。与其他非洲国家相比，南非拥有最好的铁路和公路基础设施，但在覆盖率、运载量和积极维护方面还有很大的提升空间。

南非矿业需要利用互联网时代对矿产需求不断增长所带来的机遇，高度依赖电池存储、人工智能、机器人、电动汽车和清洁能源的全球市场对一些矿产的需求正在不断增长。南非拥有对这些市场有贡献的矿藏，如铜、镍、锂、稀土金属、石墨和钴等，这些矿产在很大程度上尚未得到充分开发。

为了实现转型和赋权目标，南非的矿业立法以国家矿产资源"监管"制度为基础，从国家层面在"先到先得"的基础上，并在申请人能令人

---

[1] 《金砖国家国别研究报告·南非卷》，https：//www.bricspic.org/Upload/file/20220711/20220711171908_ 4565.pdf。

[2] "Leading Mining Companies in Africa Based on Market Capitalization as of December 2022," https：//www.statista.com/statistics/1064135/africa-mining-companies-market-capitalization/.

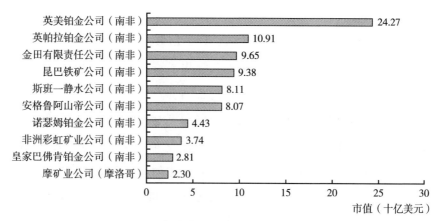

图 4　2022 年底非洲市值领先的十大矿业公司

资料来源：Statista，https：//www.statista.com/statistics/1064135/africa-mining-companies-market-capitalization/。

满意地证明其有能力遵守立法规定的财务、技术、环境、健康和安全以及社会经济发展要求的情况下，为权利申请人颁发不同类型的开发许可证。最重要的相关立法是 2004 年 5 月 1 日生效的《矿产和石油资源开发法》。其他重要立法包括 1996 年的《矿山健康和安全法》、1967 年的《采矿权登记法》等。

南非矿产资源管理局一直在尝试简化探矿权、采矿许可证和采矿权的申请流程，其目标是让申请流程能够透明化与简单化，提高在该国开展矿业业务的便利性。政府通过矿产资源和勘探部（DMRE）制定了一个雄心勃勃（有些人甚至说不切实际）的目标，即到 2025 年将不少于全球勘探总投资 5% 的外资吸引到南非海岸。采矿业对这一目标持怀疑态度，认为在实现这一目标的过程中存在严重的瓶颈，最具争议的是获得勘探许可证所需的黑人经济赋权要求。在南非，外国投资者需要证明其勘探公司有 51% 的股份为黑人所有才能获得勘探许可证。[1]

---

[1]　"South Africa：Why South Africa Is Losing Its Mining Investment Appeal，" https：//allafrica.com/stories/202210040002.html.

3.尼日利亚

尼日利亚的矿产资源也相当丰富，种类繁多，已发现44种具备商业开采价值的矿藏，主要包括石油、天然气、煤、石灰石、大理石、铁矿、锌矿以及锡、铌、钽、铀等。尼日利亚的石油资源相当丰富，是非洲最大的石油生产国，也是世界第十大石油生产国和第七大原油出口国。尼日利亚的石油储备可以维持开采大约50年，约371亿桶，是非洲第二大石油储备国。尼日利亚的天然气储备量也相当丰富，达到5.3万亿立方米，是非洲第一大天然气储备国。此外，尼日利亚已探明的高品位铁矿石储量约30亿吨，还有储量达到11.34亿吨的优质煤矿。尼日利亚是西非唯一的煤炭生产国，其他矿产资源尚未得到大规模开采。[①]即便如此，该国的石油和天然气产业仍面临着基础设施不完善、安全隐患、腐败以及环境污染等严峻挑战。

尼日利亚国内采矿业不发达，导致其不得不进口本国可以生产的矿产，如盐或铁矿石等。矿产资源的所有权由尼日利亚联邦政府持有，由其授予企业勘探、开采和销售矿产资源的权利。有组织的采矿始于1903年，当时英国殖民政府创建了北方保护国矿产调查局。一年后，南部保护国矿产调查局成立。到20世纪40年代，尼日利亚是锡、铌铁矿和煤炭的主要生产国。1956年石油的发现损害了采矿业，因为政府和工业界都开始关注这种新资源。20世纪60年代后期的尼日利亚内战导致许多外籍采矿专家离开该国。采矿监管由固体矿产开发部负责，该部负责监督尼日利亚所有矿产资源的管理活动。1999年制定了《联邦矿产和采矿法》。从历史上看，尼日利亚的采矿业由国有公司垄断，这导致生产力下降。奥巴桑乔政府于1999年开始将国有企业出售给私人投资者。

近来，尼日利亚的油田开发项目在不断扩大，以满足国内和国际市场的需求。该国政府和国内外公司正在进行大量的投资，以提高石油和天然气的

---

① 《对外投资合作国别（地区）指南·尼日利亚》，http://www.mofcom.gov.cn/dl/gbdqzn/upload/niriliya.pdf.

生产能力。此外，尼日利亚还在努力提高石油和天然气的开采效率，并降低生产成本。

在其他矿产资源方面，尼日利亚的铜和铁矿开发也在不断增长，并有望成为该国经济的重要支柱。尽管如此，由于缺乏技术和投资，这些行业的发展仍然受到限制。为了促进这些行业的发展，政府正在寻求国内外投资和技术合作。尼日利亚的金矿开采也有所增长，不仅提供了就业机会，还为国家带来了大量的收入。然而，金矿开采方式不当和造成的环境问题使该国面临严峻的环境挑战。为了解决这一问题，政府正在采取措施，以确保金矿开采的可持续性和环境安全。尼日利亚的矿产资源丰富，但面临诸多挑战。为了充分发挥本国的矿产资源潜力，政府和行业需要加强合作，积极进行矿业政策改革和采取吸引外资的其他措施，以实现更高效、可持续和可靠的矿产开采。

调整尼日利亚矿业行业的最主要法律法规有两部，分别为2007年颁布的《尼日利亚矿产与矿业法》（Nigerian Minerals and Mining Act）和2011年颁布的《尼日利亚矿产与矿业条例》（Nigerian Minerals and Mining Regulation）。2021年，尼政府称将修改2007年版的《尼日利亚矿产与矿业法》，这被视为尼政府摆脱石油美元依赖、振兴本国矿业五年计划的收官之作。新法修改的一大核心亮点在于其将赋予地方政府更多的矿业管理权力，让地方政府能够与联邦政府共同分享矿业财政收入，进一步提高各地方州政府参与矿业行业管理的积极性，从而有效打击各地的非法采矿行为。

（五）2022~2023年度矿业投资发展的主要特征

回顾矿产企业在非洲发展的现状，梳理面对的挑战以及未来发展所面临的机遇具有重要的理论和现实意义。

1. 全球能源转型，非洲矿产潜力无限

在能源转型的背景下，非洲各国纷纷采取对应措施，一方面，进行矿业产业政策改革，通过降低税收等优惠政策来吸引国外资本投资本国矿业，以给予一定优惠利润来防止资金流失和投资下降；另一方面，非洲各国呼吁加强非洲矿业产业链发展，通过矿业带动其他产业共同发展。

非洲矿产资源分布集中，这导致部分国家矿业发展落后，促进产业链发展有利于带动周边国家经济发展。同时非洲拥有大量绿色能源所需的锂、铜、钴、镍和锌等"绿色金属"，且尚未完全利用，各国正在加强对该类金属的勘探和矿产开采。

2. 开始重视地缘政治风险，政治局势影响矿业发展

根据安永发布的《2021年全球采矿和金属行业的十大业务风险和机遇报告》，全球矿业行业面临众多风险与机遇。经营许可、重大事件、生产力与成本上升是排名前三的风险，其中，重大事件包括天气灾害、政治风险、社会事件等。地缘政治是十大风险中的新增风险，主要是指各大国在国际政治经济格局中的权力重塑和在资源国家的博弈。总的来说，全球矿业行业面临的风险复杂多样，需要矿业企业积极应对，并寻找适合自身发展的策略与方法。

3. 资源产业本土化进程加快

当今世界推行能源转型，且过去几年疫情对非洲各国的影响相对较大，具体表现在经济下行、失业率升高、财政收入锐减和政府债务增加等方面，而非洲各国为应对疫情冲击，普遍采取措施，如加大对矿业出口的税收来增加国家的经济收益。

赞比亚通过收购莫帕尼铜矿使其完全国有化，从国家层面加强对战略资源的控制，将资源开发慢慢从私有转变为国有化来增强资源产业本土化。同时，大部分非洲矿业大国通过增大政府对矿产企业的控股来直接获得利益，或通过对矿业政策改革来增加政府干预的比例和提高矿业的税收。除了提高基础税率，甚至还征收新的税种来促进资源产业本土化。非洲各国积极促进本地矿业产业链的发展，严格控制矿产品的出口，尽量在非洲本地进行矿产品的冶炼加工，加强非洲当地相关产业链的发展，让非洲各国从资源开发利用中获得更多的收益。

三 非洲矿业发展环境的新变化

非洲的矿业大国有刚果（金）和南非等，其中刚果（金）的矿业和油

气出口收入占其出口总额的95%。经历了近几年的新冠疫情，非洲的矿业正在稳步恢复并且有持续扩大的趋势，尤其是在全球能源转型的背景下，非洲绿色金属的勘探预算正在上升，为了抓住机遇，非洲各国都在采取相应措施如政策改革等来吸引外资。非洲矿业的历史发展悠久，矿业发展环境较为成熟，不过非洲GDP总量小，经济整体处于落后阶段，基础设施差，工业基础薄弱，这成为非洲矿业发展的主要障碍，非洲铁路的普及率不高，且有些国家的部分地区缺电少路，无法进行矿产勘探，导致资源未能得到有效开发。

（一）政策环境变化

在全球能源转型的背景下，刚果（金）目前准备进行政策改革，将钴等金属视为战略金属，将其出口税率从2%提高到5%，同时普通金属的税率也将上调至3.5%。钴成本的上涨可能会导致钴价格上涨。虽然《矿业法》的修订仍在进行中，但如果新的税法最终获得批准，那么钴权利金税率将上涨至5%。刚果（金）是全球钴供应的主要地区之一，约占全球钴产量的65%，如果刚果（金）实行新税法以增加税收的话，将导致钴的成本曲线向上移动，加上钴矿开采困难、原料供应不足，那些把握钴矿开采的上游企业很可能会调整钴原料的价格，导致下游企业也须进一步提升价格，从而引起钴价大幅上升。

刚果（金）对《矿业法》的修订将给该国的矿业企业和矿产资源的开采带来重大影响。其中，对钴行业影响最为显著。钴是一种关键的工业金属，广泛应用于电池、航空航天、医疗等领域，而刚果（金）是全球钴供应的主要地区，所以刚果（金）《矿业法》修订对全球钴市场将产生深远影响。此外，《矿业法》修订还将引入暴利税等税收政策，增加矿业企业的税负，这可能会对矿业企业的投资动力和积极性造成负面影响。

（二）法律规定环境

刚果（金）在矿业开采管理方面相对较为严格。早在2002年，刚果（金）就颁布了《矿业法典》和《矿业条例》。然而，政策的施行却没有那么一帆风顺，一些投机取巧的投资者利用法律漏洞如采用加速折旧或不完整的纳税申报等方式，导致刚果（金）政府无法收到足额的企业所得税，同时因执行过程缺乏透明度，使得刚果（金）从开采矿物中获得的利润微乎其微。此外，矿业开采还对自然环境造成了威胁。为了解决上述问题，刚果（金）于2018年颁布了新的《矿业法》。

新《矿业法》主要是为了解决之前采矿业面临的问题，并在政治和行政环境不断变化的情况下加强政府对采矿业的管理和控制。其中，提高准入门槛和强化政府对采矿领域的管理是该法的重点之一。法律规定只有在一定的经营范围内，矿业公司才能对矿产进行勘探和矿产开采，严格打击非法采矿和勘探，保护各个企业的合法权益。外国公司在刚果（金）从事开采矿产，需要提供有效的税务证明和法人良好品行的证明，并遵守刚果（金）的法律规定。此外，政府将无偿获得矿业公司10%的股份，且该股份不能稀释，以此扭转国家对矿业公司参股比例小的局面。①

与此同时，环境保护也被列在新《矿业法》中。法律要求企业和经营者必须按照相关计划规定进行采矿，保护采矿地区周围的自然环境，并在开采结束后重新填埋土地，种植绿植。在开采之前，经营者必须拥有一系列的环境保护计划如环境影响评估等，同时为了对采矿当地的环境进行事后保护，要求必须按照环境影响评估和环境管理计划规定的标准使用矿区中的水和木材。② 总的来说，新《矿业法》旨在加强政府对采矿业的管理和控制，提高采矿业的准入门槛，保护环境并合理开发矿产资源。这些改革措施有助于增加政府的收入，提高矿业公司的规范运营和社会责任意识，促进经济发展和环境保护。

（三）社会人文环境

刚果（金）的政治和经济状况长期不稳定，政府官员腐败屡禁不止、

---

① 《刚果（金）矿业开采立新规》，https：//www.investgo.cn/article/gb/tzzc/202112/571744.html。
② 《刚果（金）矿业开采立新规》，https：//www.investgo.cn/article/gb/tzzc/202112/571744.html。

民主建设缓慢、治安恶化等方面的问题严重影响当地社会的稳定。经济方面，尽管刚果（金）拥有丰富的自然资源，但是由于开采和管理等问题，其资源的开发利用效率极低，这也导致贫富差距较大等社会问题的出现。

多国和跨国公司在刚果（金）进行资源开采，但是缺乏对当地民众的尊重和保护，甚至出现人权侵犯等问题。刚果（金）的环境问题日益突出，森林砍伐、野生动物滥捕等问题严重破坏了当地的生态环境。

刚果（金）的社会问题也较为严重。贫困、失业、教育和卫生保健匮乏等困扰着当地民众，社会贫富差距极大，社会福利保障不健全。此外，刚果（金）也一直存在来自内外的冲突和暴力，尤其是东部地区的反政府武装和族群冲突等问题，给当地民众的生活和安全带来了巨大的困扰。刚果（金）不稳定的政局以及恐怖袭击等事件的发生对矿业生产的影响巨大，导致外国资本不敢轻易投资其矿业和进行矿产勘探，刚果（金）须先稳定其国内局势再大力推进矿业发展，否则其局势的不确定性会成为矿业发展的隐患。[1]

（四）绿色矿业发展环境

非洲拥有丰富的石油、天然气、煤炭、铀矿等资源，可以满足未来能源需求。此外，非洲的太阳能和风能资源丰富，非洲大陆上许多地区拥有较高的年平均日照时间和强风，有很大的潜力开发风能和太阳能，吸引国外资本到非投资勘探绿色矿产。与此同时，非洲各国为了顺应能源转型趋势，开始采取各种政策措施，支持可再生能源和提升能源效率技术的发展，并努力为企业和投资者提供良好的投资环境。一是推动可持续发展，加强环境保护，改善社会福利，提高矿业经济效益；二是改善矿山管理，改善矿山环境，保障矿山安全；三是提高矿业技术水平，提高矿业生产效率，提高矿业资源利用率；四是改善矿业投资环境，提高矿业投资效率，提高矿业投资回报率；五是推动矿业产业升级，提高矿业产品质量，提高矿业产业竞争力。这些政

---

① 《刚果民主共和国的国家概况介绍》，http：//www.shijielishi.com/ggmzghg/zixun/2128.html。

策为非洲在能源转型中发挥重要作用创造了有利条件，与此同时，非洲国家还需要加强自身的基础设施建设和管理能力，以实现有效的能源转型。

四　非洲矿业发展环境展望

（一）矿业政策改革有望完善

政策改革是重振采矿业的重中之重。南非政府把振兴采矿业视为南非未来发展的关键驱动力，正加快步伐推动矿业产业政策改革，更高效地处理积压的探矿权、采矿权及矿权转让申请，简化新项目注册手续等。非洲国家均须采取审慎政策，通过改革保持财政可持续性，保护普通家庭和企业脆弱的信心，并用稀缺的资源为最需要帮助的民众雪中送炭，避免扰乱中短期经济增长前景。非洲国家还需要不断提高经济多样化水平，加快数字转型和绿色转型，充分挖掘私营部门潜力，为经济发展培育新的增长点，建立起本国经济抵御风险挑战的韧性，激发经济自主增长的动力。[1]

（二）非洲经济走弱以及通货膨胀对矿业的影响恐将持续

非洲在2021年实现了较为强劲的经济增长，但这一复苏势头在2022年被动荡的国际局势打断，2023年的经济增长也面临更多不确定性。据国际货币基金组织（IMF）测算，经济结构更加多元的非洲国家受到国际市场波动影响相对较小，这些国家2022年经济增长达到4.6%，并将在2023年展现出更多活力和韧性。非洲石油出口国在2022年的经济增速为3.3%，其他资源密集型的国家经济增速为3.1%。尽管资源密集型国家面临不小挑战，但由于欧美国家急于寻找俄罗斯资源的替代品，非洲矿产资源受到更大关注，其出口价格预计仍将保持高位，将为非洲经济发展带来利好。

---

[1] 《非洲经济力保温和稳定增长》，http://intl.ce.cn/sjjj/qy/202301/14/t20230114_3834 6892.shtml。

非洲部分国家高度依赖农产品和燃料进口，相关产品的价格飙升和供应中断，导致非洲国家普遍出现通货膨胀。据 IMF 计算，2022 年撒哈拉以南非洲地区的通货膨胀率保持在 12.2% 的高位。由于食品和能源支出通常占非洲"消费市场"的一半以上，弱势群体在通胀浪潮中首当其冲。与 2021 年底相比，2022 年底尼日利亚食品价格上涨 150%，柴油价格上涨 180%，外媒不禁感叹："对大多数非洲人来说，这是一个艰难的圣诞节。"虽然 2023 年非洲国家通胀率有望从高点回落，但通胀给弱势群体带来的长期影响不可小觑，非洲可能出现更大范围的粮食不安全，社会和政治稳定或将受到一定冲击。

2022 年，大多数非洲国家的货币对美元大幅贬值。预计 2023 年，苏丹、津巴布韦的货币可能会成为世界上最弱的货币，而加纳、马拉维、塞拉利昂、埃塞俄比亚和埃及受高通胀的影响，其货币对美元贬值幅度或将超过 10%。非洲其他主要经济体也不能幸免，尼日利亚、南非、安哥拉、阿尔及利亚和肯尼亚的货币对美元也将进一步贬值。全球通货膨胀和高物价给非洲国家带来更多社会动荡。世界银行认为，在高油价、干旱和供应链中断的影响下，2022 年，包括尼日利亚、埃塞俄比亚和安哥拉在内的七个国家的通胀率超过 10%。与其他地区相比，非洲各国政府在分担民众压力方面能力不足，更有甚者会通过增税来弥补政府的收入不足。各国政府会越来越依赖价格控制手段来避免动乱。[①]

非洲各国为减少经济发展缓慢和通货膨胀高企所带来的影响，可能会采取提高矿业税收等措施，这可能会引起外国资本的流失。各国应权衡两者的利弊，积极恢复经济发展，提高民众生活水平。

五　总结与建议

非洲是世界上金、钴等矿产储量第一的矿产资源丰富地区，并吸引了大

[①] 《2022 年非洲十大关键趋势展望》，https：//www.controlrisks.com/zh/our-thinking/chinese/ten-key-issues-in-africa-in-2022？utm_ referrer=https：//www.google.com。

量外国企业投资当地的矿业。但在疫情和能源转型的影响下，投资者会担心非洲矿业的发展和利润，因此非洲部分矿业大国如刚果（金）、南非等国家纷纷改革和出台相应优惠政策来吸引投资者投资勘探当地矿产。但与此同时，少部分国家会以提高税率来提高被疫情影响的经济，这往往会使当地的矿业发展缓慢或者停滞。与此同时，非洲族群问题严重，部分国家有不同程度的政治安全问题，也影响着当地的矿业发展，投资者顾虑其安全性往往会选择投资更加安全的地区来确保自己的产业安全。非洲各国应先稳定国情，矿业和服务业并驾齐驱，在发展矿业的同时，完善国内设施，确保矿业勘探等工作能够正常进行。在能源转型的背景下，回顾矿产企业在非洲发展的情况、梳理面对的挑战以及未来发展所面临的机遇具有重要的理论和现实意义。

（一）抓住机遇投资与控股，降低风险

看准时机开展逆周期资源配置计划，重点关注一些处于价格洼地的高价值高性价比的矿业资产，提前做好投资和开发规划布局。宏观经济和矿业投资开发活动的暂时低迷，往往也是优质矿业资产价值被严重低估的时期。对长期看好非洲矿业前景的中国投资者来说，这是逆周期投资和配置资源的良好时机。中国权威财经门户媒体《金融界》在总结紫金矿业海外矿业投资时提到的正是：把握好逆周期收购，最适合的就是最好创新。[①] 中小私营企业和地勘单位等投资主体，可以重点关注一些资源潜力较好的矿权资产。尤其是新冠疫情后，在非洲的矿业企业面临新一轮"洗牌"，一些实力弱、经营差的矿企被迫退出，一批优质的矿权矿业资产可能回流市场，筛选和评估其中优质的、价值被低估的矿业权资产，可以提供逆周期投资的良好机会。而对于立足申请新矿权的投资者，可考虑在扎实的技术评估基础上在所在国优势成矿区域已有矿区外围和新发现矿（化）点等空白区域申办一些矿业权；利用疫情后的矿业低迷期，开展风险勘查评估工作，寻求找矿突破，以

---

① 邓斌等：《新冠疫情背景下中资企业在非洲矿业投资面临的问题和对策研究》，《矿业研究与开发》2020 年第 9 期。

期在下一个矿业复苏上行周期到来时，适时开发或高位出让，实现最大收益。为减少矿产资源开发的前期风险，可考虑建立矿产风险勘查和资源开发专项基金，结合中方设备、技术优势，与当地政府合作，选择非洲国家资源潜力较大的区域，开展基础性的区域地质调查研究，及时收集当地地质资料和掌握一定的找矿信息，圈定可供下一步找矿勘查的靶区，为企业投资矿产资源勘查开发做好前期准备工作，降低企业投资风险。[①]

对已有成熟矿业投资和矿山建设开发计划的企业，可考虑在新冠疫情后，抓住一些非洲国家货币贬值、在当地以本币形式支出的矿业开发建设成本大幅降低的时机，适时启动一些矿山基础设施建设等。全球化以来，历次经济衰退往往会造成一些非洲国家货币贬值。以西非国家尼日利亚货币奈拉近年来的走势为例，2016 年，由于全球石油和大宗商品价格大幅下挫，奈拉经历了一轮大幅贬值，由 2016 年 5 月初的 1 美元兑 198 奈拉大幅贬值到 2016 年 7 月的 1 美元兑 318 奈拉，贬值幅度达 60%；之后回调至 1 美元兑 305 奈拉。受疫情影响，自 2020 年 3 月起，奈拉兑美元再度开启贬值趋势，截至 2020 年 6 月已跌至 1 美元兑 360 奈拉左右，较 2 月大幅贬值 18%。因此，矿业企业可抓住这一机会，适时启动基础设施投资工作。当然，对投资风险要有充分的识别、评估程序，并拟定审慎的应对措施，实施有效的投资风险控制或规避策略。[②]

（二）综合考虑准确评估投资环境，切合实际优化投资选择

在进行非洲矿业投资时，合理选择投资区域至关重要。选择一个具有良好技术开发潜力的矿产区域可以最大限度地提高投资收益和效率，降低投资风险。非洲国家众多，投资目的国的国情对于投资的成功与否起着决定性作用。一些与中国外交关系良好、积极参加地区组织的国家或拥有大量战略矿

---

① 邓斌等：《新冠疫情背景下中资企业在非洲矿业投资面临的问题和对策研究》，《矿业研究与开发》2020 年第 9 期。

② 邓斌等：《新冠疫情背景下中资企业在非洲矿业投资面临的问题和对策研究》，《矿业研究与开发》2020 年第 9 期。

产资源的国家应成为投资者优选的目标，在这些国家，企业已有过工程承包项目、基础设施投资项目、农业投资项目或是贷款援助等交流，这样可以降低项目运行成本并缩短投资时间。例如，南非是一个全球贵金属储量最丰富的国家，投资铂族金属可以减轻中国对外依存度逐渐变大的压力。南非也是投资铁矿石、锆、铬铁矿等矿产的理想地区。另外，赞比亚是"铜矿之国"，该国北部的赞—刚铜矿带是世界上最大的沉积型铜矿带，品位高，开采程度低，是铜矿投资的理想地区。投资者在进行矿种选择时，应考虑当地资源状况、当地矿业开发的可行性以及自身需求，以便进行合理投资开发。[①]

---

① 谢锋斌：《非洲矿产资源投资环境研究》，中国地质大学博士学位论文，2015。

欧洲矿业发展分析报告

李天竹[*]

摘　要： 欧洲矿产行业发展历史悠久，是多家国际矿产巨头的总部所在地。近年来，欧洲矿业出现本土化趋势，多个国家积极开展当地矿产的勘探开发和加工工作，同时加强了传统的海外矿产资源获取。2022~2023年，欧洲新增矿产投资项目较多，其中以锂和稀土等关键矿物相关项目为主。与此同时，民间社会的环保呼声增强，矿业项目受到的阻力有所增加。考虑到欧洲能源成本、劳动力成本和环保要求仍将处于高位，欧洲矿业项目的开发周期或将延长。然而考虑到欧洲当地市场潜在的巨大需求，矿业企业仍应密切关注欧洲行业动态，妥善把握投资机遇。

关键词： 欧洲　矿产　关键矿物　本土化

一　引言

在全球供应链动荡的冲击下，欧洲矿业发展环境变化明显。主要资源国家出台新的行业政策、法律法规等，积极推进本土矿业勘探开采等举措，聚焦锂和稀土等关键矿物，谋求矿业本土化和供应链自主化。法国、瑞典等国已勘探到储量可观的锂和稀土矿藏。然而，新的矿业项目往往受到当地社区

[*] 李天竹，北京科技大学外国语学院讲师，毕业于北京外国语大学高级翻译学院，研究方向为口笔译理论与实践、区域国别研究。

的强烈反对，加之矿业合规要求的提升、劳动力价格与能源价格的上涨，欧洲矿产行业虽然动作频频，但是长期发展环境仍然面临诸多不可忽视的阻碍因素。

二 2020~2023年欧洲矿业投资发展情况

（一）欧洲主要矿产大国矿业情况

欧洲的采矿业历史悠久，然而产量随着经济结构调整而出现下降，2020年，欧洲的矿石产量为11.76亿吨，在全球矿石产量中的比重为6.8%，与2019年相比下降了3个百分点，位居亚洲、北美洲和大洋洲之后（见图1、表1）。欧洲使用的大部分金属矿石均为进口，只有塞尔维亚、奥地利、芬兰、希腊、爱尔兰、波兰、葡萄牙和瑞典等少数欧洲国家仍有持续经营的矿山。

欧洲主要国家中，英国的矿产资源主要有煤、铁、石油、核能和天然气，硬煤总储量1700亿吨，铁的蕴藏量约为38亿吨。西南部康沃尔半岛有锡矿，在柴郡和达腊姆蕴藏大量石盐，斯塔福德郡有优质黏土，康沃尔半岛出产白黏土，奔宁山脉东坡可开采白云石，兰开夏西南部施尔德利丘陵附近蕴藏着石英矿。[1] 英国主要矿产相关法规较为分散，根据具体项目类型以及项目地点不同有所差异，监管体系同样根据矿产性质决定。矿产的管理部门为中央和地方政府，财产法规定土地所有人拥有地下矿藏并可将开采权转让给第三方，但是在某些情况下，开采矿产的权利被王室保留。大部分未开采矿产归1994年根据《矿产工业法》设立的矿产管理局管理。[2]

---

[1] 中国商务部：《英国概况》，http：//gb. mofcom. gov. cn/article/k/201508/20150801083368. shtml。
[2] 中国商务部：《对外投资合作国别（地区）指南》，http：//fec. mofcom. gov. cn/article/gbdqzn/。

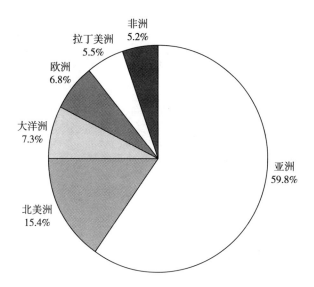

图1　2020年世界各大洲矿石产量占比

资料来源：《2022世界矿业数据》（World Mining Data 2022）。

表1　2019~2020年各大洲矿石产量（不含铝土矿）

单位：万吨

	2019年	2020年
非　洲	98721.0160	88963.4740
亚　洲	1059007.0293	1029757.6978
欧　洲	128022.1120	117616.9074
拉丁美洲	103422.9997	95102.8059
北美洲	286474.3897	264643.0963
大洋洲	125955.3182	124913.8171
总　计	1801602.8649	1720997.7985

资料来源：《2022世界矿业数据》（World Mining Data 2022）。

　　塞尔维亚拥有丰富的矿产资源，主要有铜、金、银、铅、锌、硼酸盐和锂矿。该国采矿业有着悠久的历史，现已成为国民经济的重要组成部分和经济增长的重要来源。2022年第一季度，采矿业占塞尔维亚GDP的比重为2.6%，第二季度为2.3%。2022年1~7月，塞尔维亚制造业增长2.7%，而采矿业增长超过30%，增幅远高于制造业。塞尔维亚2021年采矿业从业人数达27000人，其中金属矿山从业人员8500人，并且人数呈现增加趋势。塞尔维亚目前正在对178个勘探区域进行地质研究，其中120个为金属矿，包括铜、金、铅、锌、银等；2个为能源类矿；56个为非金属矿。[①] 2022年塞尔维亚矿业生产每个月均为正增长，其中8月、9月和11月增长出现低点（见图2）。

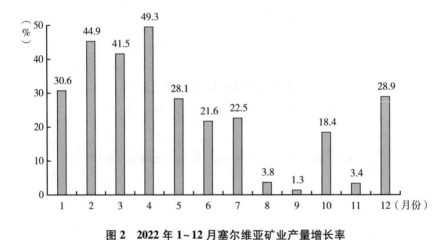

图2　2022年1~12月塞尔维亚矿业产量增长率

资料来源：《塞尔维亚矿业生产》，全球经济指标网，https://zh.tradingeconomics.com/serbia/mining-production。

法国是西欧国家中矿藏较丰富的国家，主要有铝土、铀、铁、钾盐等资源。铁矿蕴藏量约10亿吨，但品位较低、开采成本高，煤储量几近枯竭，所有铁矿、煤矿均已关闭，所需矿石完全依赖进口。有色金属储量很少，几乎全部依赖进口。能源主要依靠核能，约70.6%的电力靠核能提供。此外，

① 《塞能矿部部长称塞尔维亚将成为世界稀有矿产的重要来源地》，http://yu.mofcom.gov.cn/article/jmxw/202211/20221103366309.shtml。

水力和地热资源的开发利用比较充分。[①] 2022 年法国全年矿业产量几乎均为负增长，仅有 2 月有 1.5% 的正增长（见图 3）。

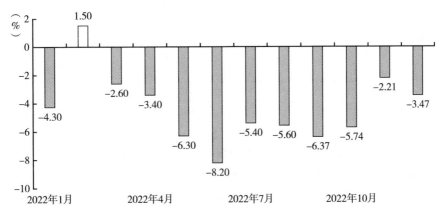

图 3　2022 年 1~12 月法国矿业产量增长率

资料来源：《法国矿业生产》，全球经济指标网，https://zh.tradingeconomics.com/france/mining-production。

　　葡萄牙拥有丰富的地质资源，采矿业估值 3400 亿欧元，是铁、铜、金和钨的主要出口国之一，是欧盟铜、锡、锂和钨主要生产国之一，也是世界上重要的观赏石生产国。2019 年，葡萄牙的铜产值为 1.87 亿欧元，锌产值为 1.83 亿欧元，铅产值为 3905 万欧元，钨产值为 1489 万欧元，锡产值为 191 万欧元；特殊沙产值为 2820 万欧元，高岭土产值为 685 万欧元，石英产值为 86 万欧元，滑石产值为 82 万欧元。外资进入葡萄牙采矿行业需要特许批准。[②] 2022 年葡萄牙矿业产量在 1 月出现 44.51% 的大幅增长，之后的月份在正负增长之间摇摆不定（见图 4）。

　　瑞典矿业较为发达，已探明铁矿储量 36.5 亿吨，是欧洲最大的铁矿砂出口国。铀矿储量 25 万~30 万吨。此外，北部和中部地区有硫、铜、铅、

①　中国驻法大使馆：《法国国家概况》，http://fr.china-embassy.gov.cn/ljfg/202209/t20220901_10758964.htm。

②　中国商务部：《对外投资合作国别（地区）指南》，http://fec.mofcom.gov.cn/article/gbdqzn/。

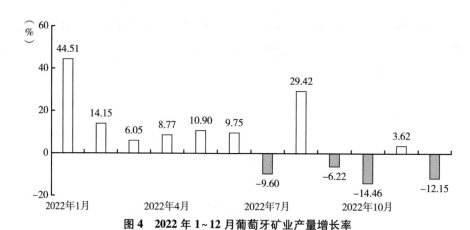

图4　2022年1～12月葡萄牙矿业产量增长率

资料来源：《葡萄牙矿业生产》，全球经济指标网，https：//zh. tradingeconomics. com/portugal∕mining−production。

锌、砷等矿，但储量不大。瑞典在采矿业这一有关国家战略利益领域限制外国投资，主要是以发放许可证和牌照的方式筛选具备实力和资质的企业，只有获得许可才有资格进入该行业。[①] 2022年瑞典矿业月产量以负增长为主，在10月和11月尤其显著（见图5）。

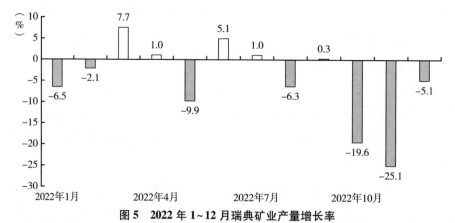

图5　2022年1～12月瑞典矿业产量增长率

资料来源：《瑞典矿业生产》，全球经济指标网，https：//zh. tradingeconomics. com/sweden∕mining−production。

---

① 中国商务部：《对外投资合作国别（地区）指南》，http：//fec. mofcom. gov. cn/article/gbdqzn/。

芬兰位于欧洲北部，与瑞典、挪威、俄罗斯接壤，南临芬兰湾，西濒波的尼亚湾，海岸线长1100公里，有"千湖之国"之称。其国土的1/4处在北极圈内，但受湾流影响，气候温和，在芬兰境内没有冻原或永冻土地区。芬兰矿产资源丰富，并且具有巨大的开发潜力，主要的优势矿产有铜、镍、锌、金、铬、铁、金刚石、铂族元素、铀等，工业矿物有碳酸盐、磷灰石、滑石等，目前开采规模较大的主要有金、锌、镍、铜、铬等。[①] 2022年芬兰矿业产量以负增长为主，在10月和11月尤其显著（见图6）。

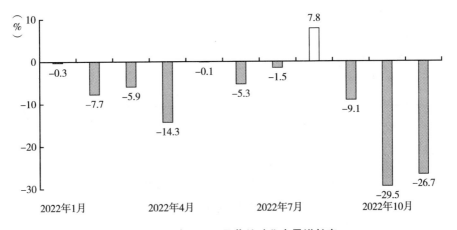

图6 2022年1~11月芬兰矿业产量增长率

资料来源：《芬兰矿业生产》，全球经济指标网，https://zh.tradingeconomics.com/finland/mining-production。

俄罗斯主要矿产资源有煤、铁、泥炭、石油、天然气、铜、锰、铅、锌等。其中，天然气已探明蕴藏量为48万亿立方米，占世界探明储量的21%，居世界第一位；石油探明储量252亿吨，占世界探明储量的5%；煤蕴藏量1570亿吨，居世界第二位；铁矿石蕴藏量650亿吨，约占世界蕴藏量的40%，居世界第一位；铝蕴藏量4亿吨，居世界第二位；铀蕴藏量占世界探明储量的14%；黄金储量1.42万吨，居世界第五位；磷灰石占世界探明储

---

① 韩九曦、李玉嵩、元春华、王秋舒：《芬兰矿产资源与开发现状》，《中国矿业》2013年第2期。

量的 65%；镍蕴藏量 1740 万吨，占世界探明储量的 30%；锡占世界探明储量的 30%；铜 8350 万吨。俄罗斯的非金属矿藏也极为丰富，石棉、石墨、云母、菱镁矿、刚玉、冰洲石、宝石、金刚石的储量及产量都较大，钾盐储量与加拿大并列世界首位。[①] 2022 年对乌克兰发起特别军事行动以来，俄罗斯的矿业生产受到显著影响（见图 7），一方面由于国内产能受到影响，另一方面由于美欧国家纷纷对俄实施经济制裁，打击了俄矿业出口。

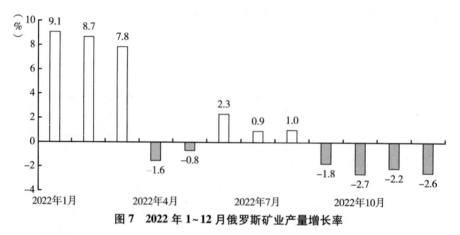

图 7　2022 年 1~12 月俄罗斯矿业产量增长率

资料来源：《俄罗斯矿业生产》，全球经济指标网，https://zh.tradingeconomics.com/russia/mining-production。

乌克兰矿产资源丰富，已探明有 80 多种可供开采的富矿，主要有煤、铁、锰、镍、钛、铀、汞、石墨、耐火土、石材等，广泛分布在全国 7000 多个产区，其中 4000 多个产区已经开发。锰矿石超过 21.8 亿吨，位居世界前列；铁矿石储量约 275 亿吨；煤、燃料矿石、陶土、地蜡和石墨储量也较丰富。石油和天然气资源相对匮乏，对外依存度高。2019 年乌克兰天然气开采量 207 亿立方米，同比下降 1.4%，进口 142 亿立方米，同比增长 34.9%；2019 年石油开采量 199 万吨，同比增长 5.7%，进口 79 万吨，同比增长 3.1%。乌克兰煤炭储量为 447.34 亿吨，其中硬煤 414.9 亿吨，褐煤 25.95 亿吨。受顿巴斯地区冲突等因素影响，乌克兰煤炭产量连年下降，

---

① 中国商务部：《对外投资合作国别（地区）指南》，http://fec.mofcom.gov.cn/article/gbdqzn/。

2019 年共开采 3121 万吨，同比下降 6. 2%。① 2022 年 2 月俄对乌发起特别军事行动以来，乌克兰的矿业生产从个别月份略有下降、总体勉强维持正增长迅速变为大幅下降，2022 年 6 月之后已无统计数据（见图 8）。

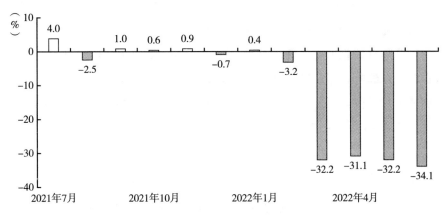

图 8 2021 年 7 月至 2022 年 6 月乌克兰矿业产量增长率

资料来源：《英国矿业生产》，全球经济指标网，https://zh. tradingeconomics. com/ukraine/mining-production。

（二）总体情况

2020 年以来，欧洲各国加大了关键矿产资源的勘探力度和产能建设力度，已探明的矿区数量和矿物储量均有显著增加。

美国地质调查局（USGS）估计欧洲锂金属的储量为 6 万吨，占世界储量的 0. 7%。法国、葡萄牙、西班牙等欧洲国家与锂有关的项目正在不断增加。法国地质和矿业研究局（BRGM）的研究人员分享了有关锂的一项发现，指出法国锂金属潜力超过 20 万吨，可自给自足。葡萄牙共有 6 个锂矿区具备勘探条件②，其中葡萄牙北部的 Mina do Barroso 有欧洲最大的锂辉石

---

① 中国商务部：《对外投资合作国别（地区）指南》，http://fec. mofcom. gov. cn/article/gbdqzn/。

② 《葡政府将推进 6 个锂矿区勘探招标》，http://pt. mofcom. gov. cn/article/jmxw/202202/20220203278690. shtml。

矿床，英国 Savannah Resources 公司计划在不久的将来对此进行开采。① 在西班牙，澳大利亚的英菲尼迪锂公司（Infinity Lithium）正在研究 San Jose 附近的一个露天锂矿。在奥地利，欧洲锂业 European Lithium 计划 2023 年开始在此生产锂金属。Eramet 和 Vulcan Energy Resources 在阿尔萨斯莱茵河流域进行锂研究。意大利发现托斯卡纳、拉齐奥和坎帕尼亚大区地下土壤富含锂矿。②

瑞典国有矿业企业卢奥萨山-基吕纳山公司（LKAB）于 2023 年 1 月 12 日宣布，在瑞典北部发现一个蕴藏 100 多万吨稀土氧化物的稀土矿床，这是欧洲最大规模的已知稀土矿床。该公司表示计划在 2023 年提交开采特许权申请，预计 10~15 年后将进行开采。③

1. 欧洲企业在欧洲本土的投资情况

2022 年欧洲本土企业对矿业的投资较为活跃，涵盖了勘探、开发、冶炼等各个环节，重点聚焦锂、稀土等热门矿物资源，也包括铁矿等传统主要金属矿产，主要国家为法国、芬兰、英国等传统工业强国。

（1）锂矿投资情况

为解决目前锂资源完全依赖进口的问题（见图 9），欧盟各地启动了多个锂矿开采和加工项目。虽然智利的锂供应量占全球的 44%，中国以占比 39% 位居其后，然而欧盟的解决方案是开采新的当地锂矿，充分发掘本土储量。欧洲各国纷纷着手开发本国的锂矿矿藏。④

欧洲首个获得完全许可的锂矿公司——关键金属（Critical Metals）公司于 2022 年 10 月成立，拥有欧洲首个获得许可的锂矿即奥地利 Wolfsberg 锂矿项目，预计从 2025 年起每年可供应约 10500 吨锂精矿。⑤ 法国英格瓷

① 《欧洲锂矿潜力巨大》，http：//fr. mofcom. gov. cn/article/ztdy/202106/20210603069962. shtml。

② 《意地下锂矿将助力原材料自主》，http：//it. mofcom. gov. cn/article/jmxw/202212/20221203374594. shtml。

③ 《瑞典发现欧洲最大规模稀土矿床》，中国新闻网，https：//www. chinanews. com. cn/gj/2023/01-13/9934670. shtml。

④ China Dialogue, "EU Faces Green Paradox over EVs and Iithium Mining," https：//chinadialogue. net/en/transport/eu-faces-green-paradox-over-evs-and-lithium-mining/.

⑤ 《欧洲首个获得完全许可的锂矿公司 Critical Metals 通过与 Sizzle Acquisition Corp 合并上市》，https：//spac. mg21. com/merger/6931. html。

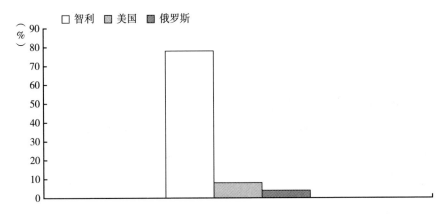

图9 欧盟所需锂资源的来源分布

资料来源: China Dialogue, https://chinadialogue.net/en/transport/eu - faces - green - paradox-over-evs-and-lithium-mining/。

（Imerys）集团于2022年10月宣布在法国埃沙西埃启动一个重要的锂开采项目，预计从2028年起每年生产3.4万吨氢氧化锂。[①] 该项目是法国历史上首个锂矿项目、欧盟第二大锂矿项目，将可以改变欧洲锂资源几乎全面依赖进口的状况。[②] 芬兰采矿和电池化学品公司Keliber计划在芬兰境内开采闪锌矿，并在附近建造氢氧化锂精炼厂。该精炼厂预计从2025年起生产供电动汽车电池用的氢氧化锂，计划年产量为1.5万吨。该公司计划在启动阶段从外部供应商处购买闪石精矿，最终希望自己能成为欧洲首家使用自有矿石生产氢氧化锂的公司。[③]

由于欧洲的锂储量有限，欧洲公司在开发本土锂矿之外，也设法从本土的其他资源中提取锂，或建设锂精炼产能，暂时使用欧洲之外进口的锂矿石，并计划逐步过渡到使用欧洲本土锂矿石。如法国埃赫曼（Eramet）公司

① 《法国首次开采锂矿，自产电动车有解了？》，新浪财经，https://finance.sina.com.cn/tech/it/2022-10-27/doc-imqqsmrp3891124.shtml。

② 《法国大举开采中央高原锂矿》，https://www.investgo.cn/article/gb/gbdt/202210/634985.html。

③ Keliber Group, "Keliber on osa Sibanye-Stillwateria," https://www.keliber.fi/en/news/news-releases-and-publications/73B92F6E5C401079/。

在法国东部里特斯霍芬（Rittershoffen）地热电厂的卤水中提取出了 1 公斤电池级碳酸锂，并将评估是否有可能在法国本土进行有竞争力的工业规模电池用锂生产。法国维尔迪安（Viridia）公司则于 2022 年 6 月宣布，将在法国东部阿尔萨斯地区的劳特堡（Lauterbourg）建立欧洲第一个锂精炼和转换工厂，初期使用来自拉丁美洲的锂矿石，预计从 2025 年起实现每年 2.5 万吨电池级氢氧化锂的生产能力，并在 2030 年达到每年 10 万吨的产能，以便为欧盟向电动汽车过渡提供安全可持续的电池供应链。[①]

（2）稀土投资情况

作为现代技术和产业至关重要的生产原料，与稀土元素相关的产能建设是 2022 年欧洲本土企业投资的又一亮点。英国奔萨纳公司（Pensana）已投资 1.95 亿美元在英格兰北部建设绍坦德（Saltend）稀土加工中心，预计 2023 年底投产，生产目标为年产 12500 吨分离稀土，包括 4500 吨磁铁金属稀土。该加工中心预计将成为中国以外仅有的三家主要稀土氧化物生产商之一。[②]

（3）传统金属矿产投资情况

欧洲的传统金属矿产产量较为稳定，2022 年由于本土矿产需求激增，部分欧洲企业积极应对，通过升级现有设备、开发新矿山等方式对其产能进行扩充。葡萄牙艾特尔矿业公司（Aethel Mining）已对现有铁矿设备进行升级改造，并准备推进二期矿山开采项目，拟于 2024 年生产第一批精矿。值得注意的是，该矿山原本是一座被废弃了 38 年的旧矿山，2020 年 3 月恢复生产。[③] 可见欧洲从未放弃对于本土矿产资源的重视，以便在市场需求和供应链发生变化时保障自身资源供给。

同是欧洲本土的矿业公司，瑞典国有矿业公司 LKAB 的新矿山许可证申

---

① 《法国第一家锂工厂预计将于 2025 年底在阿尔萨斯建成》，http：//www. oushinet. com/static/content/france/2022-06-08/984118700921991168. html。

② Mining Technology, "Pensana Rare Earth Facilities UK," https：//www. mining-technology. com/news/pensana-rare-earths-facility-uk/.

③ 《俄乌战争使市场对葡 Aethel Mining 公司铁矿需求暴增》，http：//pt. mofcom. gov. cn/article/jmxw/202207/20220703333105. shtml。

请则遭到了拒绝。该公司希望扩大其业务，以将铁矿石产量从每年 3000 万吨增加到 3700 万吨，然而其并未在申请之前与当地将受采矿作业影响的利益相关者进行对话，瑞典最高土地和环境法院判定其未满足在提交申请前进行公众咨询的条件要求，于 2022 年 6 月对其申请予以驳回。该公司向瑞典最高法院提出上诉，于 2022 年 11 月再次遭到驳回。①

2. 欧洲企业在海外的投资情况

由于经济结构的变化以及资源禀赋的限制，欧洲矿业企业往往选择从海外进口矿石，运输至欧洲进行冶炼加工。近年来，欧洲企业加强了对于海外矿业资源的获取。英国奋进矿业集团（Endeavour Mining）2021 年在塞内加尔、布基纳法索、科特迪瓦等国的金矿业务强劲增长，2021 年其在西非地区经营收支总额达 20 亿美元，较上年翻了一番。② 英国科达尔矿业公司（Kodal Minerals）于 2021 年底获得了西非国家马里的布古尼（Bougouni）锂矿至少 12 年的开发许可权以及该矿西部的勘探权。该矿的矿区面积为 97.2 平方公里，预计开发寿命至少 8.5 年，预计可采锂辉石精矿 200 万吨，有望产生 14 亿美元的收益。③④ 俄罗斯矿业公司 Geokey 则与中非国家乍得的矿业和地质部门达成一致，拟在该国的盖拉和西凯比地区采用一种被称为地质雷达的尖端技术来开展地下 300 米范围内的贵金属勘探活动。⑤

值得注意的是，2022 年欧洲发起了关于海外矿产资源获取的国际诉讼。印度尼西亚要求从 2020 年 1 月起全面禁止镍矿石出口，并要求企业在出口前必须在印度尼西亚对原材料进行加工或提纯。作为主要的镍矿石进口方，

---

① LKAB, "Supreme Court Rejects Lkab's Appeal for The Kiruna Permit Application," https://lkab.com/en/press/supreme-court-rejects-lkabs-appeal-for-the-kiruna-permit-application/.

② 《英国矿产公司在塞内加尔金矿业务快速增长》，http://senegal.mofcom.gov.cn/article/jmxw/202212/20221203375107.shtml。

③ 《科达尔矿业公司筹资 370 万美元推进马里布古尼锂矿项目》，http://ml.mofcom.gov.cn/article/jmxw/202205/20220503310668.shtml。

④ 《马里布谷尼锂矿项目完成 1.18 亿美元融资》，http://ml.mofcom.gov.cn/article/jmxw/202302/20230203381643.shtml。

⑤ 《俄罗斯矿业公司有意在乍得开展贵金属探测开采业务》，http://tchad.mofcom.gov.cn/article/sqfb/202204/20220403307670.shtml。

欧盟对上述问题表示极为不满，在世界贸易组织提起诉讼，并获得了裁决结果的支持。印度尼西亚的行为被判定不符合关税及贸易总协定的要求，而印度尼西亚已对此提出上诉。①

3. 欧洲以外企业在欧洲本土的投资情况

（1）中国企业投资情况

截至 2021 年末，在中国对欧洲直接投资存量前五位的行业中，采矿业位居第二，存量金额为 237.2 亿美元，占比 17.6%（见表 2）。在欧洲开展投资的中国矿企主要有中国五矿、紫金矿业、赣锋锂业，以及矿业上下游产业相关企业，如宁德时代、当升科技等。中国矿企在欧投资不只局限在矿产开采，也涉及矿石资源、矿业技术、矿业设备的贸易以及下游产品的制造。

表2　2021年末中国对欧洲直接投资存量前五位的行业

行业名称	存量（亿美元）	占比（%）
制造业	410.5	30.5
采矿业	237.2	17.6
金融业	208.2	15.4
租赁和商务服务业	126.4	9.4
房地产业	68.6	5.1
小计	1050.9	78.0

资料来源：中国商务部：《2021 年度中国对外直接投资统计公报》，http：//images. mofcom. gov. cn/fec/202211/20221118091910924. pdf。

受益于中塞两国良好的双边关系以及紫金矿业先进的采矿技术、良好的运营能力和有力的环保工作，紫金矿业在塞尔维亚开展的博尔铜矿、Timok 铜金矿和丘卡卢-佩吉铜金矿等多个项目均获成功，塞矿产和能源部部长称

① 《印尼在 WTO 输了镍出口禁令案，但新的关税措施正在路上》，https：//k. sina. com. cn/ article_ 1733360754_ 6750fc72020015paw. html；《印度尼西亚就欧盟—印度尼西亚镍矿措施的专家组报告提起上诉》，http：//chinawto. mofcom. gov. cn/article/zdjj/202212/20221203373692. shtml。

赞紫金矿业为该国采矿业的典范。自紫金矿业进行投资以来，塞尔维亚当地员工平均薪酬增长了50%、矿石资源总税收增长3倍，紫金矿业已成为塞最大出口商之一，塞尔维亚也借此跃居欧洲第二大铜生产国。[1][2]

在传统金属矿产之外，中国企业还积极关注锂和稀土等新兴关键矿产。赣锋锂业斥资1.3亿美元收购荷兰公司50%股权、超17亿美元收购英国锂矿公司，从而间接持有位于非洲和南美的锂矿项目权益。[3]

中国企业在欧洲的矿业投资并非一帆风顺。隶属于丹麦政府管辖的格陵兰岛自治区拥有丰富的铁矿、铀矿和稀土资源。由于气候变化延长了海上无冰期，得以运入重型设备、运出所采矿产，使开采格陵兰岛的矿产资源成为可能，从而吸引了部分中资企业通过控股公司等多种方式分别申请当地铁矿和稀土矿的开采许可。然而由于格陵兰岛政府出台法律禁止开采铀矿等矿产资源，中资企业的开采计划受到一定的影响。[4]

（2）其他国家投资情况

在欧洲开展矿业投资受到类似阻碍的也包括其他国家的企业，其中不乏国际知名的矿业公司。由于当地多家环保团体的反对，英澳矿业巨头力拓集团（Rio Tinto）在塞尔维亚的贾达尔（Jadar）锂矿项目于2022年1月被塞尔维亚政府叫停，其锂矿勘探许可证也被吊销。该项目规划投资额为24亿美元，原计划生产电池级碳酸锂；如能按期投产，预计每年可生产5.8万吨精制电池级碳酸锂。[5] 此外，位于瑞典首都斯德哥尔摩西南300公里的诺拉

---

① 《塞政府高官称赞紫金公司是塞采矿业的典范》，http：//yu. mofcom. gov. cn/article/jmxw/202201/20220103277652. shtml。

② 《紫金矿业塞尔维亚佩吉铜金矿正式投产》，https：//www. zjky. cn/news/news-detail. jsp？id=118648。

③ 《赣锋锂业：子公司拟以1.3亿美元收购荷兰SPV公司50%股权》，https：//www. cs. com. cn/ssgs/gsxw/202106/t20210615_ 6175505. html。

④ 《格陵兰岛撤销给中国矿业企业俊安集团的一项铁矿石开采许可证》，https：//www. reuters. com/article/greenland-strips-chinese-licence-mining-idCNKBS2I802K；《格陵兰岛通过禁采铀矿新法 中企垄断稀土梦断》，https：//www. rfa. org/mandarin/yataibaodao/junshiwaijiao/cl-11112021092431. html。

⑤ 《塞尔维亚撤销力拓集团Jadar项目，价值24亿美元欧洲最大锂矿夭折》，https：//m. jiemian. com/article/7036607. html。

卡尔（Norra Kärr）因拥有欧盟唯一的重稀土矿床而备受关注。多年来，由于当地民众和环保组织的反对，诺拉卡尔矿床一直没有被开采。一家加拿大矿业企业曾于近期提议开辟露天矿坑，但该提议引发瑞典各团体的激烈争论，至今仍未得到许可。[①]

由此可见，2022年欧洲对于矿业勘探开发项目的审批仍然十分严格，当地环境可能遭受的影响是其中至关重要的考量因素。即便是发达国家的矿业企业，甚至是国际矿业巨头，都有可能因为当地社区对于环保问题的抗议而折戟欧洲矿业市场。

（三）主要特征

1. 重视欧洲本土矿产资源的开发

2020年以来，欧洲出现了较以往更多的对于本土矿产资源的勘探开发，如上文提及的奥地利和法国的锂矿及芬兰的闪锌矿开采活动，以及对已有矿山项目的升级改造等投资行为，甚至包括为已经废弃的旧矿山重新申请开采许可，如葡萄牙的铁矿。这些举措多发生在传统的矿业较为发达的欧洲国家，也发生在尤为重视环境保护的北欧国家，彰显欧洲对于本土矿产资源开发给予了前所未有的重视。

2. 维护传统的海外矿产资源获取渠道

由于经济结构的变化以及资源禀赋的限制，欧洲矿业企业往往选择从海外进口矿石，运输至欧洲进行冶炼加工。2020年以来，欧洲矿业企业在这一惯常举措的基础上加强了对海外矿产资源的获取。非洲矿产资源丰富，拥有数量众多的传统矿业资源出口国家，因而成为以英国为代表的工业强国的必争之地。俄罗斯有色金属矿产资源储量丰富、品种齐全，然而俄罗斯的矿业企业也积极参与海外矿产资源竞争，体现了俄罗斯对于扩大矿产资源来源的重视程度。

---

① Politico, "Sweden's Ground Zero for the EU's Strategic Materials Plan," https://www.politico.eu/article/swedish-ground-zero-for-eu-strategic-materials-plan/.

值得注意的是，由于世界上的主要矿产出口国多为发展中国家，这些国家出于保护本国自然资源以及经济社会利益的考虑，近年来纷纷出台矿产资源出口禁令，并将冶炼加工等附加值较高的环节限制在本国境内进行。此类禁令无疑使以进口矿石为重要来源的欧洲矿业企业的经营模式受到了极大的挑战，导致生产成本的提高和利益链条的转移，因此不惜以国际诉讼的方式来维系传统的海外矿产资源获取模式。

3. 聚焦稀土和锂等关键原材料

欧洲本土矿业的投资活动呈现出明显聚焦稀土和锂的特点。仅在2022年一年中，奥地利、法国、芬兰、瑞典、塞尔维亚和英国均出现了锂矿和稀土资源勘探、开发、加工的新投资项目，其中仅法国就有三个新的锂矿勘探开发与生产项目。相比之下，2022年欧洲传统矿产资源的投资活动仅有塞尔维亚的铜金矿和葡萄牙的铁矿，数量和热度远远不及稀土和锂矿。

三 欧洲矿业发展环境的新变化

（一）加速脱钩和缔结资源联盟并举，保障供应链安全

1. 加速与俄罗斯脱钩

2022年2月俄罗斯对乌克兰实施特别军事行动以来，欧盟与俄罗斯的贸易受到了强烈影响。欧盟对部分商品实施了进出口限制。考虑到价值的季节性调整，欧盟与俄罗斯的出口和进口均远低于2022年2月之前的水平。2022年2~12月，俄罗斯在欧盟从其区域外国家和地区（Extra-EU）进口中的份额从9.5%降至4.3%，出口中的份额从4.0%下降到2.0%。

欧盟对俄罗斯的贸易逆差在2022年3月达到最高值182亿欧元，随后逐步减小至2022年12月的60亿欧元（见图10）。欧盟从俄罗斯进口的总额降低了53%，从2022年3月的218亿欧元下降到2022年12月的103亿欧元。

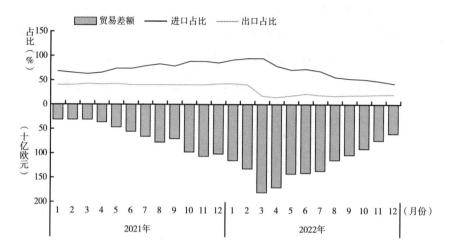

**图 10　2021~2022 年俄罗斯在欧盟与其区域外国家和地区
商品贸易额中的占比及贸易差额**

资料来源：欧洲统计数据（EuroStat）2022 年至今欧盟 27 国按国际贸易标准分类的商品贸易统计，https：//ec. europa. eu/eurostat/databrowser/view/EXT_ ST_ EU27_ 2020SITC/default/table? lang＝en。

　　自 2022 年 2 月以来，欧盟已对俄罗斯发起了八轮制裁。2022 年 12 月，欧盟委员会提议禁止对俄采矿业进行新的投资，将此作为对俄第九轮制裁的一部分。该措施标志着欧盟首次直接针对俄金属行业进行制裁，此前的制裁由于担心对全球供应链的潜在影响而未将该行业包括在内。[①] 由此可见，欧盟已经明确预见到其对俄的制裁举措将对全球供应链产生重大影响，而且在欧洲矿产资源储量和开发程度均有限并高度依赖进口的情况下，欧盟仍然决定将采矿业列入制裁名册，体现了其加速与俄罗斯供应链脱钩的决心。

　　图 11 选择了欧盟从俄罗斯进口的煤炭、镍、天然气、化肥、石油和钢铁六种产品，将其在欧盟从其区域外国家和地区的进口中的占比进行了比较。从图 11 中能够看出，由于俄罗斯逐渐被欧盟的其他贸易伙伴所

---

　　① 《欧盟提议对俄采矿业实施制裁》，http：//it. mofcom. gov. cn/article/jmxw/202212/20221203374576. shtml。

取代，其主要产品在欧盟与其区域外国家和地区的进口份额也随之下降。其中，煤炭、天然气、化肥、石油和钢铁的下降幅度显著。2021年至2022年在欧盟与其区域外国家和地区的进口份额中，俄罗斯的煤炭进口份额从45%降至22%，天然气进口份额从36%降至21%，化肥进口份额从29%降至22%，石油进口份额从28%降至21%，钢铁进口份额从16%降至10%。①

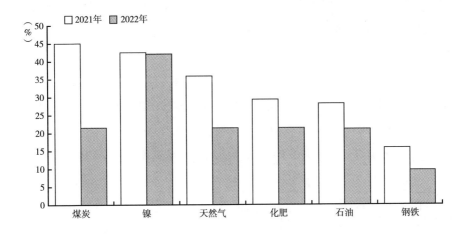

图11 2021~2022年俄罗斯主要产品在欧盟进口份额中的占比变化

资料来源：欧洲统计数据（EuroStat）1988年至今欧盟 HS2-4-6 和 CN8 类别的贸易统计，https：//ec. europa. eu/eurostat/databrowser/bookmark/73169952 - ace0 - 4bd0 - a953 - 584062fa03df? lang＝en。

　　2021年1月至2022年2月，欧盟从俄罗斯的进口量呈现强劲增长的总体趋势，其原因是新冠疫情流行后相关产品的需求增加，同时拉动了价格上涨。在俄罗斯对乌克兰采取军事行动后，欧盟从俄的进口量最初呈下降趋势，但由于价格上涨，进口值仍然很高。然而到2022年第三季度，需求下

① EuroStat, "EU Trade with Russia Continues to Decline," https：//ec. europa. eu/eurostat/web/products-eurostat-news/w/ddn-20230303-1#：~：text＝The%20EU´s%20trade%20deficit%20with，10. 3%20billion%20in%20December%202022.

降、价格稳定和制裁措施的综合影响导致欧盟从俄罗斯进口的矿产价值下
降。俄罗斯逐渐被其他贸易伙伴所取代，体现为俄在欧盟相关产品进口中的
份额下降。

2. 加快与中国脱钩

2020 年新冠疫情大流行，全球供应链遭受了负面影响。欧洲各国政府
和企业遇到了需求暴涨和市场短缺的问题，许多国家施加了出口限制，短缺
持续了数月之久。直到 2022 年，欧洲仍然受到供应链中断问题的影响，其
经济复苏也可能受到阻碍。加之不断上升的地缘政治紧张局势，欧盟开始加
快与中国在原材料供应方面脱钩的步伐。

在镁、锂、钴和稀土元素等几种关键原材料方面，欧盟仍然高度依赖中
国，欧盟 93% 的镁来自中国。欧盟对锂的需求到 2030 年预计将增长 18 倍，
到 2050 年预计将增长 60 倍，但欧盟开采的锂只占其中一小部分，而且依赖
中国进行后续加工。[①] 欧盟与中国贸易的相关变化见图 12、图 13。

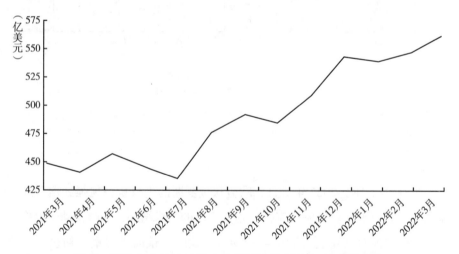

图 12　2021 年 3 月至 2022 年 3 月欧盟从中国进口总值的变化

资料来源：《欧盟从中国总进口额》，司尔亚司数据库（CEIC Data），https://www.
ceicdata.com/en/indicator/european-union/total-imports-from-china。

---

① European Parliament, Securing the Eu's Supply of Critical Raw Materials.

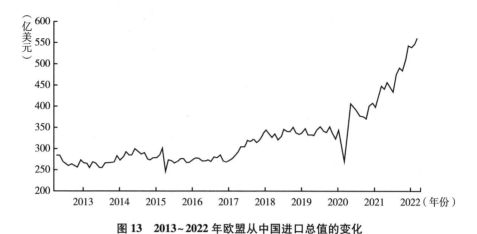

图13 2013～2022年欧盟从中国进口总值的变化

资料来源：《欧盟从中国总进口额》，司尔亚司数据库（CEIC Data），https：//www. ceicdata. com/en/indicator/european-union/total-imports-from-china。

　　基于关键矿产供应链高度依存中国的现状，欧洲日益担心中国在关键矿产供应链中的主导地位及其对当地经济稳定的潜在影响。欧盟委员会主席冯德莱恩（Ursula von der Leyen）在2022年欧盟盟情咨文中表示，欧洲必须避免像石油和天然气那样再次产生依赖，应该为有供应风险的物资建立战略储备，因此宣布欧盟将制定《关键原材料法案》。冯德莱恩虽然并未明确提及"中国"二字，但是表示"市场被一个国家所主导是不好的"，可见欧盟的《关键原材料法案》实际上是针对减轻对中国的依赖而制定的。[①]

　　3.加速与美日同步、与资源大国保持紧密关系，缔结资源联盟

　　2022年6月，美国国务院宣布美国与加拿大、澳大利亚、芬兰、法国、德国、日本、韩国、瑞典、英国、欧盟委员会等国家和组织建立"矿产安全伙伴关系"（MSP），以构建强大、负责任的关键矿产供应链，确保其经济繁荣和实现应对气候变化的目标。从参与国家来看，MPS既包括矿产资

---

① Euractive，"EU Aims to Lessen Dependency on China with Raw Materials Act，" https： // www. euractiv. com/section/circular-economy/news/eu-aims-to-lessen-dependency-on-china- with-raw-materials-act/.

源生产大国（如加拿大和澳大利亚），也包括加工强国（如日本、韩国、芬兰等），还包括消费大国（如美国、日本、韩国和德国等），构成了一个完整的产业链条。这是一个主要由美国主导、欧洲国家参与并谋求将中国排除在外的关键矿产供应链产业链联盟。[①]

在 2022 年 10 月联合国大会期间，美、欧、日组成的"矿产安全伙伴关系"与一些拥有锂、锰和钴等矿产的国家举行部长级会议。参会的发展中国家包括阿根廷、巴西、智利、刚果（金）、印度尼西亚、蒙古国、莫桑比克、纳米比亚、菲律宾、坦桑尼亚和赞比亚。[②] 由此可见，欧洲在矿产供应链领域日渐向美国、日本的政策方向靠近，同时与矿产资源大国保持紧密关系，通过缔结资源联盟的形式，重塑欧洲的矿产资源供应链。

（二）以一系列资源政策保障供应链安全

2020 年 9 月 3 日，欧盟委员会发布了关于关键原材料的行动计划《关键原材料弹性：绘制更高安全性和可持续性路线》和《欧盟战略技术和行业关键原材料前瞻研究》报告，提出了 2020 年关键原材料清单和未来的行动计划。报告指出，欧盟的镍、稀土、锂、钴、天然石墨等关键原材料面临供应风险，并遴选了 30 种关键原材料，其中包括重稀土和轻稀土，与 2017 年清单相比增加了铝土矿、锂、钛和锶，说明这些材料具有重要的经济价值，同时也隐藏着较高的供应风险。[③]

根据上述行动计划，欧盟于 2020 年第三季度启动由行业驱动的"欧洲原材料联盟"（European Raw Materials Alliance，ERMA），通过增加欧盟内产量及提高关键元素特别是稀土的回收来保障稀土和永磁体供应链的弹性，以支撑欧盟的汽车、航空和能源领域。未来该联盟的职能范围将逐步扩展到

---

① 《美欧关键矿产战略及其对我国的启示》，中国发展门户网，http：//cn. chinagate. cn/news/2022-12/02/content_ 78542589. htm。
② 《欧美抢夺关键资源硝烟起》，中国商务新闻网，https：//www. comnews. cn/content/2022-11/10/content_ 18716. html。
③ 《"欧盟行动计划"保障关键原材料安全供应和可持续发展》，http：//www. casisd. cn/zkcg/ydkb/kjzcyzxkb/2020kjzc/kjzczx_ 202011/202012/t20201216_ 5821786. html。

其他关键原材料领域。

该联盟于 2021 年成立欧洲稀土磁体和电机集群（the ERMA Rare Earth Magnets and Motors Cluster）并发布行动计划。[①] 总体目标是确保以具有竞争力的成本从初级和回收资源获得可持续生产的磁铁稀土；使欧洲成为稀土金属、合金和磁铁生产的全球领导者；维持和扩大欧洲在电动机和发电机设计方面的全球领导地位。[②] "欧洲原材料联盟"已确定了在欧洲内的多个稀土矿和稀土磁铁投资项目，总投资额达 17 亿欧元。如果这些项目得以实现，欧盟 20% 的稀土磁铁需求到 2030 年可以在欧盟内部采购；稀土氧化物产能从每年 1000 吨增加到每年 10000 吨，稀土金属每年从几乎为零的产能增加到每年 5000 吨，稀土磁体从每年 500 吨增加到每年 7000 吨。[③]

2022 年 8 月，欧盟启动稀土韧性项目（REEsilience），专注于欧洲稀土磁性材料的供应链。该项目涉及比利时、法国、德国、荷兰、西班牙、瑞典等十个欧洲国家，由德国普福尔茨海姆应用科技大学战略技术与贵金属研究所负责协调，其他参与单位 17 家。项目总预算近 1200 万欧元。[④]

2022 年 9 月 14 日，欧盟委员会出台《关键原材料法案》，以确保锂和稀土的供应。该法案从聚焦战略应用、建立欧洲机构网络、打造韧性供应链、营造可持续的公平竞争环境四大方面提出了欧盟在关键原材料方面应采取的措施。[⑤]

除欧盟外，2021 年，英国地质调查局根据经济脆弱性和供应风险，为英国定义了一组关键矿产，包括锑、铋、钴、镓、石墨、铟、锂、镁、铌、

---

① 《ERMA 发布欧洲稀土磁体和电机行动计划》，资源环境科技发展态势分析平台，http：// 119. 78. 100. 173/C666/handle/2XK7JSWQ/340331？mode = full&submit_ simple = Show + full + item+record。

② Electrive，"EU Project REEsilience to Strengthen Rare Earth Supply Chain，" https：//www. electrive. com/2022/08/24/eu-project-reesilience-to-strengthen-rare-earth-supply-chain/.

③ Electrive，"EU Project REEsilience to Strengthen Rare Earth Supply Chain，" https：//www. electrive. com/2022/08/24/eu-project-reesilience-to-strengthen-rare-earth-supply-chain/.

④ Electrive，"EU Project REEsilience to Strengthen Rare Earth Supply Chain，" https：//www. electrive. com/2022/08/24/eu-project-reesilience-to-strengthen-rare-earth-supply-chain/.

⑤ European Commission，"Critical Raw Materials Act：Securing the New Gas & Oil at the Heart of Our Economy，" https：//ec. europa. eu/commission/presscorner/detail/en/STATEMENT_ 22_ 5523.

钯、铂、稀土元素、硅、钽、碲、锡、钨、钒等，并于 2022 年 7 月发布英国首个旨在提高关键矿产供应安全性的关键矿产战略，即《未来的恢复力：英国的关键矿产战略》，提出将最大限度地提高英国在关键矿产价值链上的生产能力，加强与国际伙伴合作，创建清洁、安全和繁荣的未来所需要的更安全、更有弹性的供应链。[1]

欧盟 2020 年发布第四版关键原材料清单是一个较为重要的节点。2020~2022 年，欧盟密集出台了多项关于关键原材料的倡议、政策等。特别是 2022 年 2 月以来，俄罗斯对乌克兰采取的特别军事行动不仅严重影响了欧洲国家的供应链，也引发了欧盟对于自身供应链严重依赖某个国家的担忧，从而促使其密集采取行动以减轻对俄罗斯、中国等原材料出口大国的依赖。[2]

除了欧盟发布关键原材料行动计划、启动"欧洲原材料联盟"、启动稀土韧性项目、出台《关键原材料法案》并加入"矿产安全伙伴关系"之外，瑞典、西班牙和英国也相继发布了关于保障关键矿物供应安全的计划。瑞典发布关于创新关键金属和矿物可持续供应调查的补充指令，将创新关键金属和矿物与其他金属和矿物区分开来。[3] 西班牙发布矿物原料可持续管理路线图，涉及的矿物包括钽、钴、锂和稀土等。[4] 英国发布关键矿产战略，旨在提高国内产能、确保关键矿产供应链，并发布了关键性的矿产清单。[5]

---

① 《英国发布首个关键矿产战略》，中国科学院科技战略咨询研究院，http：//www. casisd. cn/zkcg/ydkb/kjzcyzxkb/kjzczxkb2022/zczxkb202210/202301/t20230109_ 6597748. html。

② OBELA, "EU Compares Dependency on Russia and China," http：//www. obela. org/nota/eu_ compares_ dependency_ on_ russia_ and_ china.

③ International Energy Agency, "Supplementary Directive to the Investigation on a Sustainable Supply of Innovation Critical Metals and Minerals," https：//www. iea. org/policies/15798-supplementary-directive-to-the-investigation-on-a-sustainable-supply-of-innovation-critical-metals-and-minerals.

④ International Energy Agency, "Roadmap for the Sustainable Management of Mineral Raw Materials," https：//www. iea. org/policies/16806-roadmap-for-the-sustainable-management-of-mineral-raw-materials.

⑤ International Energy Agency, "Resilience for the Future—The Uk's Critical Minerals Strategy," https：//www. iea. org/policies/16069-resilience-for-the-future-the-uks-critical-minerals-strategy.

（三）以矿业生产和采购法规，提升供应链合规要求

欧盟《冲突矿产法》于 2021 年 1 月 1 日正式生效。该法规规定，欧盟企业不得采购或使用来自受冲突影响或高风险地区的金、锡、钨、钽四种金属原料及其制成品。受冲突影响和高风险地区的特点是存在武装冲突、大范围暴力活动或其他有害于民众的风险。这些政治不稳定地区产出的锡、钨、钽、金四种金属被称为"冲突矿产"，其供应链中的采掘、冶炼、运输等环节极易出现资金流向非法武装团体的问题，致使武装冲突升级，滋生暴力犯罪和人权侵犯等现象。故该法规的出台旨在切断这些武装团体通过此类贸易获取资金的渠道，从而使其非法活动难度更大，推动解决人权侵犯问题。[①]

欧盟于 2022 年 3 月发布关于企业可持续发展尽职调查指令草案，规定企业在价值链中需要承担可持续和负责任义务，要求企业识别并在必要时预防、终止或减轻其活动对人权及环境的负面影响。该指令将推动欧盟绿色转型并保护欧洲及其他地区人权。新规将主要适用于员工人数在 500 人以上且净营业额在 1.5 亿欧元以上的欧盟企业，暂未覆盖中小型企业。覆盖企业必须将尽职调查纳入企业发展战略，并在决策中考虑人权、环境等因素。成员国需要指派专门行政机构负责监督新规执行情况，并对执行不力的责任方处以相应罚款。草案将提交至欧洲议会及理事会审议，待批准后，成员国需要在两年内将其转化为本国立法。[②]

2022 年 12 月 9 日，欧洲议会和欧洲理事会关于欧盟电池法达成一项临时协议，旨在使所有投放欧盟市场的电池更具可持续性、循环性和安全性。该协议要求企业必须开展人权与环境风险评估程序（即尽职调查），适用对象包括钴、天然石墨、镍、锂及其化合物，且需要评估的风险也呈多样化趋

---

① 《欧盟〈冲突矿产法〉十问》，中国五矿化工进出口商会，https：//www.cccmc.org.cn/shfw/ff8080817bc9c830017bce79f7600117.html。

② 《欧委会发布企业可持续发展尽职调查指令草案》，中华人民共和国驻欧盟使团经济商务处，http：//eu.mofcom.gov.cn/article/jmxw/202203/20220303285339.shtml。

势。为进行负责任的原材料采购而必须履行的尽职调查义务可能会扩大至欧盟市场所有电池及搭载电池产品的进口商。原材料尽职调查义务或将成为经合组织（OECD）跨国企业准则指导下的整个价值链的人权与环境尽职调查。[①]

另外值得注意的是，为使采矿业更具可持续性，芬兰政府于2022年9月发布提案，提出在采矿许可过程中重视景观和生物多样性等环境因素，提议禁止在自然公园内进行矿产勘探，并收紧在国家其他自然保护区内允许勘探的条件。可以看出，即使面临全球供应链和关键原材料的压力，芬兰仍然注重对自然环境的保护，并未因此做出以环境为代价的让步。芬兰此举折射出欧洲国家对待矿业发展和环境保护的态度。可以推测，未来3~5年内欧洲出现大规模本土矿业开发的可能性并不大。

从上述多项举措中可以看出，今后欧洲矿业发展会更强调对于人权与环境风险的评估以及对可持续发展原则的遵循，从而构建"负责任的矿产供应链"。对于企业而言，为实现"负责任矿产采购"而应考虑的矿产、地区风险今后也将继续扩大。不仅要注意规避受冲突影响或高风险地区的金、锡、钨、钽四种金属原料及其制成品，也要注意今后所面临的环境、社会和公司治理（ESG）风险将显著扩大，在常规的劳动、安全卫生、环境风险之外新增了为武装势力提供资金、雇用童工、行贿受贿、洗钱、逃税等多项风险。

（四）环保呼声增强，矿业相关冲突增加

由于抵制矿业而发生的冲突在全世界和欧洲均呈现增加趋势，大多数冲突在地方或区域层面发生，集中在矿物的开采、加工、废物管理或运输等问题上。欧洲范围内关于采矿活动的冲突在增加，然而主要的冲突集中在批准许可和原材料供应上。[②]包括英国在内，欧洲范围内有44个经过报告的矿业相关冲突，

---

① Japan Electronics and Information Technology Industries Association，"2020年度責任ある鉱物調達の最新動向（中国語版）"，https：//home.jeita.or.jp/mineral/seminar/。

② Tuija Mononen, Sonja Kivinen, Juha M. Kotilainen, and Johanna Leino. *Social and Environmental Impacts of Mining Activities in the EU*. European Parliament，2022.

其中46%的冲突与金属矿产有关，且由新矿区开辟引起的冲突占主导地位。①

从地理区位来看，欧洲与矿业相关的冲突主要发生在欧洲西部的英国、西班牙和葡萄牙，以及欧洲东部的德国和巴尔干地区，特别是罗马尼亚。冲突地点与欧洲最重要的矿床——伊比利亚半岛、波罗的地盾和阿尔卑斯—巴尔干—喀尔巴阡—迪纳里德地带相关。

在上述矿业冲突中，首要的环境问题是地下水污染或枯竭、地表水污染（水质下降）、森林砍伐和植被损失、空气污染和生物多样性损失（见图14）。这些问题在80%以上的矿业冲突中均有所体现。

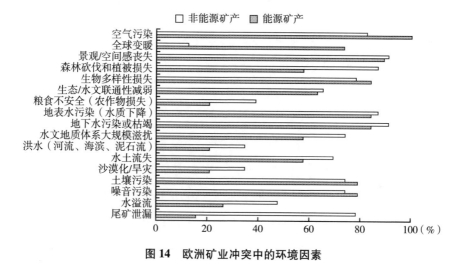

图14 欧洲矿业冲突中的环境因素

资料来源：Kivinen, S., Kotilainen, J. & Kumpula, T. (2020). "Mining Conflicts in the European Union: Environmental and Political Perspectives," *Fennia* 198 (1-2): 163-179, https://doi.org/10.11143/fennia.87223。

关于矿业冲突中的社会经济问题，在60%以上的案例中均存在诸如土地剥夺、景观/空间感丧失、流离失所和生计丧失等问题，其他问题包括腐败现象增加，传统知识、习俗和文化丧失等（见图15）。

---

① Sonja Kivinen, Juha Kotilainen, and Timo Kumpula. "Mining conflicts in the European Union: environmental and political perspectives," Fennia, 2020, Vol. 198, pp. 163-179.

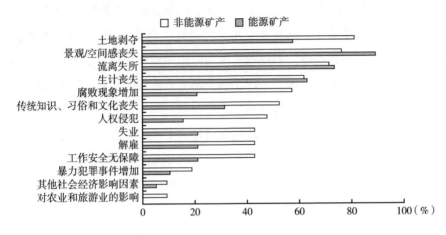

图 15　欧洲矿业冲突中的社会经济因素

资料来源：Kivinen, S., Kotilainen, J. & Kumpula, T.（2020）. "Mining Conflicts in the European Union：Environmental and Political Perspectives," *Fennia* 198（1-2）：163-179，https：//doi. org/10. 11143/fennia. 87223。

具体而言，由于矿山对人和环境的负面影响，格陵兰岛政府已出台法律禁止开采铀矿，塞尔维亚政府也已叫停力拓集团在当地的锂矿项目。瑞典首都斯德哥尔摩西南 300 公里的诺拉卡尔（Norra Kärr）因拥有欧盟唯一的重稀土矿床而备受关注，但多年来，由于当地民众和环保组织的反对，诺拉卡尔矿床一直没有被开采。加拿大矿产企业 Leading Edge Materials 提议在诺拉卡尔开辟露天矿坑，该提议引发了瑞典各团体的激烈争论，直到现在仍未有结果。[①] 西班牙和澳大利亚的矿产企业计划开采西班牙西部地区，而该地距离历史古城卡塞雷斯仅 3 公里。开矿计划引发了数千民众的抗议游行，当地民众专门成立了公民组织，把矿产企业告上了法庭。[②]

欧盟运输与环境部清洁车辆处主任波利斯卡诺娃（Julia Poliscanova）指

①　Politico, "Sweden's Ground Zero for the EU's Strategic Materials Plan," https：//www. politico. eu/article/swedish-ground-zero-for-the-eu-strategic-materials-plan/.

②　"Locals Are Fighting Plans for a Lithium Mine in the Spanish Countryside," *Earth Island Journal*, https：//www. earthisland. org/journal/index. php/articles/entry/locals-are-fighting-a-lithium-mine-in-spain/.

出，欧洲民众和社区并不同情采矿业，而是担忧水体、土地和居民生活可能受到的影响。波利斯卡诺娃认为，塞尔维亚反对力拓集团项目的抗议活动折射出欧洲本土采矿业所面临的挑战，除非行业有所改变，否则可以预期整个欧洲都会出现这种情况。[1]

（五）媒体舆论呈现矛盾态度，积极观点为主

欧洲的媒体舆论对于矿业十分关注，即使在没有重大事故或其他事件引起高度关注的情况下，当地报纸也会相对密集地报道采矿问题。媒体对矿产勘探活动所使用的话语比对整体采矿业更为积极。矿产勘探大多被视为一种与采矿有关的创新活动，虽然最终有利于采矿公司，但其被视为公共部门和学术界的努力，可能对未来的区域发展产生有利影响。芬兰和德国的报道侧重于勘探活动、新矿区的前景和老矿区的振兴。在芬兰，关注勘探项目的新闻具有特别积极的基调，往往与经济和就业效益的预期以及新能源技术的前景有关，其认为这有助于芬兰到 2035 年实现零碳社会的目标。

在与矿业相关的媒体报道中，尽管积极的观点占主导地位，然而仍明显存在两条相互竞争又交织在一起的路线，既强调采矿对经济和增加就业机会的积极影响，又强调其可能对环境和社会产生的消极影响。报道中会提及采矿的环境风险、对旅游业的潜在威胁，以及越来越多与矿产资源公平性、责任和所有权相关的问题。例如，芬兰报纸的社论文章明显支持采矿和勘探，而批评则主要是在评论文章中提出。

相关报道的内容陈述受到支持或反对采矿业的利益相关者的影响。负面的内容陈述主要是由关注环境问题和风险的当地团体和居民所推动，如水的使用、废物管理和可持续的未来选择，而且很容易被孤立的事故和不当行为的案例所强化，成为警示性的例子，从而影响受众对整个采矿业的看法。积

---

[1] Balkan Green Energy News，"Europe Could be Hit by Similar Protests Against Lithium as Serbia，" https：//balkangreenenergynews.com/europe-could-be-hit-by-similar-protests-against-lithium-as-serbia/.

极的内容陈述包括采矿业的好处，如采矿公司在当地的社会活动和投入资金，这些内容均与经济增长的前景、新的投资和就业机会以及当地不同利益相关者对采矿业的公共支持有关。

媒体对采矿业的这种积极态度部分取决于采矿业对当地经济的影响，如果采矿业的经济重要性下降，这种态度可能会迅速减弱。从长远来看，由于社会对采矿业许多产品的需求很高，甚至不断增加，这种积极的故事情节可能会越来越多。然而，如果预期的区域效益没有实现或下降，例如由于自动化或使用非本地劳动力，"环境成本"将不断成为头条新闻，那么接受采矿活动的理由就有可能受到质疑。能够看出，只有真正符合负责任和可持续发展标准的做法和商业模式才能令人信服并得到实施，否则目前媒体叙说的积极故事将受到越来越多的挑战。[①]

（六）资源需求和经济效益有压倒环保顾虑的趋势

虽然欧洲社会呼吁保护环境、反对矿业开采的声音持续增强，但在审批新增的采矿许可和处理已有的采矿禁令方面，欧洲相关国家政府的实际行动则体现出政府对于资源需求和经济效益的考量开始占据上风，尤其是欧洲主要矿石生产国之一的瑞典，其在2022年一年中就做出了向矿业妥协的三个重大举措。

2018年，瑞典考尼斯钢铁公司（Kaunis Iron）在瑞典北博滕省帕亚拉选矿厂的许可证被瑞典环境保护局撤销，但经公司上诉后，瑞典土地和环境法院于2022年1月裁决考尼斯钢铁公司可继续在瑞典北博滕省帕亚拉的采矿作业，前提是将矿石年产量从2000万吨减少到700万吨。法院同时驳回了瑞典环保局撤销考尼斯钢铁公司许可证的请求，法院认为环保局提出的矿场金属排放和大坝渗漏对当地水道和湿地有负面影响的理由不足以吊销考尼

① Jari Lyytimäki, Ludger Benighaus, Javier Gòmez, Christina Benighaus, Sari Kauppi, Juha M. Kotilainen, Tuija Mononen, and Virginia Del Rio, "Mining in the Newspapers: Local and Regional Media Representations of Mineral Exploration and Mining in Finland, Germany, and Spain," *Mining, Metallurgy & Exploration*, 2021, Vol. 38, pp. 1831-1843.

094

斯钢铁公司的许可证。①

2022 年 3 月，瑞典工商大臣托尔瓦尔德松宣布为约克莫克市的卡拉克（Kallak）地区铁矿项目开绿灯，授予英国贝奥武夫矿业公司下属的瑞典约克莫克铁矿公司采矿特许权。该项目自 2017 年以来一直存在争议，北博滕省行政委员会曾否决该项目，理由主要包括占用萨米族村庄土地、扰乱驯鹿放牧、与拉波尼亚世界遗产距离过近等，联合国教科文组织对该项目也持负面态度。托尔瓦尔德松表示，采矿业对瑞典社会发展非常重要，1991~2016年北博滕省人口减少了 23%，而该项目上马能够创造更多就业机会，促进当地经济增长，提升公共服务质量。矿区距离拉波尼亚世界遗产至少有 34公里，并将向相关萨米族村庄提供 12 项补偿措施，以抵消对驯鹿放牧的负面影响。②

瑞典广播电台于 2022 年的一项调查显示，温和党大选阵营各党派希望瑞典解除铀矿开采的禁令。温和党能源和商业政策发言人表示，如果出现政府更迭，温和党所在的新政府将会取消 2018 年出台的铀矿开采禁令。瑞典民主党认为不能继续禁止开采瑞典所需要的原材料。红绿阵营则对解除禁令持反对态度，认为就放射性而言，开采铀矿会带来重大环境风险。③

2022 年 1 月，塞尔维亚政府取消了允许力拓集团在亚达尔勘探锂矿的所有协议。该决定是在反对这一项目的环保组织和民众进行大规模封路运动之后做出的，堪称是 2022 年欧洲矿业界的一个重大事件，标志着民间环保呼声在与国际矿业巨头的对抗中取得了又一个胜利。然而，塞尔维亚总统武契奇在 2022 年 4 月接受 PINK 电视台采访时表示，塞政府仍在为锂矿开采做准备，力拓集团仍有可能被允许在塞实施锂矿项目。

---

① 《瑞典北部帕亚拉的采矿可能会重启，但产量会减少》，http：//se. mofcom. gov. cn/article/jmxw/202201/20220103237335. shtml。

② 《瑞典政府为卡拉克（Kallak）地区铁矿项目开绿灯》，https：//m. investgo. cn/article/gb/gbdt/202203/589335. html。

③ 《瑞典政府反对派希望开采铀矿》，http：//se. mofcom. gov. cn/article/jmxw/202209/20220903345382. shtml。

塞有关专家认为武契奇的做法是完全符合现实情况的，并指出其此前取消该项目的决定是在外国机构和部分民众的压力下做出的。[①] 随后，力拓集团于8月表示必须完成亚达尔锂矿项目内部可行性研究。力拓集团指出，其尊重塞尔维亚政府停止亚达尔锂矿项目的决定，目前正在进行内部可行性研究的收尾工作。力拓集团将根据塞尔维亚的相关法规开展业务，目前所进行的所有活动都是对此前应尽义务的延续，包括进行项目内部可行性研究。有必要从相关公司那里收集所有项目数据，以使可行性研究符合技术标准和环境保护标准。[②]

四 欧洲矿业发展环境展望

（一）尝试与中国供应链脱钩

供应链是经济的核心，而中国正是全球许多关键原材料和芯片的主要生产国之一，欧洲国家对中国的经济依赖也日益增加。然而，在当前的国际政治氛围下，欧洲国家认为其经济对中国的依赖已经达到一个危险的程度，这让欧洲国家的政治家们开始思考如何减少对中国的依赖。

欧洲国家或将使用政策工具来实现供应链多元化，增强与其他国家的合作，以进一步降低对中国的依赖、增强对欧洲利益和战略自主权的保障。这些措施包括扩大与其他国家的贸易、投资和技术交流，以便能够从其他来源获取必要的关键原材料和芯片；加强欧盟的技术创新和自主研发能力，以缩小与中国的技术差距；同时，欧盟还可能在国际组织中发挥更加积极的作用，以推动更公平、开放、透明的全球供应链体系的建立，减少对于任何一个国家的单一依赖。

---

① 《塞政府或仍将允许力拓集团在塞建设锂矿》，http：//yu. mofcom. gov. cn/article/jmxw/202204/20220403306337. shtml。

② 《力拓集团称必须完成亚达尔锂矿项目内部可行性研究》，http：//yu. mofcom. gov. cn/article/jmxw/202208/20220803339983. shtml。

然而，上述行动的前提在于欧盟国家是否拥有切实开展上述措施的政治意愿和相应的国际行动能力，以及是否有意愿和能力来承担相应的经济成本。多元化供应链需要建立新的贸易、投资和技术合作伙伴关系，这需要政治家们做出艰难的决策和做出必要的牺牲。此外，新的供应链可能带来更高的成本，特别是在技术研发方面。

对于欧盟而言，减少对中国的依赖是一个长期的战略目标，也是一个复杂而艰难的过程。欧盟面临政治和经济上的巨大挑战，但是预计会继续推进供应链多元化和国际合作的进程，以确保其市场的长期安全和繁荣。同时，欧盟也可能积极寻求与中国的对话和合作，以维护双方的共同利益和稳定的国际秩序。只有这样，欧盟才能在全球化和自由贸易的浪潮中获得更大的机遇和发展。

（二）矿业项目地方阻力加大

随着欧洲国家近年来持续推进本土化矿业发展，矿业项目在当地社区遭到的阻力将会加大。这是矿业活动所带来的环境问题、文化遗产损害以及对当地社区经济和社会发展影响等因素综合作用的结果。

第一，矿业活动对环境的影响是当地居民最关心的问题之一。随着矿业投资的增加，空气污染、水污染、土壤退化和森林砍伐等环境问题将日益凸显，给当地居民的健康和生命带来威胁。此外，矿业活动所使用的大量水资源可能会对当地水资源的稀缺性造成进一步的压力。当地居民担心矿业活动会破坏当地生态系统，给自然环境带来长期的影响。在环保意识日益提高的今天，当地社区的环保意识日益增强，其抵制矿业开发活动的积极性不断提升。

第二，欧洲拥有丰富的文化遗产和历史景观，而矿业活动很容易对其造成破坏。欧洲对于文化遗产和历史景观非常重视，当地居民也十分关注对这些遗产和景观的保护。因此，当地社区对于矿业活动可能对文化遗产和历史景观产生的潜在破坏会表现出更加强烈的反对。例如，一些矿业活动可能需要开采深度较大的地下矿藏，这可能会破坏历史建筑和地下文物；而一些露天矿场的建设可能会改变当地自然环境和景观，对当地居民的日常生活和文化习惯产生不良影响。

第三，矿业活动对当地社区经济和社会发展的影响也是当地居民关注的重要问题。虽然矿业活动可以创造就业机会和带动当地经济发展，但也会对当地社区的传统产业和生活方式造成影响。矿业活动所需要的大量土地和资源会削弱当地的农业和渔业等传统产业，矿业公司的资本和人才需求也可能会引起当地人才流失。当地社区更加关注这些对于自身利益的影响，更倾向于反对矿业开发。

（三）矿业项目开发周期延长

目前，欧洲一个新的矿山平均需要十年时间才能启动运营。然而，由于矿产资源的枯竭、环境保护和社会影响、法规和审批程序的不确定性和复杂性增加，以及投资规模的扩大等多种因素的共同作用，欧洲矿业项目开发周期将会继续呈现延长的趋势。根据世界银行的数据，到 2050 年，对原材料的需求将激增 500%，而新矿山项目开发周期的延长则将极大阻碍欧洲实现原材料战略自主的进度。[①]

第一，欧洲对于环保和社会责任的要求日益提高。随着全球对环境和社会问题的关注不断增强，欧洲国家对于矿业项目的环境保护和社会责任要求越来越高。矿业项目需要满足更加严格的环保和社会责任标准，例如减少水、土壤和空气污染，减少对当地社区的负面影响，确保生态系统的可持续性，等等。矿业公司需要为此投入更多的时间和资源，以完成环保和社会责任评估、规划和实施，从而导致矿业项目的开发周期进一步延长。

第二，欧洲矿业资源越来越稀缺，难以获取。欧洲的自然资源日益稀缺，但对于稀有金属等高端矿产的需求则逐渐增加，欧洲矿业公司需要不断

---

① Euractive, "Local Resistance, a Major Stumbling Block for EU's Critical Raw Materials Plan," https：//www.euractiv.com/section/energy-environment/news/local-resistance-a-major-stumbling-block-for-eus-critical-raw-materials-plan/.

寻找新的矿产资源，从而增加了勘探和开采的难度和成本。同时，新的矿产资源往往分布在偏远或敏感地区，如自然保护区、文化遗产区等，需要矿业公司投入更多的时间和资源进行勘探和开采。欧洲矿业项目的开发周期也因此受到影响。

第三，欧洲矿业法规和审批程序的不确定性和复杂性增加。欧洲各国对于矿业的法规和审批程序不断发生变化，加剧了矿业投资的不确定性。例如，某些国家的法规可能在短时间内发生重大改变，导致投资者的利润预期减少或计划被迫改变。此外，矿业项目的审批程序通常涉及多个政府机构和部门，包括环境保护、土地使用、卫生和安全等方面，这些机构和部门的决策过程可能非常缓慢。政策的变化和审批程序的延迟都可能导致投资者对于矿业项目的信心下降，进而抑制了矿业投资的增长。

第四，欧洲各国在对待矿业项目的态度上也有很大的差异。有些国家非常鼓励矿业投资，为投资者提供了各种便利条件，包括减税、补贴和减少审批时间等。但是，在有些国家，政府更加注重环境和社会影响，对矿业投资采取更为谨慎的态度，并可能设置更加严格的环保标准和审批程序。欧洲各国之间在文化、社会和政治传统上存有非常明显的差异。

第五，欧洲矿业项目开发周期的延长也与投资规模有关。随着欧洲许多矿产资源的枯竭和新矿山项目的稀缺，矿业公司必须不断寻求更为复杂和技术含量更高的项目，以保持其盈利能力。然而，这些项目往往需要更长的时间和更高的成本才能成功开发。因此，矿业项目的开发周期可能会因投资规模的扩大而延长。

（四）大力研发矿物回收技术

欧洲国家在面临重要矿物资源短缺的情况下，开始谋求矿业本地化的发展战略。然而，欧洲本地矿产资源储量有限、开发周期长、劳动力成本高、环保要求高等现实使得矿业开采成本不断增加。在这样的情况下，矿物回收技术成为欧洲国家重点发展的方向。

第一，欧洲国家面临资源枯竭和环境问题的双重挑战。在未来的经济发展中，对矿物资源的需求将不断增加，同时，对环境保护的标准不断提高。在这样的情况下，矿物回收技术成为欧洲国家发展矿业的必然选择。相比于传统的矿业开采方式，矿物回收技术能够最大限度地利用矿物资源，减少对自然环境的破坏，实现资源的循环利用，从而更好地满足欧洲国家的发展需求和环境保护要求。

第二，欧洲国家在矿物回收技术方面拥有技术优势和发展潜力。在矿物回收技术方面，欧洲国家拥有多项领先的技术和研究成果。例如，瑞典的 Boliden 公司在金属回收和再利用方面已经取得较大成功，比利时的 Umicore 公司在稀土金属回收方面也取得了一定成果。此外，欧洲国家在循环经济方面的政策支持和市场需求也为矿物回收技术的发展提供了广阔的空间。

第三，矿物回收技术能够带来巨大的经济效益。矿物回收技术的发展不仅可以减少对外部资源的依赖、提高矿物资源的利用效率，还可以降低矿物开采和选冶的成本，从而带来巨大的经济效益。此外，矿物回收技术也可以创造更多的就业机会，促进地方经济的发展。

第四，矿物回收技术对于欧洲国家的可持续发展至关重要。随着全球气候变化和环境问题的加剧，欧洲国家被迫采取更多措施来降低对自然资源的依赖，并且寻找更加环保、可持续的经济发展方式。矿物回收技术提供了一个可持续的途径，通过回收利用废弃物来减少对新矿产资源的需求，从而降低对环境的影响。

作为欧洲矿业较为发达的国家，芬兰已在 2023 年非洲矿业大会（African Mining Indaba 2023）上表示，实现循环经济需要提高采选效率、加大金属回收利用力度，并且要加强废矿特别是废石和尾矿的再加工和再回收利用，开发零废矿、零废水工艺。[①] 这一表态无疑代表了欧洲矿业高度重视回收技术的前景。

---

① 《芬兰寻求零排放矿山方案》，https://geoglobal.mnr.gov.cn/zx/kydt/kyaqyhb/202302/t20230216_ 8475279. htm。

（五）欧洲本土采矿存在不确定性

随着欧洲地区越来越多的国家承诺实现减少温室气体排放的目标，尤其是汽车产业的电气化趋势不断加强，锂作为新能源领域的重要材料备受关注。然而，欧洲对于锂的需求量可能被严重高估。

欧洲国家锂的产能较为薄弱，目前主要是通过进口获得。因此，欧洲国家政府为了确保锂的供应，在国内寻找锂矿资源并进行采掘和生产。然而，欧洲环境署专家的报告指出，欧洲可能存在过高估计锂需求量的问题，因为采用其他技术、增加公共交通、更新城市规划等措施，可以显著减少对锂的需求量。同时，如果欧洲将氢能作为可持续交通方式的燃料，也可以减少对于锂的依赖。[1]

与此同时，随着环境和社会意识的逐渐增强，欧洲对于矿业项目的审查力度逐步加大，对于矿产资源的开采、加工等环节的环保要求越来越高，这也进一步增加了锂矿资源的开采难度，并会导致锂的生产成本上升，甚至可能使欧洲无法在生产成本上与其他地区的锂矿生产商竞争。

此外，由于矿业开发带来的环境破坏和资源消耗等问题，许多欧洲国家的公众对于矿业开采持有负面态度。特别是在公众环保意识不断提高的今天，越来越多的公众和非政府组织开始呼吁采取更加环保和可持续的方式来满足原材料需求，而不是仅仅追求更多的资源开采，这也使得欧洲政府在推动锂矿资源的开发和采购时需要面对更大的舆论压力。

欧洲国家之间在锂矿资源的获取方面也存在一定的竞争。由于锂矿资源的稀缺性，欧洲国家需要通过进口和国际竞争来满足对锂的需求，而不同国家之间的需求和利益存在一定的冲突。例如，一些国家正在积极开展与非欧盟国家的锂采购合作，而另一些国家则更加倾向于本土锂矿资源的开发。这种争议也可能导致欧盟国家之间的关系紧张，阻碍欧盟内部的资源合作和共享。

---

[1] China Dialogue, "EU Faces Green Paradox over Evs and Lithium Mining," https://chinadialogue.net/en/transport/eu-faces-green-paradox-over-evs-and-lithium-mining/.

五　总结与建议

（一）企业应对欧洲矿业市场持有长线思维，积极寻求机遇

由于全球供应链不稳定等因素的影响，欧洲正在着手加强本土矿业发展，以保障原材料供应安全。然而，欧洲之外的矿业企业不应该就此放弃欧洲市场。

首先，欧洲的矿业市场规模可观，对于世界各国的矿企而言都蕴藏着非常有吸引力的投资机会。欧洲虽然正在谋求减少对中国原材料的依赖，但是仍然需要大量的矿物资源来支撑其不断增长的经济和工业发展。因此，矿产企业仍应认真考虑进入欧洲市场，并积极寻找合适的投资机会。

其次，欧洲的矿业市场具有一定的竞争力。欧洲矿业企业往往具有较高的技术和管理水平，其产品的质量和技术含量也较高。与此同时，欧洲的环境、劳动力和社会责任要求也非常严格。矿产企业应积极与欧洲企业合作，不仅可以学习到先进的技术和管理经验，还可以提高产品质量和技术水平，提升自身在全球市场的竞争力。

最后，由于欧洲正在加强本土矿业发展，因此在未来几年中欧洲的矿业市场可能会出现一些新的投资机会。矿产企业应该持有长线思维，积极关注欧洲市场的发展趋势，及时把握投资机会，以便未来能够在欧洲市场上占据一席之地。

（二）密切关注欧洲法规动态，确保企业经营合规

欧洲国家对于企业经营的合规性要求普遍较高。2020年以来，欧洲出台了一系列针对企业社会责任的法规，其中包括《负责任采购法》和《冲突矿产法》。

《负责任采购法》规定，企业在采购商品时需要考虑该商品的生产过程是否合法，是否存在劳工剥削、环境破坏等问题，以确保企业不会涉嫌违反

人权以及劳工权益和环境保护等方面的问题。这一法规适用于所有在欧盟市场销售商品的企业，包括欧盟境内和境外的企业。《冲突矿产法》要求企业保证其供应链不涉及与冲突相关的矿产。这些矿产通常是在武装冲突地区生产的，贩卖这些矿产通常会为冲突方提供资金和资源，因此企业需要确保其矿产不来自这样的地区。该法规适用于欧盟的原材料进口商和生产商。

对于外资企业而言，如果在欧洲的矿产行业进行投资，企业行为合规性至关重要。这就要求企业密切关注欧洲最新的法规动态，并制定相应的合规措施和策略，以确保自身在欧洲市场的合规性和可持续性。具体的合规措施要重视以下几点。

一是评估供应链。企业需要评估其供应链，确保其采购的商品或原材料符合欧盟的《负责任采购法》和《冲突矿产法》。

二是提高透明度。企业需要提高透明度，向欧洲监管机构和消费者公开必要的供应链信息，以证明企业的合规性。

三是采取相应行动。如果发现供应链中存在违规行为，企业需要采取相应行动解决问题，例如与供应商合作改善其生产条件，或者寻找其他合规的供应商。

四是加强合规培训。企业需要加强对员工的合规培训，确保员工了解欧洲法规要求，避免违规行为的发生。

（三）重视技术革新，匹配欧洲环保要求

出于对环境和健康的保护考虑，欧洲国家对矿业项目有着非常高的环保要求。因此，任何在欧洲开展矿业项目的企业都必须遵守非常严格的环保法规和标准。这种高标准的环保要求也逐渐成为全球矿业企业的行为方式，许多非欧洲国家的矿业企业也在逐渐提高自身的环保水平，以满足欧洲的标准并获得在欧洲的许可。

在欧洲，矿业项目必须符合欧盟的《工业排放指令》（Industrial Emissions Directive）等相关法规。这些法规对矿业企业的排放、废水处理、噪音控制等方面有非常严格的要求。矿产企业必须安装先进的废水处理设备和大气污

染控制设备，以确保其排放物达到欧盟规定的标准。此外，矿产企业还需要定期进行环境监测和报告，以确保其环保措施的有效性。

为了在欧洲成功获得采矿许可，避免当地民众的反对，外资矿产企业也必须重视技术革新，匹配欧洲的环保标准。矿业企业需要投入大量的资金和资源来开发和采用新的环保技术，以提高其环保水平。一些新技术如生物堆浸、氧化堆浸和膜技术等已经被广泛采用，可以减少对环境的影响。

此外，矿产企业还应该重视企业社会责任，与当地社区和政府建立良好的关系，积极履行企业的环保责任。包括与当地政府和社区协商，建立合作关系，共同制定可行的环保措施，确保在采矿过程中将对环境的影响最小化。

（四）积极融入当地社区，促进沟通了解

与当地社区建立良好的关系是企业开展矿业项目的基础。由于矿业项目对当地居民的生活和环境有着重大的影响，矿产企业必须与当地社区建立良好的关系，以便获取社区的认可和支持，推动可持续发展。矿产企业应该主动与当地社区和政府进行沟通，了解当地居民的需求和关切，并尊重当地文化和传统。同时，企业应该积极参与当地社区的公共事务和慈善活动，为当地居民提供支持和帮助，树立企业的良好形象。

欧洲国家当地社区和居民往往对于矿业活动持有根深蒂固的怀疑态度，甚至可能对外国企业持有不信任的态度。因此，矿业企业需要多发出自己的声音，多与当地社区和居民进行沟通。

首先，矿产企业可以在当地社区和居民中发起宣传活动，向他们介绍企业的发展理念和环保措施，解答居民的疑虑和担忧。其次，企业可以在当地设立社区关系部门或者雇用当地员工来建立与当地社区的联系，积极了解当地居民的需求和关切，及时处理社区问题，为社区提供支持和帮助。最后，企业还可以与当地政府和非政府组织建立合作关系，共同推动当地社区的可持续发展。

美洲矿业发展分析报告

唐中黎*

摘　要： 美洲矿产资源丰富，其中拉美地区是锂矿资源最多的地区，矿业是域内诸多资源国的主要经济支柱。2021~2022年，美洲各国的勘探预算都呈现增长趋势，许多国际公司的矿业投资趋势集中在锂、铜等战略矿产，以及黄金和其他贵金属上。中国在北美和拉美的矿业投资数额巨大，尤其注重战略矿产的开采，目前多家中国企业正在加快阿根廷多个盐湖提锂项目开发建设。近两年来，拉美多国进行大选，政权更迭在一定程度上给投资环境带来不确定性。同时，不少拉美矿产资源企业的国有化趋势和矿业产业链本土化进程加快，哥伦比亚、巴西等国迎来更为严格的矿业监管。加拿大和美国高度重视本国关键矿产的供应安全，以保护国家安全为由，创设并不断调整外资审查制度。美洲各国在ESG（环境、社会、治理）方面有越来越严格的标准，绿色转型道路预示着投资环境的变化。本文通过分析拉丁美洲、加拿大和美国矿业发展环境的变化，为有志在美洲国家投资的矿业企业提供参考，帮助其更清楚地理解美洲各国矿业环境的变化、存在的优势与不足，以规避风险，进而实现可持续发展。

关键词： 美洲　矿业　国有化　外资审查

---

* 唐中黎，北京科技大学外国语学院讲师，毕业于英国剑桥大学和英国巴斯大学，研究方向为口译研究、国际传播、区域国别研究。

一　引言

自新冠疫情流行以来，全球经济陷入衰退，矿业产业的供应链和产业链受到严重冲击，许多矿业项目被推迟或停滞，多个采矿作业中断，矿产资源生产受到严重影响。美洲地区尤其是拉丁美洲的矿业产业经历了从2020年的急速衰退到2022年逐步回升的过程。2021年，世界各国开始采取有效措施应对新冠疫情所带来的负面影响，逐渐恢复了正常生活、社会生产和经济活动，世界范围内的矿业开发、勘探和投资活动陆续回升，各资源国开始通过改善矿业政策以促进发展（见图1、图2）。其中，美洲一些主要矿业国家政府着力调整政策，增强矿业行业投资吸引力，矿业投资迎来诸多机遇，但进入2022年，受到地缘政治、经济环境和ESG等因素影响，美洲主要资源国投资环境中的风险和挑战增多。2023年，新冠疫情给美洲国家带来的影响将继续削弱，在绿色能源转型和净零排放大趋势下，锂矿和稀土等矿产资源的开发将迎来新的热潮。

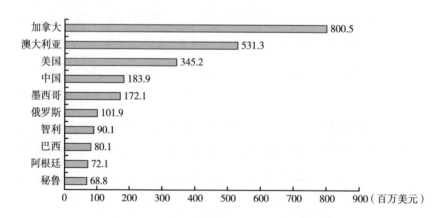

图1　2021年全球部分国家矿业勘探支出同比增长

资料来源："Global Mining Exploration Budget Increase By Country 2021," Statista, https：//www.statista.com/statistics/236585/global-mining-exploration-spending-by-region/。

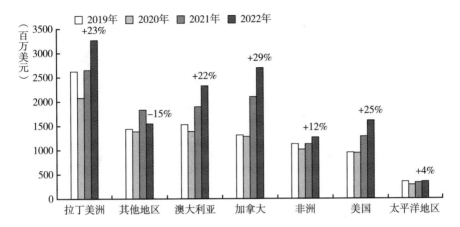

图 2　2019~2022 年全球部分区域及国家矿业投资及波动率

数据截至 2022 年 9 月 27 日。

资料来源："Early 2022 Optimism Pushes Exploration Budgets Up 16% Yoy," S&P Global Market Intelligence, https://www.spglobal.com/marketintelligence/en/news - insights/research/early-2022-optimism-pushes-exploration-budgets-up-16-yoy。

二　美洲矿业资源现状

作为全球重要的矿产资源地，拉美地区拥有铁、锰、铜、铌、钼等重要矿物原料，储量丰富，因此矿业是域内各国主要的经济支柱，在国民经济中占有极其重要的地位。

经济学人智库 EIU 的资料显示，巴西、秘鲁、智利、墨西哥矿产资源丰富，多种矿产资源居世界首位。锂矿资源储量方面，玻利维亚、智利和阿根廷在全球排名前三；铜矿储量方面，智利、秘鲁和墨西哥在全球分别排名第一、第三和第五；巴西的镍和稀土元素储量都在全球排名第三；古巴的镍和钴资源排名全球第四。

矿业开发现状方面，多个拉美资源国开发不足。如阿根廷矿产优势资源为锂矿和金矿，全球储量份额分别为 23% 和 3.02%，但其矿产勘探开发不足，因此拥有巨大找矿和开发的潜力。厄瓜多尔也有丰富资源，但总体来说，厄瓜多尔的开采还处于初级阶段。玻利维亚的情况类似，虽然锂、锡等资源丰富，但开发程度和商业化较低，未来有较广阔的开发前景。

2020年新冠疫情给各国带来严重负面冲击，影响了矿业投资增量，但进入2021年，几个重要的拉美矿产资源国如阿根廷、巴西、智利和秘鲁等国的矿产勘查投资大幅回升，分别增长了46.6%、38.4%、19.7%和18.9%。

2022年，拉美勘探投资进入一个热潮，阿根廷、巴西、智利和秘鲁矿产勘查投资继续升高，分别增长了69.9%、17.8%、30.2%和23.1%。[①] 总的来说，2021~2022年，南美主要的资源国家将矿业发展作为经济复苏的重要支柱，矿产产量开始回升，已经达到疫情前的水平，大部分矿种勘查工作和矿业投资在经历了2020年的急速下滑后，已经在2021~2022年逐步回暖。

加拿大矿产资源丰富，无论是自身拥有量还是在全球的占有量，都非常引人注目。矿业开发方面，加拿大是世界第三大矿业强国；产量方面，加拿大是全球钾盐生产的领导者，镉、钴、钻石、宝石等十余种稀有矿产的产量位列全球前五；储量方面，钾矿、钨、铀、铂族金属、金、铁矿石等十余种稀有矿产的储量排在全球第二至第十名。就初级铝和镍而言，它分别是世界第四大和第六大生产商。加拿大采矿业产量巨大，矿产品生产范围广，对该国经济发展做出重要贡献。相当多的世界领先矿业公司总部设在加拿大，此外还有3700多家公司为加拿大各地的采矿活动提供金融服务、环境服务、工程服务和岩土服务等。但是，加拿大国内需求市场有限，矿产品高度依赖国际市场，尤其是美国市场。

美国是世界上自然资源最丰富的国家之一，也是世界矿产资源强国。矿业开发方面，美国采矿业生产的最常见大宗商品包括金属（铁、铜、钢、铀）、贵金属（金、银、铂）、矿物（硫黄、碎石、水泥、砾石、工业用沙）等。通过采矿生产的产品为所有制造业提供了基础，为工厂提供了生产产品

---

① 闫卫东、林博磊、孙春强等：《2023年全球矿业展望》，《中国矿业》2023年第32卷第1期。

所需的原材料。截至 2020 年，美国 12714 个活跃的矿山为美国国内经济带来的附加值接近 570 亿美元。但是，在某些矿产资源方面，如稀土和锂，美国则需要依靠进口。近年来，美国联邦政府对关键矿产安全的关注不断提升，并以国家安全为由，在矿产资源方面对包括中国在内的国家进行限制，减少对外依赖。同时，最近几年受经济冲击和气候变化等全球危机影响，美国矿产勘查投资受到了一定冲击，但在有利政策的支持下，2021~2022 年，美国勘查投入持续提升。联合力拓集团（Rio Tinto）等矿业巨头在蒙大拿州的博尔德杂岩体（Boulder Batholith）附近勘探稀土、碲、锡、钨、铜等关键矿产。亚利桑那、阿拉斯加、明尼苏达、内华达等州在铜稀土等关键矿产方面取得重要进展。[①]

三 2021~2022年美洲矿业投资发展情况

2021~2022 年，在勘探投资方面，拉丁美洲的增幅最大，增加了 6.03 亿美元，增长 23%，达到 32.6 亿美元。智利、秘鲁、阿根廷和厄瓜多尔对该地区的表现贡献最大，墨西哥和哥伦比亚的增长略显逊色。[②] 与 2020 年相比，加拿大 2021 年的矿业勘探投资增幅为世界之最，增加了近 8.01 亿美元；2022 年，加拿大勘探投资增加了 5.96 亿美元，达到 26.8 亿美元。这延续了 2021 年的趋势，在初级部门支出增加的背景下，加拿大这一拥有强大初级部门的国家，其勘探投资增幅高于平均水平。与美洲其他区域类似，加拿大的矿业投资同样集中在关键矿物上，同时投资企业注重发展可持续的采矿方法和满足 ESG 标准。另外，在黄金价格上涨的推动下，该国对黄金开采的投资也有所增加。2021~2022 年，美国的矿业投资主要集中在锂、铜

---

① 闫卫东、林博磊、孙春强等：《2022 年全球矿业展望》，《中国矿业》2022 年第 31 卷第 1 期。

② "Early 2022 Optimism Pushes Exploration Budgets Up 16% Yoy," S&P Global Market Intelligence，https://www.spglobal.com/marketintelligence/en/news - insights/research/early - 2022-optimism-pushes-exploration-budgets-up-16-yoy.

和黄金等关键矿物上，许多投资项目旨在发展国内供应链。根据标普全球市场情报（S&P Global Market Intelligence）统计，2022年美国矿产勘查投资为15.96亿美元，较2021年的12.76亿美元增长25.1%。此外，2022年美国钻孔数也较2021年增长了14.3%，近5800个，其中有重要见矿成果的钻孔数增长了12.3%，近1600个。[①]

（一）2021~2022年主要新增投资项目

1. 国际矿业公司在美洲新增投资项目

2021~2022年，拉丁美洲依然是国际矿业公司投资的主要目的地，特别是智利、秘鲁和巴西等国家。铜是该地区矿业投资最重要的吸引物，因为安第斯国家是主要的铜生产国，也是世界上一些最大铜矿所在地。同时，国际矿业公司也在其他基本金属如锌、铅和镍领域进行了投资，以及对贵金属如金和银进行投资。锂是该地区矿业投资的另一个重要焦点，特别是在阿根廷、玻利维亚和智利。

在美国，对铜、黄金和其他贵金属以及锂和稀土矿物的开采都有大量投资。在加拿大，对金、铜和其他基本金属以及锂和镍等电池金属都有投资，许多国际矿业公司专注于在加拿大勘探和开发新项目。

总的来说，在美洲的国际矿业公司投资集中在锂、铜等战略矿产，以及黄金和其他贵金属方面。

（1）锂

其一，美国雅保公司（Albemarle Corporation）宣布投资3000万~5000万美元，争取到2025年将银峰盐湖的产能翻倍。[②]

其二，澳大利亚皮德蒙特锂业公司（Piedmont Lithium Inc）宣布投资6亿美元，在美国田纳西州建设一座大型氢氧化锂加工厂，计划于2025年开

---

① 闫卫东、林博磊、孙春强等：《2023年全球矿业展望》，《中国矿业》2023年第32卷第1期。

② 《锂想系列13：从雅保价格指引看长单》，五矿证券，https：//www.wkzq.com.cn/plat_files/upload/20210223/20210223161406000904906.pdf。

始运营。[①]

其三，Critical Elements Lithium Corp 获得批准，在魁北克省建设 ROSE 锂钽项目，预计每年可生产 224686 吨锂精矿。[②]

其四，Orocobre 和丰田通商同意对阿根廷 Salar de Olaroz 锂盐水项目进行第二阶段的扩建，投资额为 2.95 亿美元。[③]

（2）铜

其一，英美资源集团（Anglo American）将完成价值 50 亿美元的奎拉维科（Quellaveco）铜矿收购。[④]

其二，自由港麦克莫兰公司（Freeport-McMoRan）宣布以 19 亿美元扩建其在亚利桑那州的 Lone Star 铜矿项目。[⑤]

其三，自由港麦克莫兰公司宣布投资 5 亿美元对智利 El Abra 铜矿进行扩建。[⑥]

其四，加拿大泰克资源公司（Teck Resources Limited）宣布扩大其在智利的 Quebrada Blanca 第二期（QB2）铜矿项目。[⑦]

（3）黄金

其一，巴里克黄金公司（Barrick Gold Corporation）宣布投资 14 亿美元，用于 Pueblo Viejo 扩产项目，投产后，矿山寿命将延长至 2040 年。[⑧]

① Piedmont Lithium Inc，"Tennessee Lithium，" https：//piedmontlithium. com/projects/tennessee-lithium/.

② 《Critical Elements Rose 锂钽项目获得魁北克环保部门的批准》，https：//nie. mysteel. com/22/1103/09/09C25E2AF69C6944. html。

③ "Orocobre, Toyota Approve ＄400m Olaroz Lithium Expansion，" https：//www. australianmining. com. au/orocobre-toyota-approve-400m-olaroz-lithium-expansion/

④ 《拉美市场月报（2022 年 10 月）》，https：//zhuanlan. zhihu. com/p/579695723？utm_ id＝0。

⑤ "Lone Star to Process 33 Percent More Ore，" https：//www. eacourier. com/lone-star-to-process-33-percent-more-ore-latest-freeport-report-says/article_ e792f0b2-0921-11ed-ab13-9f429f614abd. html.

⑥ "Chile Mining 2021，" https：//www. gbreports. com/files/pdf/_ 2021/Chile_ Mining_ 2021. pdf.

⑦ 《泰克资源再次提高智利 QB2 铜矿项目成本》，https：//www. sohu. com/a/602846551_ 121123923。

⑧ Barrick Raises Pueblo Viejo Mine Expansion Cost to ＄1.4B（NYSE：GOLD），Seeking Alpha；https：//seekingalpha. com/news/3815021-barrick-raises-pueblo-viejo-mine-expansion-cost-to-14b.

其二，金罗斯黄金公司（Kinross Gold Corporation）预计投资 1.5 亿美元，以扩大其在内华达州的 Bald Mountain 金矿。①

其三，Agnico Eagle Mines Ltd 宣布计划投资 12 亿美元扩建其位于加拿大 Nunavut 的 Meliadine 和 Amaruq 金矿，重点是增加产量和延长矿山寿命。②

（4）稀土元素

其一，Energy Fuels Inc. 宣布将在犹他州建立一个稀土元素加工厂，专注于加工各种来源的稀土元素，包括含有高浓度关键矿物的独居石砂。③

其二，MP 材料公司与美国国防部签署了一份价值 3500 万美元的合同，以支持在加州帕斯山建造重稀土元素加工设施。④

（5）铁矿石

淡水河谷公司在巴西扩建 Serra Sul 铁矿，投资额为 15 亿美元。⑤

2. 中国公司在美洲新增投资情况

（1）项目

其一，2022 年 8 月，赣锋锂业通过全资子公司赣锋国际贸易（上海）有限公司，完成了对英国公司（Bacanora Lithium Plc）的要约收购，从而获得了该公司旗下 Sonora 锂黏土项目 99.75% 的权益，并对 Sonora 项目规划了 5 万吨/年的氢氧化锂产能。⑥

其二，2022 年 2 月，紫金矿业投资 3.8 亿美元，为阿根廷 3Q 盐湖锂项

① "Kinross Eyes Expansion at Bald Mountain," https：//elkodaily. com/mining/kinross－eyes－expansion-at-bald-mountain/article_ 38bd17d6-eddd-5f0d-bf48-4a395faeb533. html.

② "Agnico Eagle to Invest ＄1. 2 Bln in Arctic Gold Mines," Reuters, https：//www. reuters. com/article/agnico-eagle-mines-arctic-idUSL1N1G100M.

③ "Energy Fuels to Begin Rare Earths Processing in 2021," https：//www. mining-technology. com/news/energy-fuels-rare-earths-processing/.

④ 《MP 材料公司与美国国防部签订了重稀土加工合同》，https：//baijiahao. baidu. com/s? id＝1725653727756770408&wfr＝spider&for＝pc。

⑤ 《淡水河谷：董事会批准 Serra Sul 120 铁矿扩张项目》，新浪财经，http：//finance. sina. com. cn/money/future/roll/2020-08-14/doc-iivhvpwy0933688. shtml。

⑥ 《墨西哥将在 2023 年底前生产动力锂电池，中方企业暂不参与》，https：//www. thepaper. cn/newsDetail_ forward_ 20931654。

目建造锂工厂。①

其三，2021 年 11 月，西藏珠峰资源股份有限公司宣布在阿根廷投资约 7 亿美元，在萨尔塔省的安赫莱斯盐湖建设年产 5 万吨碳酸锂的工厂。②

其四，2021 年 11 月，西藏珠峰资源股份有限公司宣布投资 1500 万美元，开启在萨尔塔省阿里扎罗盐湖的地质勘探。③

（2）中国在北美和拉美的矿业投资主要有以下几个特点

其一，注重长期前景。中国公司注意与当地公司建立合资或合作关系，开发采矿项目，这些合作关系可以持续几十年。这种方式使中国公司能够确保长期获得战略金属，并建立可靠的供应链。

其二，对环境和社会责任愈加关注。中国公司越来越意识到要想可持续地经营，必须在企业经营的地区执行很高的环境和社会标准。为此增加了对环境友好型采矿技术的研究和开发的投资，并且企业更加注重社区参与。

其三，重点关注锂矿投资。新能源产业的迅速发展带动了全球对锂矿持续升高的需求。国际能源协会（International Energy Association）称，未来 20 年，在由化石燃料向电动汽车和电力储能市场转变的推动下，全球对锂矿的需求将增加 10 倍以上。

根据美国地质调查局在 2022 年 5 月的数据，2021 年，由于持续的勘探，已探明的锂资源在全球范围内大幅增加，总量约 8900 万吨；拉美六国（玻利维亚、阿根廷、智利、墨西哥、秘鲁和巴西）锂储量占世界的 59.36%，其中南美三国——玻利维亚、阿根廷、智利——占比约 56.0%。具体已探明锂资源分布如下：玻利维亚，2100 万吨；阿根廷，1900 万吨；智利，980 万吨。

目前中国对拉美锂矿投资形式多为股权并购，其中多家中国企业正在加

---

① 《紫金矿业投资 3.8 亿美元为阿根廷 3Q 盐湖锂项目建造锂工厂》，https：//bai jiahao. baidu. com/s？ id=1724080883583570881&wfr=spider&for=pc。

② 《西藏珠峰与阿根廷萨尔塔省政府签投资协议，两大盐湖开发项目正式启动》，https：// wallstreetcn. com/livenews/2077740。

③ 《西藏珠峰与阿根廷萨尔塔省政府签投资协议，两大盐湖开发项目正式启动》，https：// wallstreetcn. com/livenews/2077740。

快阿根廷多个盐湖提锂项目开发建设。主要新增锂矿投资项目包括[①]：

- 2021年紫金矿业在阿根廷的3Q（Tres Quebradas Salar）盐湖提锂项目；

- 2021年宁德时代在阿根廷的Caucheri East和Pastos Grandes盐湖提锂项目；

- 2021年赣锋锂业在墨西哥启动Sonora锂黏土项目；

- 2022年赣锋锂业在阿根廷通过收购矿业集团Lithea，获得Pozuelos和Pastos Grandes盐湖100%股权；

- 2022年藏格矿业在Laguna Verde的盐湖提锂项目；

- 2023年玻利维亚国有锂矿公司（Yacimientosde Litio Bolivianos，YLB）与宁德时代签署了直接提锂合作协议。

值得注意的是，2022年，中国企业在加拿大的锂矿开发遇阻。尽管加拿大本土的锂储量和资源量都不算丰厚，但加拿大企业手中握有不少锂矿资源。然而2022年11月，加拿大工业部以投资威胁国家安全和国内外关键矿产供应链为由，要求三家中国公司剥离其在加拿大关键矿产公司的投资。中国商务部已表示，这样的行为违背市场规则，损害了中加有关企业的商业利益，削弱全球投资者对加投资环境的信心，不利于加产业发展及全球矿产供应链稳定。

总体而言，中国在北美和拉丁美洲的矿业投资预计在2023年将继续增长。

（二）2021~2022年美洲矿业投资发展的主要特征

1.北美

其一，关键矿产是矿业投资重点。2021~2022年，在北美进行的矿业投资涉及多种矿物，重点是关键矿产，如锂、镍、铜和稀土元素。这些矿物是生产电动汽车、可再生能源技术和其他先进工业应用的关键元素。

其二，注重技术创新。在技术方面，北美的许多矿业投资已被纳入数字

---

① 贺双荣：《中国企业投资拉美锂矿的风险研究》，《中国能源》2022年第10期。

化、自动化和环境管理创新。这包括使用自主运输卡车、先进的分析和建模软件,以及先进的水处理和废物管理系统。

其三,采矿业越来越重视可持续性和 ESG 因素。这体现在采用更加环保的采矿方法,与前几年相比,矿业企业更加关注社会责任和社区参与,以及执行更加透明的报告标准。

其四,初级勘探公司投资增长。2021 年,勘探型公司的投资大幅增加,原因是金属价格上涨和投资者兴趣增加。同时,大型矿业公司更加注重开发和生产,而不只是勘探。

其五,在地域上集中于成熟矿区,早期勘探投资有所下降。北美的勘探投资一直集中在成熟的矿区,特别是在加拿大。加拿大的政局稳定、支持性采矿政策和高矿产潜力吸引了大量投资。早期阶段的勘探投资有所下降,而后期阶段的勘探和开发项目的投资则有所增加,因为公司更加寻求将项目推向生产。

总的来说,北美的勘探投资趋势是向关键战略矿物倾斜,初级勘探公司在该领域发挥了很大的作用。北美矿业的投资和活动在快速复苏,这是由对主要矿物的强劲需求和采用新技术和可持续做法所推动的。

2. 拉美

其一,重点投资于关键矿产。2021~2022 年,拉丁美洲的矿业投资继续以铜、金、锂和其他关键矿产为重点。主要投资项目出现在智利、秘鲁、巴西和墨西哥等国。

其二,锂矿崛起。锂被用于生产电动汽车和储能系统的电池,因此对锂的需求大增。在阿根廷,中国赣锋锂业和加拿大公司 Lithium Americas 正在开发 Cauchari-Olaroz 锂矿项目,该项目有望成为世界最大的锂矿项目之一。在智利,澳大利亚 Lake Resources 公司和智利 Lilac Solutions 公司的合资公司 Green Energy Metals 正致力于开发对环境影响小的锂矿项目。

其三,增加对绿色采矿技术和实践的投资,如减少碳排放和水消耗,以及改善环境和承担社会责任。例如,在巴西,矿业公司淡水河谷一直在投资一系列环保项目,以减少其碳足迹,促进环境和社会的可持续性。

其四，资源本土化和资源民族主义抬头，特别是在智利、秘鲁和玻利维亚等国。这导致政府对采矿业的干预增加，一些采矿公司在获得新项目的许可证和执照方面面临挑战。

其五，大型矿业公司是主要投资者，早期阶段勘探为投资重点。这些公司一直在寻求扩大其资源基础，并取代不断减少的储量。在拉美投资的主要矿业公司包括必和必拓、纽蒙特和英美资源公司。初级矿业公司在拉丁美洲也很活跃，但其投资更多集中在后期阶段的勘探。后期阶段的勘探一直是2021年拉丁美洲大多数勘探投资的重点。这是因为许多矿业公司正在寻求取代不断下降的储量，并需要找到新的矿藏。高级勘探也是一个重点，特别是在已经发现矿藏的地区，公司希望在进行开发之前确认这些矿藏的规模和质量。

总的来说，2021~2022年拉丁美洲的勘探投资一直很强劲，主要是受铜和金的需求以及矿业公司需要取代不断减少的储量所驱动。大型矿业公司一直是该地区的主要投资者，重点是在智利和秘鲁等成熟矿区的早期勘探。初级矿业公司也很活跃，但其投资更侧重于后期阶段的勘探。

四　美洲矿业发展环境变化情况

（一）政治外交环境

1. 拉丁美洲

2021~2022年，拉丁美洲多国进行换届选举，左翼势力崛起，经济民粹主义思潮上升，给投资环境带来一定的不确定性，但同时也带来新的机遇。

2021年，阿根廷和墨西哥进行议会选举，秘鲁、智利、厄瓜多尔经历总统大选。2022年，巴西和哥伦比亚完成了总统大选。拉丁美洲诸国的政权更迭对地区的矿业环境带来新的影响，虽然一些新的机会之门被打开，但政府和领导人更换所带来的政治风险也让投资该地区的不确定性增大。与此同时，疫情给域内各国带来方方面面的负面影响，包括经济、财政、就业、负债等。为了应对疫情带来的挑战，该地区的国家加强了对矿产资源的控制，传统和新兴战略矿业领域出现国有化倾向和资源本土化趋势，由此政府可以从本国资源开发利用中获取更多的利益。

矿业资源的本土化具体表现在以下方面。①

一是资源开发由私有化转向国有化。如玻利维亚政府宣布，将国有公司控制锂矿产的比例提升至逾56%。

二是增加政府在矿业开发中的股权持比。如玻利维亚政府宣布与企业建立战略投资联盟，并将在联盟股权中占比60%以上。

三是增税措施。如智利等国在2021年对涉矿法案进行修订，增加了矿业税。2021年7月上任的秘鲁总统卡斯蒂略曾提出将矿业税提高3~4个百分点，使秘鲁保留70%的采矿利润，并将一些资源收归国有。不过，其加税计划遭到了采矿业和国会的强烈反对，理由是加税将损害秘鲁矿业的竞争力。

四是产业链本土化，控制初级矿产品出口。如玻利维亚政府宣布将锂矿单一开采向本土全产业链发展转型，推动地方投资项目。

五是提升对企业社会责任和ESG（环境、社会、治理）的重视程度。如秘鲁重视土著居民的利益，增加其在矿业协议谈判中的话语权，并取消当地社区反对的矿权。

由此可见，拉丁美洲资源国家的政府不再满足于从原矿出口中获得利益，而是在一定程度上实施保护主义，资源本土化程度日益加深。但考虑到本轮国有化尚处在初期发展阶段，其未来走向尚存在不确定性。此外，政府虽然在加强对资源的控制，但在态度上正从激进的民粹主义转变为更加多元和理性，不再粗暴干预企业和对出口实施全面禁止，而是采取了更加灵活的方式，比如参股、提高分成比例等。

巴西拥有丰富的矿产资源，是世界第一大铌生产国，第二大铁矿石、钽

---

① 《全球矿业投资环境特点与发展趋势》，http://www.goldnews.com.cn/ky1227/kyyw/202111/t20211115_ 192589. html。

矿石生产国，第五大锂生产国。巴西的淡水河谷（Vale）公司是中国最大的铁矿石供应商之一。巴西的涉矿政策较为宽松，2022年7月初规定，矿业公司无须再申报审批即可出口锂。2022年10月，巴西总统大选落下帷幕，巴西前总统、劳工党候选人卢拉在大选中获胜。卢拉曾表示，如若自己竞选成功，上任后必将重建巴西经济，开展税制改革，加强巴西与其他国家的合作，尤其将南南合作置于其外交优先位置，并深化金砖国家合作。卢拉曾经连任两届巴西总统，对华态度一直非常友好，此次上台后，两国经贸关系应该会朝着更加高效、互利的方向迈进。巴西矿业协会（Ibram）可持续发展与监管主管 Julio Nery 表示，卢拉上台后，矿业政策不会发生太大变化，会在一定程度上保持当前政策的连续性。①

2022年6月，哥伦比亚总统选举结果公布，左翼候选人古斯塔沃·佩特罗获得胜利，成为新总统。这是继阿根廷、秘鲁、墨西哥、智利、玻利维亚、洪都拉斯、委内瑞拉后，拉美地区第八个实现左翼执政的国家。佩特罗上台后的哥伦比亚形势引起世界的关注，其执政理念将对该国经济模式、政治外交关系产生深远影响。此前受新冠疫情和俄乌危机的冲击，哥伦比亚面临各种挑战，包括持续上升的通胀危机、疲软乏力的经济发展、泛滥的毒品贩运和有组织犯罪等社会问题。这些问题的持续增加导致民众对右翼政府失去信心，最终选择了左翼的佩特罗。在竞选中，佩特罗承诺一旦上台，将进行一场广泛而深刻的革命，改善国家经济发展、解决各类社会问题。值得注意的是，佩特罗曾明确提出反对矿产勘探，提议包括禁止石油勘探、露天采矿等，这给该国矿业投资环境带了一定负面影响。2022年9月，哥伦比亚环境部部长苏珊娜·穆罕默德（Susana Muhamad）表示，哥伦比亚将要求矿业公司获得勘探环境许可证，以保护环境，加强国家控制并防止社区与采掘公司之间的冲突。② 这一声明是在采矿和石油天然气公司已经对拟议的56

---

① 《巴西矿业公司预计矿业领域的投资水平不会发生变化》，http：//www.cumetal.org.cn/news/gjgc/40124.htm。

② "Colombia podría exigir licencias ambientales para exploración minera," https：//www.rumbominero.com/colombia/colombia-licencias-ambientales-exploracion-minera/。

亿美元税收改革发出警报的时候发布的，该改革意味着采掘业的所得税将增加5%，对高于一定阈值价格出售的石油和煤炭的出口税将增加到20%。①但与此同时，哥新政府也非常乐意与中国开展合作。2022年7月25日，据哥伦比亚当地日报 *El Tiempo* 消息，哥伦比亚新政府就与中国可能的合作领域进行了讨论，包括加强矿产与能源合作，积极参与"一带一路"建设，推进基础设施建设等。

秘鲁政府历来重视矿产行业，将其作为经济发展的重要支柱，因此历届政府对矿业投资持支持和鼓励态度，相继制定了《外国投资促进法》和《私有投资增长基本法》等法律，鼓励和保障外国投资。2022年前7个月，秘鲁矿产勘查投资累计为2.26亿美元，较2021年同期的1.62亿美元增长39.4%。秘鲁能矿部称，这表明矿产勘查是秘鲁矿业活动最重要的环节。在矿种方面，秘鲁当前的新重点是锂矿投资。2022年9月，秘鲁能矿部部长亚历山德拉·埃雷拉表示，锂矿勘查与开发将受到重视。秘鲁《商报》2022年10月10日消息，秘鲁经济财政部（MEF）向国会矿业能源委员会提议延长矿产能源业税收优惠政策至2027年底，以提高本国吸引外国投资的竞争力，促进矿业勘探投资。秘鲁经济财政部部长博内奥表示，矿业勘探投资对秘鲁矿业发展至关重要，鼓励勘探投资将促进私人投资、矿业生产、出口和税收增长，维持秘鲁的经济活力。②

玻利维亚的矿产资源非常丰富，拥有全世界已探明的最大锂资源储量。该国的政治和经济局面相较于其他拉美国家还算稳定。2020年11月该国总统换届以来，政府试图改善并进一步开放该国投资环境，与跨国公司建立伙伴关系。玻利维亚矿业部部长卡洛斯·瓦尔帕宣布的一项涉及多部门的决议获得批准，允许私营、国有合作采矿。2021年5月，玻利维亚政府宣布直接提锂技术的全球招标计划（EDL），希望和国外资本与技术合作共同开发

---

① "Colombian President Calls for Mining Code Reform," https://www.mining.com/colombian-president-calls-for-mining-code-reform/.

② 《秘鲁拟推进税收优惠政策以鼓励矿业勘探》，https://investgo.cn/article/gb/yshj/202212/642418.html。

锂矿资源，推进锂矿产业化。最终，2023年1月，玻利维亚国有锂矿公司（YLB）与中国宁德时代签署了合作协议。同时，在玻利维亚政府制定的2025年发展规划中，政府提出到2025年底要建成并投产五个大型矿产项目。[①] 2022年前5个月，玻利维亚的矿产品出口额大幅增长，达13亿美元，使该国收获了近10年来最大的贸易顺差。[②] 因此，玻利维亚政府把加大引入外国投资作为优先事项之一，展现出欢迎外国投资者的开放态度。如私人投资者与玻利维亚国家矿业公司（COMIBOL）的合作，由需要向国家矿业公司缴纳55%利润税变更为缴纳一定比例（4%~6%）的权益金。[③] 不过，同其他国家一样，玻政府同时也在加大本土产业化力度，资源保护主义倾向呈现上升趋势。需要注意的是，现阶段的国有化不同于历史上简单粗暴地排挤外国资本，即不会采取极端国有化措施，而是采用更多温和的手段提高国家在利益分配中的份额，比如参股、部分控股，同时尊重现有合同。[④] 但对于外国企业来说，也许将面对一些投资不确定性。

智利矿业资源丰富，美国地调局数据显示，2021年智利铜矿储量为2亿吨，铜矿产量占全球总产量的22.75%，为全球第一大铜矿供应国；2021年智利锂矿产量占全球总产量的26%，为全球第二大锂矿供应国。智利历届政府重视经济发展和改善民生，使该国成为拉美国家中政治经济状况最稳定的国家之一。2021年12月19日，智利总统大选结束，左翼政党联盟"赞成尊严"候选人加夫列尔·博里奇（Gabriel Boric）当选第34任智利总统。博里奇竞选时宣布的涉矿政策主要有重视气候变化和清洁能源开发、呼吁构建一体化的权利金制度、提升产业链本土化、关注环境保护、加强基础设施建设等五大方面。主张提高采矿业特许权使用费，强调国家调控，反对矿业私有化，并主张成立国营锂业公司。新政将为矿业投资带来几大方面的

① 郭蕊：《加速复苏的玻利维亚，全球矿业的"必争之地"》，《矿产勘查》2022年第7期。
② 郭蕊：《加速复苏的玻利维亚，全球矿业的"必争之地"》，《矿产勘查》2022年第7期。
③ 《探寻"天空之境"下的宝藏》，http://www.zgkyb.com/index/news/detail/id/https%253A%252F%252Fmp.zgkyb.com%252Fm%252Fnews%252F70356.html。
④ 《拉美"资源国有化"史鉴》，《环球》2022年第1期。

影响。第一，企业对锂矿的投资持续扩大。新政府40万吨锂的招标，以及博里奇支持企业入股国有大型锂矿企业的举措，为锂投资带来更多可能性。第二，矿业税将会提升。新政府将加快税改，并力求在8年内将其占GDP的比重提高到8%，增加新税种，并打击逃税和避税行为，这些有可能影响矿业投资环境。第三，矿业产业链本土化进程加快，带来挑战与机遇。智利新政府希望提升矿产品的附加值，由此矿业产业链的中下游企业迎来更多机会。①

作为矿业大国，中国和智利矿业合作在两国经贸合作中占有重要地位。2022年7月26日，中国自然资源部和智利矿业部以视频方式共同召开中智政府间常设委员会矿业分委会第二次会议。双方分别介绍了两国矿业管理政策，探讨了地学合作项目，就推动矿业企业务实合作进行了交流。②

2021年12月3日，中国—拉美和加勒比国家共同体论坛第三届部长会议通过线上方式举行。中华人民共和国及拉美和加勒比国家共同体成员国通过平等友好协商，同意共同制定《中国—拉共体成员国重点领域合作共同行动计划（2022~2024）》。在能源资源合作领域，双方决定深化在能源矿产资源等领域的合作；拓展与清洁能源资源相关的新兴产业合作，支持企业间技术转让，优化矿业投资环境，并尊重和保护自然环境；促进矿产资源勘查、综合利用创新技术方法和低碳清洁技术等领域合作。中国和拉美国家的矿业合作前景十分广阔。

2. 加拿大

加拿大于2021年3月公布了铝、铬、钴、镍等31种关键矿产清单，将自身定位为全球关键矿产市场的首选供应商，积极鼓励本土关键矿产勘查开发与生产。

2022年11月3日《卫报》称，加拿大工业部部长商鹏飞（François-Philippe Champagne）以"国家安全"为由，要求中矿（香港）稀有金属

---

① 章婕妤：《智利新总统"锂政"影响几何？》，《大众日报》2022年2月18日。
② 《中智政府间常设委员会矿业分委会第二次会议召开推动中智地矿领域合作迈上新台阶》，https://www.mnr.gov.cn/dt/ywbb/202207/t20220728_2742910.html。

资源有限公司、盛泽锂业国际有限公司和藏格矿业投资（成都）有限公司等三家中国矿业企业分别从加拿大动力金属公司、智利锂业（总部位于加拿大卡尔加里）和加拿大超锂公司撤资。他在声明中表示："尽管加拿大继续欢迎外国直接投资，但当投资威胁到我们的国家安全和我们在国内外的关键矿产供应链时，我们将果断采取行动。"① 由此可见，加拿大已成为最新一个宣布采取保护主义措施阻止中国公司拥有当地公司所有权的国家。

3. 美国

美国越来越重视关键矿产的布局，把重点放在本国关键矿产的供应安全上，积极推进矿业产业链本土化。2020年，特朗普政府公布8亿美元战略矿产资助计划，加强美战略矿产的地质矿产调查研究，大力推进采矿项目，批准锂矿开采。在这方面，美国和加拿大将彼此定位为矿产资源合作关系中最重要的合作伙伴，以降低对其他国家的依赖性，保障彼此的矿产供应安全。②

拜登上台后，美国政府把中国作为矿产领域的重要竞争对手加以防范，采取措施限制中国的参与，并通过加强与盟友的供应链合作，减少对中国的依赖，保障和加强国内关键矿产的供应。2022年，以美国、加拿大为首的国家宣布建立"矿产安全伙伴关系"（MSP），旨在确保关键矿产的生产、加工和回收，保障对清洁能源和其他技术发展至关重要的关键矿产的供应。③ 在2022年12月举行的《生物多样性公约》第15次缔约方大会上，以美国为首的七国宣布结成"可持续关键矿产联盟"，外界普遍认为此联盟成立的目的之一是摆脱对中国的依赖。

---

① "Canada Orders China to Divest From Country's Mining Companies," Canada, *The Guardian*, https://www.theguardian.com/world/2022/nov/03/canada-china-mining-companies-divest.

② 《美国关键矿产政策演变及战略举措》，河北省自然资源厅，http://zrzy.hebei.gov.cn/heb/gongk/gkml/kjxx/gjjl/10711642760088653824.html。

③ 《美拉拢"矿产伙伴"跟中国"脱钩"，中国专家批：害人害己！》https://baijiahao.baidu.com/s?id=1735740915791916498&wfr=spider&for=pc。

（二）法律法规环境

1. 拉丁美洲

疫情后，拉丁美洲多国调整了矿业政策，包括修订法律、提升税费等，以提振本国经济。

智利是铜矿和锂矿资源大国，是单一体制国家，矿业管理的主导权主要集中在中央政府手中，包括法律制定、矿业权的设置和申请程序、矿业税费、土地准入等。智利管理矿业的主要法律是《采矿法典》和《采矿特许权法》。受新冠疫情冲击，智利在 2020 年遭遇 40 年来最为严重的经济衰退。锂矿开采方面，2021 年当选总统的加夫列尔·博里奇支持各方企业包括境外企业入股国有大型锂矿企业。2021 年，智利政府提出矿改政策，在提出的特许权使用费法案中，年产量超过 1.2 万吨的铜矿企业以及 5 万吨的锂矿企业，将缴纳 3% 的权益金，而且根据铜价变化将实施阶梯税率。[①] 但拟议的《采矿特许权法》引起智利矿业协会和矿业公司的强烈反对和批评。2022 年 9 月 12 日，据报道，智利财政部部长马里奥·马塞尔（Mario Marcel）在与总统加夫列尔·博里奇共同出席的新闻发布会上表示，政府已启动"鼓励投资"计划，旨在 2023 年进一步促进投资。该计划包括实施税收优惠、改善融资和公共投资渠道、吸引外资、提升监管效能等，并特别指出为铜矿开发、生产提供一系列税收减免政策。2022 年 10 月 26 日，智利政府修订了采矿权使用费法案，取消了对大型矿商征收更高税率的规定以及将税款与铜价挂钩的条款，对大型生产商实行 1% 的从价税率。如果营业利润率为负数，则不会评估从价税。[②]

秘鲁奉行新自由主义经济，积极参与国际贸易，鼓励外贸和投资发展，降低关税税率，开放国内市场；当地法律法规较为健全，政策、制度相对规

---

① 《全球铜锂大变局？权威解读智利新总统矿业新政》，https：//www.tongdow.com/zixun/tong/zuixinyaowen/2021-12-23-543176.html。

② "Chile's Government, Miners Still Clashing over Mining Royalty Bill," https：//www.mining.com/web/chiles-mining-industry-dissatisfied-with-mining-royalty-adjustments/.

范透明；外汇管理宽松，外国投资和利润进出比较自由。秘鲁连续数年被国际风险评级机构评为拉美地区经济发展最为稳定、市场风险较低的国家之一。① 秘鲁新任总统在竞选期间曾承诺提高矿业税率，但由于在野党坚决反对其加税计划，未来如何仍然未知。

哥伦比亚将迎来严格的矿业监管。2022 年 6 月，哥伦比亚当选总统古斯塔沃·佩特罗提议：一是禁止颁发新的石油勘采许可证，禁止大规模露天采矿；二是社区居民对于在其区域内的矿业项目开发具有否决权；三是加强对正在实施的采矿项目的环境、劳工与税收的控制；四是设立能源转型基金，资金来自特许权使用费，取消碳氢化合物、煤炭开采和水力发电部门的一些税收优惠；五是保护手工和小规模采矿者；六是加大矿业公司环境责任监管。

据 2022 年 9 月 12 日报道，哥伦比亚新政府积极制定新立法以改革矿业特许权授予方式。该国政府要求矿业企业须在获得勘探环境许可证后方可进行矿产勘查，该国环境部部长苏珊娜·穆罕默德在媒体会上强调：如果在土著区域内进行勘探，需要与当地社区进行沟通，获准后方可开展工作，目前该国只对处于开采和生产阶段的项目要求环境许可。②

墨西哥的现行矿业法颁布于 1992 年，根据其条款，除了放射性矿种，私人资本、外资可以持有矿企 100% 的股权。然而在 2022 年 4 月 19 日下午，墨西哥参议院通过了由总统奥夫拉多尔提出的法案，国有企业将在锂矿开采的地位上优先于私人投资。奥夫拉多尔总统表示，锂作为车用电池的组成部分，正在变得越来越重要。墨西哥将审查现有的锂开采合同，包括中国赣锋锂业公司在墨西哥建设的锂矿项目。在该提案中，奥夫拉多尔抨击 1992 年通过的墨西哥矿业法优先考虑私营公司，特别是外国公司，而不是墨西哥的利益，并拟议禁止所有私人资本参与锂矿市

---

① 《对外投资合作国别（地区）指南－秘鲁》，https：//www.ccpitcq.org/upfiles/202203/20220325112538332.pdf。
② 《哥伦比亚设立勘探环境许可证新规，智利拟减免铜矿税收以促进矿业投资》，http：//ggmd2.ngac.cn/DepositsNewsCen.aspx？id＝4766。

场。奥夫拉多尔最近这几项提案，从侧面反映了全球资源民族主义的滋长，而锂矿控制提案的飞速通过，更引发市场对墨西哥其他矿产被国有化控制的担忧。

阿根廷是联邦制国家，各地省级政府管理着阿根廷的采矿政策和实施，矿业权和采矿权交易灵活便捷。阿根廷最新的矿业相关法律条款是2021年颁布的《新联邦采矿协议》，由CAEM（阿根廷矿业企业家协会）推动立法。这一新法律条款的重点是放宽矿业市场准入和相关货币规定，由总统直接宣布，预计将推动外商投资进入矿业市场。新冠疫情冲击后，阿根廷政府想要大力促进经济发展和民生稳定，矿业政策成为其中重要一环。目前，阿根廷在各项涉矿政策上都显示出积极态度，矿业投资环境和营商环境显示出较好前景。自2021年4月开始，对于投资超过1亿美元的出口商的利润和股息的海外转移规定也变得更加灵活。[1] 为扩大产能、出口高附加值产品，最新《可持续交通促进法》得以颁布，这将促进新能源发展，尤其是锂矿的可持续开发，使电动汽车的电池生产得到推进，由此锂矿资源开发产业链将延伸。[2]

对于玻利维亚来说，自2020年新冠疫情以来，政府的财政收入就受到较大冲击，经济发展面临重大困难。但是，比起域内其他国家，玻利维亚政治较为稳定，投资环境良好，政府也亟须引入外国投资，恢复经济增长。目前该国的矿业开发程度落后于其他国家，因此勘查前景广阔。总统路易斯·阿尔塞（Luis Arce）2020年11月上任后，政府对投资玻利维亚矿产产业更加欢迎，态度十分积极，并且进行了税改，取消进口增值税，该做法有利于勘探公司的发展。政府还制定并颁布了2025年发展规划，积极实施矿业、油气、能源工业化战略，计划到2025年底建成并投产五个大型矿产项目。[3]

---

[1] 《中阿战略合作将带来哪些矿业投资机会？》，https：//mp.zgkyb.com/m/news/60218。

[2] 《中阿战略合作将带来哪些矿业投资机会？》，https：//mp.zgkyb.com/m/news/60218。

[3] 《巴西放宽锂矿出口政策，刚果（金）计划降低部分税种税率》，http：//ggmd2.ngac.cn/DepositsNewsCen.aspx？id=4512。

2022年7月8日，巴西政府发布第11120号法令，允许国内锂矿石及其衍生品的出口，无须经科技部核能委员会批准。该法令的颁布旨在提升该国锂矿投资吸引力，促进锂加工、衍生产品生产、锂电池制造阶段的投资。巴西政府表示正积极推进和扩大锂矿的勘查开发及生产，特别是在米纳斯吉拉斯州（Minas Gerais），预计至2030年巴西锂矿投资将超过150亿雷亚尔（约合28.1亿美元）。

2. 加拿大

2021年3月11日，加拿大政府发布了31种关键矿产资源清单。同年3月21日，加拿大政府更新了《关于投资的国家安全审查指南》（Guidelines on the National Security Review of Investments）[①]，要求政府在根据《加拿大投资法》对外国投资进行国家安全审查时，将该投资对关键矿产及关键矿产供应链的潜在影响纳入审查范围。2022年8月2日，加拿大修订了《关于投资的国家安全审查条例》（National Security Review of Investments Regulations）[②]，延长了工业部对外国投资进行国家安全审查的最长时间范围，从投资完成后45天延长到了投资完成后5年。外国国有企业投资以及与外国政府有密切关系的私人投资，不论价值大小均应接受严格审查，对涉及关键矿产控制权的收购交易将面临国家安全审查。2022年10月28日，加拿大政府颁布《对外国国有企业在关键矿产领域投资的政策》（Policy Regarding Foreign Investments from State-Owned Enterprises in Critical Minerals under the Investment Canada Act），进一步澄清《加拿大投资法》将如何适用于外国国有企业对加拿大实体和关键矿产部门资产的投资，对加拿大关键矿产行业的外国投资审查实施更严格的规定。[③] 近年来，加拿大在关键矿产领域对外国投资的管控持续收

[①] "Guidelines," https：//ised-isde. canada. ca/site/investment-canada-act/en/guidelines.

[②] "National Security Review of Investments Regulations," https：//laws. justice. gc. ca/eng/regulations/sor-2009-271/page-1. html#1353925-1373286.

[③] "Policy Regarding Foreign Investments from State-Owned Enterprises in Critical Minerals under the Investment Canada Act," https：//ised - isde. canada. ca/site/investment - canada - act/en/ministerial-statements/policy - regarding - foreign - investments - state - owned - enterprises - critical - minerals-under-investment.

紧，将对外资企业在加拿大矿业领域的现有投资及未来潜在投资产生较大影响。

3. 美国

疫情与后疫情时代，多国强化对外国投资的审查和限制，其中2020年2月13日正式生效的美国《外国投资风险审查现代化法案》（FIRRMA）实施条例尤为引人关注，并对西方国家相关立法产生了一定的带动效应。近年来，美国重视本国矿产的供应安全，利用《国防生产法案》来加速矿山开发，大力推进多个采矿项目。拜登政府上台后，美国启动安全审查新规对外资的安全审查日趋严格，同时将安全审查制度作为一种政治手段，压制包括中国在内的竞争对手。新规生效后，外资企业在赴美投资时，应首先评估该交易是否可能属于CFIUS（美国外国投资委员会）审查的范围，从而及时避免因交易安排被认定为对美国国家安全存在重大威胁而导致交易被迫终止的风险。

（三）社会人文环境与环保政策

安永公司在《2023年全球采矿业及金属行业十大风险与机遇》专题报告中，首次将环境和社会问题列为最大风险，并提出矿业公司应该将ESG作为优先考虑事项。[①] 社区关系、环保问题、劳工权益、居民利益等问题如若处理不好，将严重影响企业在东道国的经营和发展。

1. 拉丁美洲

社会人文方面，因为开采造成的诸多问题，带来政府与居民关系的紧张，居民与矿产公司之间持续存在水源、土地和劳工纠纷，政府对矿业资源国有化的管理难度也逐步增加。拉美主要国家工会实力比较强大，矿山生产带来的风险导致工人经常组织罢工、游行、封路等活动，企业的经营备受困扰。环保方面，拉美各国政府一方面要发展矿业，一方面

---

① 闫卫东、林博磊、孙春强等：《2022年全球矿业展望》，《中国矿业》2022年第31卷第1期。

也面对环保难题。总体来说，多数拉美国家重视可持续发展和发展绿色经济，提出了碳中和目标，强调在《联合国气候变化框架公约》下的"国家自主贡献目标"。

近年来，受到疫情带来经济和政治风险上升的影响，秘鲁矿业出现贸易保护主义抬头现象，矿业所在地社区稳定性差、劳工冲突多等问题日益严重。秘鲁护民署统计，截至 2022 年 8 月，秘鲁社会冲突事件共计209 起，其中与矿业相关的冲突有 89 起。秘鲁国家矿业、石油和能源协会（SNMPE）会长雅克布表示，当前秘鲁社会冲突的频发阶段已从勘探建设期扩展到开采期。BBVA Research（西班牙对外银行秘鲁研究公司）10 月发布报告指出，由于存在持续性社会冲突，预期 2023 年秘鲁的铜产量将减少。①

秘鲁制定了严格保护环境的法律规范，除《环境总法》，涉及各部门管辖的水源、森林、矿山等环境管理规章还有 20 多个。环境保护、劳工权益、社区发展是当地民众最关注的切身利益，秘鲁民众有较强环保意识，环保组织活动也非常活跃。投资企业在秘鲁需要重视环保问题，积极配合政府环保部门的工作，回应非政府环保组织的要求，深入了解秘鲁的政策和法律法规、市场惯常做法和社会文化习惯。②

2022 年 10 月 24 日，厄瓜多尔首都基多居民向该国选举法院提交有数十万人签名的申请书，要求禁止在这个安第斯国家生物多样性最丰富的区域进行采矿。③ 虽然厄瓜多尔矿业开发潜力巨大，但由于发展水平较低、反矿活动频繁，矿业项目投资环境总体有待改善。④

---

① 《秘鲁矿业发展亟须更有利投资环境》，http：//pe. mofcom. gov. cn/article/ztdy/202211/20221103371233. shtml。
② 《对外投资合作国别（地区）指南-秘鲁》，http：//www. mofcom. gov. cn/dl/gbdqzn/upload/bilu. pdf。
③ Ecuador Residents Seek Referendum to Block Mining Projects – MINING.COM，https：//www. mining. com/web/ecuador-residents-seek-referendum-to-block-mining-projects/。
④ 《对外投资合作国别（地区）指南·厄瓜多尔》，http：//www. mofcom. gov. cn/dl/gbdqzn/upload/eguaduoer. pdf。

智利工会组织和环保类非政府组织（NGO）很发达，常常在矿山项目、环境问题、劳工权益方面进行施压，罢工事件时有发生。中国企业如果在智利投资经营，需要特别注重当地非政府组织的诉求。

巴西卢拉总统上台后，更加重视环保问题。2022年，《联合国气候变化框架公约》第27次缔约方大会（COP27）在埃及召开。巴西新总统卢拉参加此会时宣称其领导的巴西政府将重视环保问题，抗击气候变化，承诺结束亚马孙地区的非法采矿。[①]

2. 加拿大

加拿大在采矿相关科学、技术、社会和环境实践方面处于全球领先地位，具有明确和可预测的监管环境、创新的清洁技术解决方案和最佳的管理方法。加拿大还拥有熟练和多样化的劳动力、有吸引力的投资环境、与居民的合作伙伴关系以及强大的社区。

对于加拿大的上市公司来说，环境、社会和治理因素，包括土著居民在矿产项目中的合作和参与正变得越来越重要。根据机构投资者的需求，上市公司越来越有可能将ESG相关风险视为"重大"风险，并将此类风险作为其持续公示义务的一部分进行披露。[②]

2019年3月，加拿大政府发布《加拿大矿产和金属计划》（CMMP-Canadian Minerals and Metals Plan），旨在解决矿业面临的挑战和问题，促进经济发展。该计划包括六个战略重点。一是促进经济发展。到2025年，有形的基础设施投资能够支持有前景地区的矿产资源开发。二是推进土著居民参与。到2025年，在居民社区和项目发起者之间达成更多协议，居民和政府合作，共同努力提升社区福利。三是人才发展。到2025年，采取以教育为基础的举措，吸引和留住高素质人才并拓展未来人才的渠道。到2030年，加拿大矿业部门劳动力将更加多元化，其中女性占比达到30%。四是保护

---

① Brazil's President-Elect Lula Vows Greener Mining - MINING. COM, https：//www. mining. com/brazilian-president-elect-lula-vows-greener-mining/.

② "Mining Laws and Regulations Report 2023 Canada," https：//iclg. com/practice-areas/mining-laws-and-regulations/canada.

自然环境。到 2025 年，通过不断采用最佳可得技术，对新矿山的开发将确立环境领先地位。五是积极发展、运用科技创新。到 2025 年，矿业相关技术和工艺的商业化取得重大进展，包括新一代地球科学领域工具的创新和运用。六是建立全球领导力。到 2025 年，在国内外推动负责任的资源治理措施，建立更稳定和更可预测的全球矿业环境。[①]

3. 美国

美国的工会组织实力强大。美国劳工统计局数据显示，2020 年美国工会会员总数为 1430 万人。[②] 另外，各种关注环保和工人利益的非政府组织、专业协会、行业产业联盟都能对政治经济生活产生影响力。即使美国在最近几年放松了一些环境法规，但其仍然拥有一个庞大的法律机构来管理采矿作业，许多州都制定了自己的矿业监管法规，通常与联邦法律一样或更为严格。对采矿作业实施的第一层环境管制是，美国所有新的和正在进行的采矿作业包括勘探任务，都必须持有政府批准的许可证，目的是确保采矿过程从开始到结束遵守所有环境相关法律法规，包括《国家环境政策法》（The National Environmental Policy Act）、《综合环境应对措施和赔偿及责任法》（The Comprehensive Environmental Response, Compensation, and Liability Act）、《清洁空气法》（The Clean Air Act）、1977 年的《清洁水法案》（The Clean Water Act）等，采矿作业必须保持自然资源的可持续性发展，使其符合所有人的最佳利益，包括依赖这些资源进行生产的矿业公司本身。目前，美国环境保护署（Environmental Protection Agency）还帮助保护美国各地矿山和采矿作业周围的社区，确保居民世代都能获得清洁的水和空气。如果采矿经营者是土地的好管家，并采取一些预防措施，他们将永远不会违反这些联邦法规或地方法规。[③] 美国具有非常明显的环境和生物多样性保护意识，对采

---

① 余韵、杨建锋：《加拿大矿产资源战略调整动向及其启示》，《中国国土资源经济》2020 年第 33 卷第 1 期。

② 《对外投资合作国别（地区）指南·美国》，http：//www.mofcom.gov.cn/dl/gbdqzn/upload/meiguo.pdf。

③ "Environmental Regulations on Mining in the United States," https：//www.micromine.ru/environmental-regulations-mining-united-states/。

矿项目实施严格的环境法规和许可程序，这可能使许可过程变得漫长而昂贵。投资者将需要做好准备，以适应监管环境，并与当地社区接触，解决与采矿相关的环境和社会影响问题。

五　美洲矿业发展环境展望

（一）资源民族主义持续存在，但表现形式与往年不同

要解释为何资源民族主义会在 2023 年持续存在，首先需要了解资源民族主义从何而来。从历史上来看，许多拉丁美洲国家都有被外国矿业公司剥削的历史，当地人民几乎没有从矿业活动中得到任何好处，这导致人们对外来企业的不满和对更大控制权的渴望。从政治上看，许多拉美国家正在或刚刚经历政权更迭、政府换届，左翼政府势头强大，而资源民族主义为政府增加其权力提供了合法性。从经济上看，许多拉美国家的经济增长和发展都依赖于自然资源的出口，资源民族主义能够使政府获取由这些资源产生的更多价值，从而支持国家经济复苏和发展。近两年通货膨胀压力加大，大宗商品价格升高，同时，新冠疫情在一定程度上加剧了逆全球化趋势，也促使贸易保护主义升温。其次是环境社会问题。采矿业会对环境产生重大影响，人们对采矿业的可持续性越来越关注。采矿也可能产生重大的社会影响，资源民族主义是政府对采矿活动行使更大控制权的一种方式，并且是以对环境、社会、资源负责的方式进行。

2021～2022 年，多个拉美国家的资源民族主义升温，但主要体现在关键矿产如锂矿资源的国有化方面。比如，智利即将成立"国家锂业公司"，以帮助该国在诸如阿塔卡马（Atacama）等地区开采锂矿。智利政府也一直着眼于制定新的权利金法案来提高税率。[①] 墨西哥奥夫拉多尔总统的锂

---

① 闫卫东、林博磊、孙春强等：《2023 年全球矿业展望》，《中国矿业》2023 年第 32 卷第 1 期。

矿国有提案将锂矿视为国家关键矿产，要求保证对其勘探开发的国家专有权利，此提案已于2022年在国会通过。除此之外，其他拉美国家的资源民族主义思潮也在相继出现或持续升温中，很多国家出台的国有化政策涉及多个矿种，这或许将给该地区矿产投资带来潜在的风险。但本次国有化不是以极端的"一刀切"方式进行，而是采用了更为灵活、温和的方式来保留国家利益，比如通过参股、部分控股、分成，同时保留和承认已有合约等方式。

（二）双碳目标成为趋势，然而ESG相关问题持续突出

安永公司在《2023年全球采矿业及金属行业十大风险与机遇》专题报告中，把ESG列为风险排行榜首位。第一，采矿业会对环境产生重大影响，包括土地退化、水污染和温室气体的排放。采矿公司正面临越来越大的压力，以尽量减少其碳足迹。公司也需要投资于可持续的技术和做法。第二，采矿项目经常产生重大的社会影响，包括破坏与当地社区的关系、文化遗产的损失，以及对人类健康的负面影响等。第三，职业健康和安全。采矿业是一个危险的行业，其风险包括事故、接触有毒物质和对长期健康的影响。第四，供应链管理。矿业公司有责任确保其供应链不存在侵犯人权和环境退化的问题。这包括确保其供应商和合作伙伴应达到与其相同的ESG标准。

对于多个美洲国家政府来说，到底是加大矿业发展还是将重点放在ESG上面，是需要权衡的问题。该地区国家普遍支持联合国有关气候变化的相关协议，并提出碳中和目标。然而，矿产资源国家要实现绿色转型面临巨大挑战。采矿业作为典型的能源密集型行业，耗水耗电量大，并不可避免地会造成一定程度的环境破坏和生物多样性的丧失。2021～2022年，当地社区和居民的抗议和抵制持续存在，有的是出于环保原因，持续与矿业公司存在纠纷；有的是为了确保他们能从当地采矿活动中获得更加公平的回报。因此，很多投资企业需要持续对运营模式进行改革，采取更加可持续和对社会负责的做法。

（三）关键矿产受到高度重视，保护主义抬头

锂和稀土元素对电动汽车和可再生能源等新兴技术至关重要，这给该地区的矿业投资者尤其是那些能够可持续地开发和生产这些材料的矿业公司带来了巨大的机会。拉丁美洲的锂产业正在经历快速增长，智利、阿根廷和玻利维亚拥有较大的锂储量，而且在开发新矿和扩大现有业务方面的投资不断增加。此外，该地区的其他几个国家，如墨西哥和巴西也有一定的锂储量，并正在探索进入市场的方法。另外，稀土元素在巴西和秘鲁有较大的储量。然而开发这些资源往往具有挑战性，因为它们通常浓度低而提取成本很高。因此，与锂矿开采相比，该地区对稀土开采的投资更为有限。

在全球绿色能源转型、净零排放的大趋势下，一些国家对关键矿产资源加速收紧矿业政策。加拿大政府出台政策，禁止外国企业参与该国关键矿产的开发。美国也出台政策，在鼓励本国资源开发的同时，联合其他西方国家建立矿产资源安全伙伴关系，抵御伙伴外国家的供应链。当然，有一些拉美国家也呈现更加欢迎外国企业的态势，比如厄瓜多尔、巴西。

（四）基础设施对矿业发展的影响不断加大

北美拥有发达的基础设施，包括运输网络、能源网和通信系统，这可以促进采矿作业，帮助降低成本，提高运营效率。在拉丁美洲的一些地方，交通基础设施不发达，设备、物资和人员在矿区之间的运输更为困难和昂贵，这可能会给采矿作业增加成本，并降低运营效率。一些地区由于能源基础设施不足或不可靠，往往导致采矿作业的中断，并增加置办备用电源的成本。同时，采矿作业需要大量的水用于加工和其他活动，但在拉丁美洲一些地方，水的基础设施不足，这可能会给寻求确保可靠供水的矿业公司带来挑战。另外，有效的通信基础设施对于协调采矿作业和确保人员安全至关重要。很多拉美国家的通信基础设施不发达，这可能使其难以与偏远矿区的人员保持有效沟通。劳动力短缺和低水平的教育及培训也会让公司面临员工素质较低的问题。总的来说，基础设施方面的挑战将是拉丁美洲矿业投资的一

个重大障碍，矿业公司可能需要投资更多的基础设施建设，或者与政府和当地社区合作，解决这些挑战，以便在该地区长期有效运营。

六　总结与建议

在当前各国对关键矿产资源的争夺日趋激烈以及美洲各国资源本土化形势日趋严峻的背景下，正在或即将在美洲进行矿业投资的外国企业，需要提前了解当地的总体投资环境、外资审查要求及国家安全审查框架。

第一，把握各国最新政治形势。矿业投资者应仔细评估其计划投资国家的政治和监管环境，评估该国政府的稳定性、采矿法规、税收、环境法规和当地社区的期望等因素。比如拉美国家政治不稳定，尤其近两年来，新冠疫情、气候变化、自然灾害频发、俄乌冲突和供应链危机等多重不确定因素叠加，部分拉美国家处在政权更迭和政局动荡状态，这些都将对矿业投资环境产生负面影响。企业应该密切关注和把握投资目的国家的总体政治形势，审时度势，规避危险。

第二，积极与资源国政府沟通。企业应强化与投资目的国政府的合作机制，促进能矿贸易投资的自由化。部分国家存在如税收稳定协议等机制，外国企业应尽量争取此类协议，降低税收政策变化带来的风险；在谈判交易协议条款时，适当增加保护性条款，明确相关责任；拟议投资被当地政府施加不正当命令时，应依法提起相关复议、诉讼等救济程序的条款。此外，企业要重视州及地方政府商业办公室、投资贸易促进办公室、律师事务所、会计师事务所、行业协会等专业服务机构的作用，积极与它们进行合作，促进经营顺利开展。

第三，融入当地，实现可持续发展。外国矿企在美洲投资时，一些矿业项目因污染、拆迁补偿等问题，受到抵制。归根结底，是因为投资目的国的政治经济体制、法律制度、语言文化和社会习俗等不同于投资来源国。因此，企业应该对当地环境有充分认识，了解矿山的历史，并对当地社区进行民意调查，优先考虑与当地社区建立牢固的关系，让居民参与决策过程。提高当地采购和本地雇佣的比例，维护矿工利益。树立正确义利观，严格依法合规经营，尤其部分拉美国家存在原住民领地，需要对游行示威、原住民抗议行动等隐患做好准备。最有效的做法就是，企业应该在投资的早期就与当地社区接触，这可以帮助建立信任，减少日后产生冲突的风险。

第四，重视创新，紧跟热点。技术进步和创新正在迅速改变采矿业。投资者应及时了解最新的科技进展，并考虑将新技术纳入其业务，以提高效率和盈利能力，降低成本，并最大限度地减少对环境的影响。未来在美洲发展的矿业投资者应该探索创新解决方案，如自动化、人工智能和区块链，以获得竞争优势。另外，企业应该尝试打造新的业务增长点，比如矿电联动，矿产企业主要投资矿产，承包类企业负责配套电力设施及 EPC 等。同时，企业应密切关注拉美地区热点矿种开发趋势，比如南美"锂三角"盐湖提锂项目开发热潮。

第五，与美洲本土公司合作。当地公司拥有关于当地监管、文化和商业环境的经验和知识，这对于外资应对在目的国做生意的挑战很有价值。本土公司还通常可以获得劳动力、基础设施和物资等资源，这样的合作关系也有助于确保以对社会和环境负责的方式开发采矿项目。同时，本土公司可能已与政府官员建立起一定的关系，这对于获得许可证和执照也很重要。例如，在拉丁美洲，矿业公司 First Majestic Silver 在墨西哥与当地公司合作开发其银矿。该公司与当地社区合作，建立了教育、医疗保健和环境管理项目，还与当地供应商合作，为其运营提供商品和服务。同样，在加拿大，矿业公司 Teck Resources 与居民社区合作开发其采矿项目，重点是相互尊重、信任和透明。这些伙伴关系帮助该公司处理了许多复杂的监管和环境问题，并与当地利益相关者保持了积极的伙伴关系。

大洋洲矿业发展分析报告

王　冰*

摘　要： 大洋洲是全世界矿产最为丰富的地区之一，是国际矿产企业投资和贸易的重要目的地。2022~2023 年，大洋洲大型矿产投资平稳增长，但大项目较少，以小规模项目为主。近年来，澳大利亚加大了对于外资的审查力度，矿业投资受到负面影响。新西兰和其他太平洋岛国的矿业发展环境基本保持稳定，但日益重视保护包括海洋在内的自然环境。澳大利亚媒体对外资进入澳矿业部门表现出既警惕又期待的复杂态度。然而，澳大利亚一些具有远见的机构和个人以及矿业发达地区的地方政府正在发出吸引外资的呼吁。未来，澳大利亚将更加重视全球能源转型带来的矿产需求，但大洋洲矿业发展的成本、社会责任和环境保护的门槛日益提高。因此，在大洋洲进行投资过程中，外国矿产企业可以通过合理降低企业成本、降低自身碳排放、改善企业社会关系等措施提高竞争力。在合资经营、产业链上下游整合以及海底矿产开发等方面将出现更多机遇。

关键词： 大洋洲　矿业环境　外资审查　合资经营　海底采矿

一　引言

大洋洲是全世界矿产最为丰富的地区之一，是全球矿企当前和未来一段

---

* 王冰，北京科技大学外国语学院讲师、一级翻译，北京科技大学矿业与钢铁行业中外人文交流研究院中东欧小组和矿业研究方向负责人，兼职研究员，研究方向为话语研究、国际能源与矿业政治、欧洲区域国别研究。

时间进行投资和贸易活动的重要对象。由于其独特的地理位置和地质构造，大洋洲孕育了澳大利亚这样的资源大国以及其他众多的岛屿国家。在矿业发展方面，既有发展环境相对成熟的澳大利亚，也有矿业欠发达的岛国。大洋洲的矿业发展环境呈现多元化的发展态势。

其中，澳大利亚仍然是大洋洲最具价值的投资目的地。澳大利亚的资源禀赋得天独厚，锑、钴、锂、锰、铌、钨和钒等关键矿产资源储量在全球排名前五；澳大利亚煤炭、铁矿石等大宗矿产探明储量和年度开采量均居世界前列；铜等关键矿产，澳大利亚的排名为世界第二。① 2020 年，澳大利亚的黄金、铁矿石、铅、镍、金红石、银、钽、铀、锌和锆石产量在世界范围内最多；锑、铝土矿、黑煤、褐煤、钴、铜、钻石、钛铁矿、锂、菱镁矿、锰矿、铌、锡、钨和钒这 15 种资源的产量排名世界前五。② 此外，澳大利亚的银资源排名从 2019 年的世界第三升至 2020 年的世界第一，菱镁矿资源从第六升至第四，锡从第四升至第三。③ 澳大利亚还有更多矿产资源潜力有待发掘。成熟的矿区仅占澳大利亚国土面积的 20%，剩下 80% 的国土在很大程度上尚未得到充分开发。④

新西兰矿产资源也较为丰富，金属矿有黄金、白银、铁矿石；非金属矿（包括煤）近几年产量和产值逐年增加，2021 年煤炭产量达 28.7 万吨，其中产于西海岸的煤炭主要用于出口。⑤ 新西兰矿石资源大多数用来满足国内生产，但也有相当部分出口到国外。主要出口产品有铁矿砂、黏土、石灰石和水泥，还有少量的泥煤、食盐、硫黄和浮石。近年来，为了顺应全球低碳环保的大趋势，新西兰也在积极开发本国稀土元素，以为电磁、钢材、电池

① Geoscience Australia, "World Rankings | Australia's Identified Mineral Resources 2021," https：//www.ga.gov.au/digital-publication/aimr2021/world-rankings.

② Geoscience Australia, "World Rankings | Australia's Identified Mineral Resources 2021," https：//www.ga.gov.au/digital-publication/aimr2021/world-rankings.

③ Geoscience Australia, "World Rankings | Australia's Identified Mineral Resources 2021," https：//www.ga.gov.au/digital-publication/aimr2021/world-rankings.

④ Department of Industry, Science and Resources, "Critical minerals," https：//www.industry.gov.au/mining-oil-and-gas/minerals/critical-minerals/investing-critical-minerals-australia.

⑤ Ministry of Business, Innovation & Employment (New Zealand), "Coal statistics," https：//www.mbie.govt.nz/building-and-energy/energy-and-natural-resources/energy-statistics-and-modelling/energy-statistics/coal-statistics/.

等生产部门提供原材料。① 一个新的趋势是：除了合理开发陆地资源，新西兰还在大力发展海底资源勘探开发的技术，涉及的矿产包括铁砂、磷矿、贵重金属和金属硫化物等。②

在其他岛国中，斐济是重要的黄金生产国，同时还出口银、砂砾、荒料石、珊瑚砂等矿产资源。巴布亚新几内亚的铜、金、银等矿产资源比较丰富。此外，境内还有镍、钴、石油、天然气等资源分布。③ 汤加、瑙鲁、基里巴斯等岛国目前对自然资源的开发仍集中于深海采矿，尤其是汤加，深海蕴含大量的锌资源④，但目前尚无陆地矿产开采⑤。近年来，岛国利用矿产资源推动国家发展的意愿不断增强。

二 2022~2023年大洋洲矿业投资发展情况

受疫情影响，2022年，澳大利亚的矿业投资呈现稳中有降的态势。对于中国而言，虽然受到两国外交关系和新冠疫情等多重因素影响，中国矿产企业在大洋洲投资存量最大的国家依然是澳大利亚。与此同时，新增的矿产投资项目主要来自已经在澳大利亚立足的中国矿产企业。其中最为引人注目的交易是2022年9月宝钢集团和力拓集团合资开发20亿美元的澳大利亚西部山脉铁矿项目。⑥

---

① Straterra, "Green-Tech Metals-the Rare Earth Elements," https：//www. straterra. co. nz/mining-in-nz/sustainability/green-tech-metals-the-rare-earth-elements/.

② Straterra, "Types of Mining," https：//www. straterra. co. nz/mining-in-nz/mining-101/types-of-mining/.

③ 《巴布亚新几内亚》，中华人民共和国自然资源部，https：//geoglobal. mnr. gov. cn/gb/dyz/201303/t20130321_ 20034. html。

④ Commonwealth Network, "Find Mining Expertise in Tonga," https：//www. commonwealthofnations. org/sectors-tonga/business/mining_ and_ minerals/#.

⑤ Pacific Peoples' Partnership, "Deep-Sea Mining in Tonga, Nauru and Kiribati," https：//pacificpeoplespartnership. org/deep-sea-mining-in-tonga-nauru-and-kiribati/.

⑥ Rio Tinto, "China Baowu to Develop Australian Iron Ore Project for $ 2 bln," Reuters, https：//www. reuters. com/markets/commodities/rio-tinto-joins-china-baowu-develop-western-range-iron-ore-project-2-bln-2022-09-14/.

（一）总体投资发展情况

大洋洲在全球矿业领域占据重要地位。例如，2021 年大洋洲的铜产量占全球的 4% 左右（见图 1）。大洋洲的矿业开发集中在澳大利亚和新西兰。总体而言，虽然前几年大洋洲的矿业发展环境有所恶化，但从 2022 年至今则表现出趋稳的态势，矿产资源投资开发领域态势平稳。在 2020~2021 年，澳大利亚采矿业所有关键数据都实现了增长。矿业部门收入增长 4.1%（64 亿美元），2019~2020 年增长 14.6%（20 亿美元）。矿业产业附加值同样经历了增长，继 2019~2020 年增长 12.1%（225 亿美元）后又增长 3.8%（79 亿美元）。

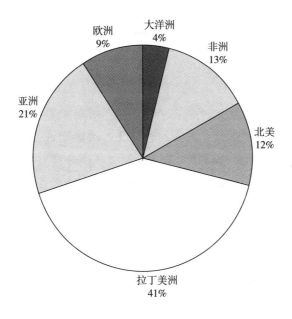

图 1　2021 年全球铜产量分布（按地区分列）

资料来源：国际铜研究小组（International Copper Study Group）发布的《世界铜业概况 2022》，International Copper Study Group，"World Copper Factbook 2022，" p. 12，https://icsg.org/copper-factbook/。

就总体而言，大洋洲矿业开发的分布极其不均匀。以铜出口为例，2021年大洋洲铜出口最多的国家是澳大利亚，最少的国家是瓦努阿图。占比最多

的澳大利亚占大洋洲铜出口总量的98.6%，澳大利亚、新西兰和巴布亚新
几内亚三国合计占大洋洲铜出口总量的99.9%，其他岛国几乎可以忽略不
计（见表1）。

表1 2021年大洋洲铜出口情况

国家	出口价值（千美元）	国家	出口价值（千美元）
澳大利亚	3342067.82	萨摩亚	0.56
新西兰	45717.73	瑙鲁	0.54
巴布亚新几内亚	2403.17	所罗门群岛	0.5
斐济	75.46	瓦努阿图	0.07
密克罗尼西亚（联邦）	1.29		

资料来源：Knoema，"Kiribati-World-Exports-Copper，" https：//knoema.com/data/foreign-trade-exports+kiribati+copper。

1. 澳大利亚

截至2020年，澳大利亚大陆尚有2/3的地区未进行过矿产勘查工作，
资源开发潜力很大。2020~2021年度澳大利亚统计数据显示，澳矿业受新
冠疫情的影响较小。与2019~2020年相比，矿业部门在所有关键数据上都
有持续增长，特别是息税折旧摊销前利润（EBITDA）和工业增加值
（IVA）。

澳大利亚是全球多种矿产的重要生产国和出口国，截至2022年1月，
在铁矿石、锂、黄金、锌、镍和钴等金属的产量方面，澳大利亚分别占
37%、49%、10%、11%、6%和4%（见图2）。尤其是在铁矿石和锂的产量
方面，澳大利亚是当之无愧的生产大国。

从重要矿产储量和资源禀赋来看，澳大利亚在全球矿产行业也占据重要
地位。在铁矿石、锂、黄金、锌、镍和钴等金属的储量方面，澳大利亚分别
占全球的30%、8%、10%、19%、13%和9%（见图3）。尤其是在铁矿石和
锌储量方面，澳大利亚位居全球第一，开发潜力巨大。

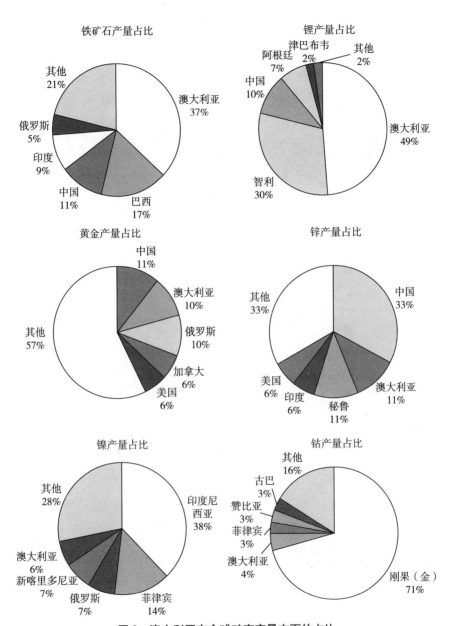

图2　澳大利亚在全球矿产产量方面的占比

资料来源：Sean DeCoff，"Australia‐Mining by the Numbers，2021，"S&P Global，https：//www.spglobal.com/marketintelligence/en/news‐insights/research/australia‐mining‐by‐the‐numbers‐2021。

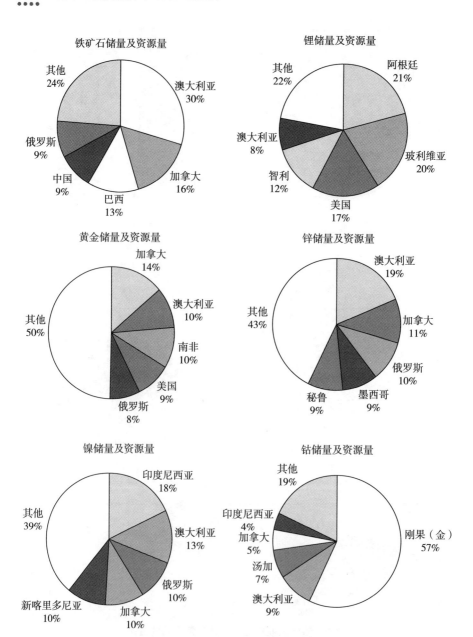

图3 澳大利亚矿产储备占比

资料来源：Sean DeCoff，"Australia-Mining by the Numbers, 2021，"S&P Global, https://www.spglobal.com/marketintelligence/en/news-insights/research/australia-mining-by-the-numbers-2021。

按当前价格计算，2021年9月至2022年9月，受矿产销售和矿业服务收入增长2.5%（82亿美元）的推动，矿业收入和工业增加值分别增长4.1%（64亿美元）和3.8%（79亿美元）。采矿业仍然是在该国GDP中占比最大的行业，澳大利亚统计局报告称，2019～2020年，该行业占澳GDP的10.4%。就销量而言，未来，中国仍是澳大利亚铁矿石、镍和锌的主要买家。①

矿业收入增长的主要原因是金属矿石开采业的繁荣，该产业在2021～2022财年增长46.7%。与此同时，煤炭开采部门收入减少73.7%（160亿美元），石油和天然气开采减少38.0%（179亿美元）。因此，澳大利亚总体情况是：金属矿石开采和出口实现增长；煤炭、石油、天然气开采和出口出现下降。在金属矿石开采收入增长中，主要是铁矿石开采收入增长了46.7%（401亿美元）。相比之下，煤炭开采收入下降了73.7%（160亿美元），其中一个重要因素是煤炭价格的下降，煤炭出口价格指数在2021～2022财年下降了22.1%。这在一定程度上反映了在全球追求碳中和的大背景下，煤炭开采面临更多下行风险。

需要指出的是，按照2019～2020财年至2020～2021财年计算，矿业出口价格上涨9.2%，然而，按照2019～2020日历年度计算，矿业出口价格下降6.3%。因此，按照日历年度计算，2019～2020年，澳大利亚矿业总收入下降2.5%（减少87亿美元），按照财政年度计算，澳矿业总收入增长2.2%（76亿美元）。不同的计算方法得出的结果不同，这反映出受疫情影响澳大利亚矿业收入先降后增的状况。

在就业方面，在2021～2022财年，澳大利亚采矿业新增就业2000人（0.8%），主要是金属矿石开采新增就业1000人以及勘探和其他采矿支持服务新增就业1000人。然而，煤炭行业的就业人数减少了2000人。金属采矿和煤炭采矿部门就业增幅的差异性变化更加明显，这将给澳大利亚政府、社

---

① Sean DeCoff, "Australia-Mining by the Numbers, 2021," S&P Global, https：//www.spglobal. com/marketintelligence/en/news-insights/research/australia-mining-by-the-numbers-2021.

会和企业带来更多挑战。相比之下，2020~2021年度，采矿业在澳大利亚贡献了14.7万个就业岗位，销售和服务收入3260亿美元。[①]

采矿业在澳大利亚不同的州和领地对经济的贡献程度不同。例如，在西澳大利亚州，矿业销售和服务业收入为343亿美元，发放的工资总额为148亿美元，矿业工资占比（17.9%）最大。

就支出而言，2022年第二季度到2022年第三季度，矿产勘探支出下降1.5%，石油勘探支出下降5.5%（见表2）。这说明，虽然受到疫情等负面因素影响，勘探总支出呈下行趋势，但是矿产勘探支出降幅较小。在应对气候变化和碳中和的大背景下，新能源等低碳产业发展对于金属矿产的需求旺盛，给予了较为乐观的预期支撑。

表2 澳大利亚矿业与石油勘探支出变化

单位：百万美元，%

	截至2022年第三季度	2022年第二季度至第三季度	2021年第三季度至2022年第三季度
剔除季节性因素			
矿产勘探支出	1015	-1.5	8.7
石油勘探支出	230	-5.5	-22.8
趋势			
矿产勘探支出	1031	2.0	12.1
石油勘探支出	231	-11.0	-21.8

资料来源：Australian Bureau of Statistics，"Australian Industry，"https：//www.abs.gov.au/statistics/industry/industry-overview/australian-industry/2020-21。

回顾过去几年，新冠肺炎疫情对澳大利亚矿产和石油勘探支出的影响并没有在短时间内造成突变（见图4）。总体上讲，新冠疫情流行之初，澳大利亚矿产和石油勘探支出出现短时下行，随后呈现稳步恢复的态势。具体而言，2022年第二季度至第三季度，澳大利亚的矿产支出下降1.5%（剔除季节性因素），趋势增长幅度为2%。

---

① Australian Bureau of Statistics，"Australian Industry，"https：//www.abs.gov.au/statistics/industry/industry-overview/australian-industry/2020-21.

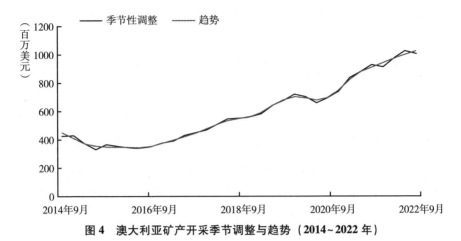

图4 澳大利亚矿产开采季节调整与趋势（2014~2022年）

资料来源：Australian Bureau of Statistics，"Mineral and Petroleum Exploration, Australia," https：//www. abs. gov. au/statistics/industry/mining/mineral – and – petroleum – exploration – australia/sep-2022。

就不同的矿产品种来说，如图5所示，勘探支出也呈现了一定的差异性。金、铜、镍三种金属的勘探支出占到澳大利亚矿业勘探总支出的绝大多数，预算的最高点出现在2012年，随后出现先降后升的趋势，最低点出现在2016年，体现了明显的矿产价格周期性变化。

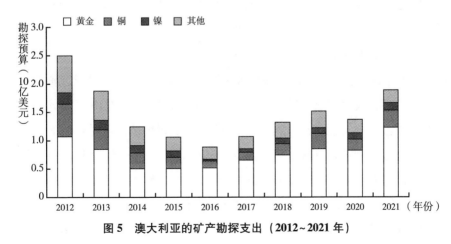

图5 澳大利亚的矿产勘探支出（2012~2021年）

资料来源：Sean DeCoff，"Australia-Mining by the Numbers, 2021," S&P Global，https：// www. spglobal. com/marketintelligence/en/news – insights/research/australia – mining – by – the – numbers-2021。

2014 年以来，黄金的勘探支出呈现波动上行趋势；勘探支出排名第二的是其他贱金属，铁矿石的勘探支出呈现中位徘徊，2020 年之后，呈现缓慢上升的趋势；其他矿产勘探支出低位徘徊，2020 年之后呈现明显的上升趋势；煤炭勘探支出一直在低位徘徊，2020 年之后呈现下行趋势。这样复杂的趋势一方面反映受到新冠疫情的影响，所有矿产开发支出在 2019~2020 年度均出现了明显的下降，随后出现不同程度的恢复。另一方面反映出碳中和对不同矿产勘探支出的影响不同，对煤炭勘探具有负面影响，而对于可用在电动汽车上的稀有金属等具有正面影响。此外，矿产勘探支出的减少势必传导至下游矿产的销售，对价格波动亦有一定的影响。

从图 6 可以看出，澳大利亚的矿业平均勘探支出呈现了先降后升的总体趋势，最高值出现在 2012 年，平均勘探支出接近 500 万美元，从事勘探的公司近 500 家。最低值出现在 2016 年，平均勘探支出低至 200 多万美元，从事勘探的公司 400 多家。此外，受新冠疫情的影响，2020 年的矿产勘探支出比 2019 年有明显下降，2021 年有所恢复，但仍未恢复到 2012 年的最高点。从长期趋势来看，澳大利亚的矿产平均勘探支出呈现相对平稳的趋势。因为疫情的影响，碳中和、能源转型等有利因素对矿业发展的利好尚未完全转化为上游勘探支出的快速增加。

2021 年，澳大利亚的矿产勘探行业保持基本稳定。大型矿业企业利用强劲的价格成本利润率，同时保持规避风险的策略，提高了已投产资产的价值。2021 年，澳大利亚的勘探支出同比增长 38.8%，达到 19 亿美元，超过 35.0% 的全球平均勘探支出增长率。西澳大利亚州仍然是最受欢迎的勘探目的地，尤其是对黄金和铜矿的勘探更是如此。2021 年，仅西澳大利亚州政府的拨款就达到 13 亿美元，同比增长 50.1%，该州政府在国家矿产勘探总预算中的份额从 2020 年的 65.5% 提高到 70.8%。

在澳大利亚活跃的后期项目和投产的矿山中，36% 是黄金原生矿，18% 是煤矿，10% 是铁矿石矿。以黄金为主的矿床是大多数勘探活动和初始资源公告的信息来源。2021 年，澳大利亚所有大宗商品的勘探活动同比增长

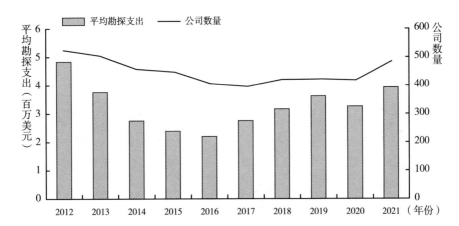

图6 在澳大利亚从事矿产勘探的企业数量和平均勘探支出（2012~2021年）

资料来源：Sean DeCoff, "Australia-Mining by the Numbers, 2021," S&P Global, https://www.spglobal.com/marketintelligence/en/news-insights/research/australia-mining-by-the-numbers-2021。

50%，表明澳大利亚已经从新冠疫情造成的影响中强劲反弹。[1]

具体到中国在澳大利亚的矿业投资，中钢集团下属子公司中钢海外澳大利亚（Sinosteel Australia）有限公司董事总经理孙晓轩表示，中澳之间近年来低迷的外交关系影响了中国在澳大利亚矿业项目的投资。David Sun在悉尼举行的2022年国际矿业与资源会议（IMARC）上表示，受两国之间双边关系的影响，2022年中国在澳大利亚的矿业投资为7.78亿美元，比2020年下降了70%，比2008年约160亿美元的峰值下降更多。此外，澳大利亚外国投资审查委员会（FIRB）程序不透明、冗长而复杂，导致许多中国投资者开始在其他地区寻找矿业投资机会。[2]但是，澳大利亚外国投资审查委员会坚持认为，澳大利亚对外来矿产投资的拒绝率很低。澳大利亚联邦资源

---

[1] Sean DeCoff, "Australia-Mining by the Numbers, 2021," S&P Global, https://www.spglobal.com/marketintelligence/en/news-insights/research/australia-mining-by-the-numbers-2021.

[2] Jo Clarke, "China Cuts Australian Investment on Politics: Sinosteel," Argus Media, https://www.argusmedia.com/en/news/2387173-china-cuts-australian-investment-on-politics-sinosteel.

部部长 Madeleine King 表示，澳大利亚没有效仿加拿大的做法，即限制中国对关键矿产和金属开采或投资。

2. 新西兰与其他岛国

自 19 世纪以来，采矿业在新西兰的经济发展中始终发挥着不可或缺的作用，主要矿产有煤炭、黄金、白银、铝土矿等。2020 年，新西兰生产次烟煤约 139 万吨[1]、黄金 4000 多公斤[2]、白银约 1200 公斤[3]（产自怀希）。其中，白银产量较上年明显下降。此外，2021 年新西兰原铝产量达到 33.29 万吨，过去十年产量保持相对稳定。[4] 截至 2022 年 3 月，新西兰矿业企业共有 669 家，产生的 GDP 为 22 亿新元，雇用劳动力 55000 人。[5] 其中，有 270 多家是从事与勘探和矿业支持服务相关的企业。[6]

在其他太平洋岛国中，巴布亚新几内亚是重要的黄金生产国，其余国家矿业规模较小。巴布亚新几内亚拥有丰富的各种矿产和天然气储量。出口的矿产有金、铜、银、镍和钴。巴布亚新几内亚的矿山遍布全国，其中规模较大的有 Ok Tedi 铜金矿、Porgera 金矿、Lihir 金矿、Hidden Valley 银矿、Simberi 金矿、Tolukuma 金矿和 Ramu 镍矿。2021 年，Ok Tedi 铜金矿、Lihir 金矿、Ramu 镍矿、Hidden Valley 银矿和 Simberi 金矿累计生产约 4455 万吨的矿产。其中，位于西部省的 Ok Tedi 铜金矿是巴布亚新几内亚最大的矿山，2021 年原矿产量约 2358 万吨。Ok Tedi 铜金矿由巴布亚新几内亚政府矿

---

[1] L. Granwal, "New Zealand: Coal Production Volume by Type," Statista, https://www.statista.com/statistics/1013056/new-zealand-coal-production-volume-by-type/.

[2] L. Granwal, "New Zealand: Gold Production Volume by Gold Mine," Statista, https://www.statista.com/statistics/1012757/new-zealand-gold-production-volume-by-gold-mine/.

[3] L. Granwal, "New Zealand: Silver Production Volume by Mine," Statista, https://www.statista.com/statistics/1013033/new-zealand-silver-production-volume-by-mine/.

[4] L. Granwal, "New Zealand: Silver Production Volume by Mine," Statista, https://www.statista.com/statistics/1013033/new-zealand-silver-production-volume-by-mine/.

[5] L. Granwal, "New Zealand: GDP of Mining Industry 2022," Statista, https://www.statista.com/statistics/1012085/new-zealand-gdp-of-mining-industry/.

[6] L. Granwal, "New Zealand: Enterprise Count In Mining Industry by Type 2021," Statista, https://www.statista.com/statistics/999181/new-zealand-enterprise-count-in-mining-industry-by-type/.

产资源开发有限公司所有，预计开采至 2030 年。巴布亚新几内亚第二大矿山是位于新爱尔兰省的 Lihir 金矿，其原矿产量约为 866 万吨/年，主要生产黄金（73708 万盎司）。Lihir 金矿由纽克雷斯特矿业公司拥有，预计将运营到 2050 年。位于 Madang 的 Ramu 镍矿是巴布亚新几内亚的第三大矿，位于 Morobe 的 Hidden Valley 银矿是第四大矿，位于新爱尔兰省的 Simberi 金矿是巴布亚新几内亚的第五大矿，这三大矿 2021 年原矿产量分别为 635 万吨、356 万吨和 239 万吨。2021 年，Ramu 镍矿生产了约 3.3 万吨镍，Hidden Valley 银矿生产了约 259.9 万盎司白银，Simberi 金矿生产了约 7.4 万盎司黄金。①

2021 年按其本国货币基那计算，巴布亚新几内亚矿产品出口加权平均价格上涨了 16%，明显高于 2020 年同期 8.2% 的涨幅。② 巴布亚新几内亚出口的主要金属为钴、镍和铜，随着能源转型推动的可再生能源加快部署和电池储能需求快速增加，巴布亚新几内亚的矿业逐渐引起国际社会重视。

采矿业是斐济经济不可分割的一部分，黄金是该国最大的出口产品之一。其主要采矿活动集中在黄金、白银和水泥的生产上。斐济群岛位于太平洋"火圈"上，这是太平洋和印度-澳大利亚板块之间的活跃构造边界，已知拥有几个主要的世界级斑岩铜金矿和浅成热液金矿床。根据世界黄金协会的数据，2022 年第四季度，斐济的黄金储备维持在 0.03 吨。③ 2021 年，基里巴斯生产的铝价值 13.683 万美元、铜价值 9.718 万美元、黄金价值 0.03 万美元、铅价值 319 万美元、镍价值 823 万美元、铂金和白银价值 677 万美元。④

（二）投资项目情况

1. 澳大利亚

2022 年 7 月，澳大利亚加入了"矿产安全伙伴关系"（Minerals Security

① Global Data, "Papua New Guinea: Five Largest Mines in 2021," https://www.globaldata.com/data-insights/mining/papua-new-guinea--five-largest-mines-in-2090827/.

② International Trade Administration, "Mining Equipment and Services," https://www.trade.gov/country-commercial-guides/papua-new-guinea-mining-equipment-and-services.

③ Trade Economics, "Fiji Gold Reserves," https://tradingeconomics.com/fiji/gold-reserves.

④ "Kiribati-Metal Products," Knoema, https://knoema.com/data/kiribati+metal-products.

Partnership），并表示要与各国企业一同打造国际伙伴关系，打造开发和保障关键矿产供应的全球供应链，并使矿业部门实现清洁能源转型。①

就大型的投资开发项目而言，2022 年 9 月，中国宝武集团决定投资力拓集团价值 20 亿美元的西部山脉铁矿项目（Western Range iron or emine）。该项目位于西澳大利亚州皮尔巴拉地区。在项目中，宝武集团与力拓集团的权益比例为 46% 和 54%，目标是在合资期限内生产 2.75 亿吨铁矿石。这一项目的高调启动表明，中澳之间外交的紧张局势并没完全阻碍商业贸易的发展。多年来，Western Range 地区一直是力拓集团和宝武集团在西澳大利亚州合作的目标，该矿将于 2023 年开工建设，预计到 2025 年将出售铁矿石，最大年产能为 2500 万吨。力拓集团的铁矿石部门负责人西蒙·特罗特（Simon Trott）表示："四十多年来，力拓集团与宝武集团建立了牢固的合作关系，Western Range 项目的开发标志着我们在铁矿石领域的投资合作开始进入一个重要阶段。"②

除了铁矿石，锂矿项目合作是另一个亮点。2022 年初，中国锂生产商天齐锂业与澳大利亚当地矿商 IGO 成立了合资企业，在澳大利亚珀斯附近开设了一家电池级锂冶炼厂。美国锂业巨头雅宝公司（Albemarle）和澳大利亚西农集团（Wesfarmers）也在建设锂精炼厂。③ 2022 年 3 月，澳大利亚矿商 Core Lithium 表示，该公司正在与特斯拉就供应至多 11 万吨锂辉石精矿达成协议，协议条款参照锂原料的市场价格。但是，在价格飙升的背景下，特斯拉与 Core Lithium 达成锂供应协议的努力经过数月的谈判后宣告失败。2023 年 2 月，澳大利亚西农集团宣布，该公司联合投资的西澳大利亚 Mount

① Minister for Resources and Minister for Northern Australia, "Australia Joins Global Minerals Security Partnership," https：//www. minister. industry. gov. au/ministers/king/media－releases/australia－joins－global－minerals－security－partnership.

② Peter Ker, "China Pumps Another Billion Dollars into Australian Iron Ore," Financial Review, https：//www. afr. com/companies/mining/china－pumps－another－billion－dollars－into－australian－iron-ore-20220914-p5bhxa.

③ 《澳洲矿业大州西澳计划建设电池制造中心》，https：//baijiahao. baidu. com/s？id＝1745289491452848678&wfr＝spider&for＝pc。

Holland 锂矿项目的氢氧化锂生产将推迟约 6 个月。此外，由于成本飙升，该项目矿山和冶炼厂的价值远远超过 20 亿美元。与此相类似，雅宝公司、Mineral Resources 和 IGO 公司在西澳大利亚拥有的其他冶炼厂和矿山在开发过程中也遇到了类似的阻力。① 近年来，随着锂价上涨和预期需求增加，澳大利亚有多个锂矿项目上马，但从 2022 年开始，由于通胀上升、成本上升或两者兼而有之，以及劳动力短缺等不利因素，多个大型项目首次投产的启动期限被迫推迟。这说明，矿产企业难以在短时间内增加锂矿等重要稀有金属的产能，未来这些金属供需的失衡可能还将维持一段时间。

全球最大矿商之一必和必拓（BHP）与澳大利亚企业 Encounter Resources 达成了一项期权协议，将购买这家澳大利亚勘探商在北领地拥有的 4500 平方公里的埃利奥特铜矿项目。必和必拓将获得该项目 75% 的权益。② 贝尔维尤黄金公司与能源发展公司（EDL）签署了贝尔维尤黄金项目的早期工程协议，希望早日成为澳大利亚第一家在澳大利亚证券交易所上市的净零排放金矿公司。③ 蓝帽矿业公司（Blue Cap Mining）已与澳大利亚一家独立的绿色氢能源公司（LINE Hydrogen）签订合同，满足西澳大利亚州拜伦勋爵金矿开发所需的能源需求。这一新的采矿项目将是西澳大利亚州第一个"碳中和"矿山，也是澳大利亚仅有的两个达到这一标准的现役矿山之一。④

就企业并购而言，并购项目并未受到新冠疫情的明显影响。2023 年 2 月，世界最大金矿商美国纽蒙特公司（Newmont）向全球排名第六、澳大利亚最大金矿企业纽克雷斯特矿业公司（Newcrest Mining）提出 169 亿美元的收购邀约。如果上述交易成功，这将成为澳大利亚历史上最大的矿业收购案

① Lending Association, "Setback for WES at Mount Holland Lithium Project," https://lendingassociation.com.au/setback-for-wes-at-mount-holland-lithium-project/.

② Ray Chan, "BHP Begins Drilling at Elliott Project," Australian Mining, https://www.australianmining.com.au/news/bhp-begins-drilling-at-elliott-project/.

③ Ray Chan, "Bellevue Aims for Green Gold," Australian Mining, https://www.australianmining.com.au/news/bellevue-aims-for-green-gold/.

④ Ray Chan, "WA Gold Mine Aims for Carbon-Neutral Status," Australian Mining, https://www.australianmining.com.au/news/wa-gold-mine-aims-for-carbon-neutral-status/.

和第三大企业收购案。

2022 年第三季度，受益于西澳大利亚州资产的较好表现以及 South Flank 项目的持续增长，必和必拓公司实现了铁矿石产量持续增长。尽管铁矿石现货价格在 2022 年 9 月下跌了 18%，但产量仍有所增加。此外，第三季度，必和必拓还采取了进一步的行动来减少其运营中的温室气体排放，并支持供应商和客户的脱碳项目。基于一项新协议，必和必拓为西澳铁矿（WAIO）的港口设施提供可再生电力，从而将用电的温室气体排放减半；此外，必和必拓还与印度塔塔钢铁公司签署了一份谅解备忘录，就降低炼钢过程中的温室气体排放进行合作，并宣布与泛太平洋铜业（Pan Pacific Copper）合作，以减少海上运输造成的温室气体排放。[①]

此外，就稀土而言，澳大利亚矿商加大了开采和加工力度。澳大利亚拥有世界第六大稀土矿储量。然而，澳大利亚的稀土资源在很大程度上尚未充分开发，只有两处稀土矿在产。未来，澳大利亚很可能在本国建立稀土矿物加工中心。2022 年，Arafura Nolan 公司开始在澳大利亚中部 Alice Springs 附近建设一处稀土矿加工设施。此外，澳大利亚 Lynas 公司已经与美国国防部签订合同，将在美国建造一个价值数百万美元的稀土加工厂。[②]

2. 新西兰与其他岛国

新西兰采矿业对 GDP 的贡献从 2022 年第二季度的 4.86 亿纽元增加到 2022 年第三季度的 5.16 亿纽元，矿业呈现稳步发展的态势（见图 7）。从 1987 年到 2022 年，新西兰采矿业的产值平均为 691.9 亿纽元，2007 年第四季度达到 1187 亿纽元的历史最高水平，1988 年第四季度的 4.37 亿纽元为其历史最低水平。2023 年新西兰矿业市场规模为 53 亿美元。新西兰采矿业 2018~2023 年市场规模年化增长率为-7.1%。[③]

---

① Ray Chan, "Strong WA Performance Boosts BHP Production," Australian Mining, https：//www. australianmining. com. au/news/strong-wa-performance-boosts-bhp-production/.

② Phil Mercer, "Australia Challenges China In Mining For Essential Elements," *BBC News*, https：//www. bbc. com/news/business-62760354.

③ ISBS World, "Mining in New Zealand-Market Size 2007-2028," https：//www. ibisworld. com/ nz/market-size/mining/.

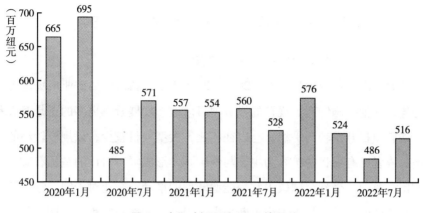

图7 矿业对新西兰 GDP 的贡献

资料来源：Trade Economics, "New Zealand GDP From Mining," https：//tradingeconomics. com/new-zealand/gdp-from-mining。

2020 年 9 月，中国中铁股份有限公司以 57.8 亿元人民币中标所罗门群岛金岭金矿项目。2021 年 12 月 15 日，经过前期精细准备，所罗门群岛金岭金矿项目首爆成功，为后期爆破工作提供了可靠的技术数据和安全参考。2022 年 8 月，所罗门群岛金岭金矿项目克服国内外疫情造成的重重困难全面开启。随着设备及人员不断到位，项目产量以及施工产值逐步提升，将实现旱季产能 75 万吨以上，以保证年度生产计划顺利完成。[①] 2022 年 11 月 29 日，所罗门群岛金岭金矿投产庆典仪式在瓜岛矿区内举行，标志着该矿正式进入全面生产阶段。

在巴布亚新几内亚，Ramu 镍矿将运营至 2034 年，由加拿大 "Nickel 28" 集团、巴布亚新几内亚矿产资源开发有限公司以及中国冶金集团有限公司、金川集团有限公司、酒泉钢铁（集团）有限公司、吉林吉恩镍业股份有限公司持股。Hidden Valley Mine（亦译作 "隐谷矿"）是由南非金矿企业 Harmony Gold Mining Co Ltd 所有，将运营至 2028 年；Simberi 矿属于澳大利亚金矿企业 St Barbara Ltd，将运营至 2024 年。

---

① 《所罗门群岛金岭金矿项目掀起大干热潮》，https：//www. 163. com/dy/article/HFG891AH05 526O4T. html。

（三）2022~2023年度矿业投资发展的主要特征

1. 铁矿石开发平稳，稀有矿产投资持续热门

从大洋洲的投资项目来看，2022~2023年度，新西兰的矿业市场呈现萎缩态势，其他岛国鲜有大规模的投资项目落地，发展看点更多的还是澳大利亚。铁矿项目开发较为平稳，与以往相比，大型项目较少，以规模较小的投资项目或者已有项目的扩容为主。与铁矿开发形成鲜明对比的是稀有矿产的开发持续热门，受到全球碳中和、能源转型的推动，企业对于锂、钴、稀土等稀有矿产的开发和加工力度不断加大，但产能的增长很难在短期内满足全球对关键金属矿产的巨大需求。此外，海底采矿虽然被很多国家禁止，但在全球对关键矿产需求猛增的大背景下，海底采矿的技术研发、可行性分析、法规制定都可能被提升日程。

2. 沿关键金属产业链的企业联合日趋明显

近年来，随着矿产企业经营的国内和国外环境变化不断加快，市场对于某些矿产产品和工艺的需求空前高涨，导致企业联合进一步增多。一方面，澳大利亚政府对外国企业的投资审查力度加大，而矿业投资由于规模巨大往往备受关注；同时，西澳大利亚等地方政府和企业对外国矿业投资的需求旺盛。例如，中国资本的进入给澳大利亚部分企业带来了急需的现金，但澳政府层面与企业层面的观点不同，导致有时投资交易不能顺利达成。[①] 这种需求和供给的错配导致更多外国企业在进入澳大利亚市场时选择与澳本土矿产企业联合。另一方面，能源转型对矿产开发和加工提出的要求高，短时间内很少有企业能够独自满足所有要求，故越来越多的企业选择向上游和下游延伸产业链，从而加快关键矿产的生产、加工、销售和应用。电池生产企业、电动汽车生产企业、传统油气公司均加快了沿关键矿产产业链的布局。

3. 矿产企业更加重视低碳、环保和企业社会责任

随着全球能源转型步伐的加快，作为重要排放来源的矿产企业也面临来

---

① 刘德健：《中国对澳矿业领域投资受阻分析与思考》，《中国矿业》2014年第7期。

自政府、社会和媒体的巨大压力。必和必拓等大型矿产企业利用自身资金优势、率先布局绿色、低碳发展，主动披露碳排放以及与当地社区关系等相关数据，以期树立行业内低碳发展的企业榜样形象，从而为企业发展赢得更多主动。可以预见，未来更多的矿产企业将加大低碳发展投入，以便在竞争中占据有利位置。然而，由于矿业发展的特殊性，部分生产环节难以彻底实现零排放。未来，企业在自身减排的同时，参与碳市场交易和碳配额买卖将是大势所趋。如何充分利用碳排放交易和税收体系、趋利避害、保持可持续发展已成为企业的必修课。

三　大洋洲矿业发展环境变化情况

矿业的可持续发展离不开良好的发展环境。与其他地区相比，大洋洲的矿业发展环境较为成熟，呈现平稳态势。澳大利亚等发达国家矿业发展历史悠久，矿业发展环境较为成熟，法律制度和金融体系较为完善。近些年来，受全球地缘政治环境和国内资源民族主义抬头等因素影响，澳大利亚矿业发展的政治和社会环境发生了较大的变化，尤其是针对外国矿业投资的审查力度不断加大。2022 年，大洋洲的矿业发展环境可谓喜忧参半，但可预见性有所增强。

（一）政治外交环境

1. 澳大利亚

毕马威《全球矿业展望 2022》报告显示，采矿业目前面临生产效率、自动化、外部监管环境和政策变化、成本上涨等一系列挑战，市场发展是矿业公司成长的动力。对矿产资源的强劲需求和大宗商品价格极高的时代已经结束，在这种背景下，企业增长取决于对外扩张和对内投资两个方面。[1]

---

[1]　KPMG Australia，"Australian Mining Risk Forecast 2022/2023，" https：//assets. kpmg. com/con tent/dam/kpmg/au/pdf/2022/australian-mining-risk-forecast-2022-23. pdf.

2022 年，澳大利亚实现了执政党的更替，工党重新上台，安东尼·阿尔巴尼斯（Anthony Albanese）出任澳大利亚总理。澳大利亚新政府在外交上与美国保持高度一致的同时，释放了一些对华改善关系的积极信号。特别是 2022 年 9 月 22 日，中国外长王毅在纽约联合国大会期间与澳大利亚外长黄英贤会见，为两国关系回归正常轨道释放了积极信号。2022 年 11 月，中澳元首在印度尼西亚会晤；2022 年 12 月，澳外长黄英贤成功访华。2023 年2 月，中国商务部部长王文涛应约与澳大利亚贸易部部长法瑞尔举行视频会谈。双方就落实两国领导人巴厘岛会晤重要共识，妥善处理彼此重点经贸关切，规划发展中澳经贸下阶段关系等议题进行了专业、务实、坦诚的交流。可以说，阿尔巴尼斯政府在对华关系上的表态趋于谨慎，然而，在"五眼联盟"等诸多问题上澳大利亚仍然对华持不友好态度。未来中澳关系能否顺利回暖还有待进一步观察。

在澳大利亚联邦层面，随着政治环境日益趋于两极化，在对外国矿产企业投资澳矿业方面，以国家安全为理由的审查并无放松趋势。两党在这一问题上立场基本趋同。

在地方一级，一些矿产大州的政府表现出了对外国投资的期待。例如，西澳大利亚州与中国建立了牢固的伙伴关系，并在矿产、能源、农产品和教育服务的出口以及中国对西澳大利亚州资源部门的投资基础上建立了良好的贸易关系，包括力拓集团、必和必拓、Fortescue Metals Group 等重要资源公司都参与了澳中贸易。[1] 西澳大利亚州州长 Mark McGowan 曾于 2021 年表示，希望联邦政府停止对中国展现出敌对态度，认为这样不利于澳大利亚自身的经济贸易利益。[2] 他于 2022 年 6 月还表示要"致力于改善中国和澳大

---

[1] Australia-China Business Council, "Western Australia," https: //acbc. com. au/branch/western-australia/.

[2] Peter de Kruijff, "'Acting Against Our Own Interests': WA Premier Fires Up on Australia-China Relationship," https: //www. smh. com. au/politics/federal/acting - against - our - own - interests - wa-premier-fires-up-on-australia-china-relationship-20210610-p57zuz. html? js-chunk-not-found-refresh=true.

利亚的关系"。① 西澳大利亚州正寻求更多的海外矿产投资，以加大对电池制造产业的支持力度。该州向来自盟国的金融企业承诺，州政府将努力避免关于外国所有权或利润汇回方面的设置限制。西澳大利亚州矿业和石油部部长 Bill Johnston 于 2022 年 9 月表示，电池矿产行业是该州未来发展一个重要的组成部分，特别是在矿产精炼和电池制造业的下游领域。②

虽然中澳两国政治关系回暖尚有待时日，但地方政府之间的交往近年来并未中断。例如，中国广东省与澳大利亚新南威尔士州于 2021 年成功举办第 28 次经济联席会议，广州和悉尼也庆祝了友好城市关系建立 35 周年。2021 年，新南威尔士州继续成为中国企业在澳大利亚矿业投资的第一目的地，吸引的中国矿业投资占中国对澳大利亚矿业总投资的近一半（49%），达到了 12.46 亿澳元。③ 2022 年 5 月，西澳大利亚州和中国浙江庆祝建立友好关系 35 周年，并且承诺将继续在产业、技术、新能源以及健康和生命科学领域合作，继续支持学校、商业委员会和政府机构之间的人文交流。④

此外，历届北领地州政府也一直在积极寻求加强与中国的关系，以开放的姿态欢迎中国投资者，支持"一带一路"建设。⑤ 但是，联邦政府的决策

---

① Peter Law, "Mark McGowan 'Personally Committed' to Helping Improve Australia's Relationship with China," The West Australian, https：//thewest. com. au/politics/mark－mcgowan/mark－mcgowan－personally－committed－to－helping－improve－australias－relationship－with－china－c－7128417.

② 《澳洲矿业大州西澳计划建设电池制造中心》，https：//baijiahao. baidu. com/s？id＝1745289491452848678&wfr＝spider&for＝pc。

③ KPMG, "Chinese Investment in Australia Pre-Mining Boom Levels," https：//home. kpmg/au/en/home/media/press－releases/2021/07/chinese－investment－australia－consolidates－pre－mining－levels－16－july－2020. html.

④ Government of Western Australia, "Media Statements-Western Australia and Zhejiang Celebrate 35 Years of Sister － State Relationship," https：//www. mediastatements. wa. gov. au/Pages/McGowan/2022/05/Western－Australia－and－Zhejiang－celebrate－35－years－of－Sister－State－relationship. aspx.

⑤ Michael Smith, "Northern Territory Seeks to Woo China on Business Visit," Financial Review, https：//www. afr. com/policy/foreign－affairs/northern－territory－seeks－to－woo－china－on－business-visit－20180831－h14rvj.

有时会对北领地州的事务产生一些干扰和影响。例如，2022 年 2 月，莫里森政府曾威胁会为了保护国家安全利益取消与中国岚桥公司签订的达尔文北部港 99 年的租约。与此类似，2021 年 4 月，尽管维多利亚州表示反对，但澳大利亚政府还是取消了 2018 年维多利亚州与中国签署的"一带一路"建设协议中的部分合作项目。[①]

2. 新西兰和其他岛国

1972 年，新西兰与中国正式建交。中国是新西兰最大的商品贸易伙伴。双边贸易额从 2008 年的 44 亿美元跃升至 2020 年的 181 亿美元。2021 年新西兰实现对华贸易总额 247.2 亿美元。[②] 随着中国不断开拓全球市场，新西兰为了争取更多合作，与中国升级了自由贸易协定，承诺为中国降低贸易壁垒、开放多个行业。[③]

在美国等国家对中国在太平洋地区影响力的扩大感到担忧时，2022 年 7 月，新西兰总理阿德恩指出，新西兰不会与美国结盟对抗中国。[④] 同年 8 月，阿德恩表示，尽管中新两国国情存在差异，中国对自身利益的追求不断扩大，但双方有着共同的利益，因此两国会抓住合作机会。[⑤] 但是，她也指出，中国 4 月与所罗门群岛签署了为期五年的合作协议，这确实是对新西兰安全的直接挑战，这样一来，"中国可以根据自身需要，在征得所罗门群岛

① Islamuddin Sajid, "Australia Hints at Possible Canceling of Darwin Port Deal with China," https：//www. aa. com. tr/en/asia-pacific/australia - hints - at - possible - canceling - of - darwin - port-deal-with-china/2506804.

② New Zeland Ministry of Foreign Affairs and Trade, "Key Facts on New Zealand-China Trade," https：//www. mfat. govt. nz/en/trade/free-trade - agreements/free - trade - agreements - in - force/ nz-china-free-trade-agreement/key-facts-on-new-zealand-china-trade/.

③ Laura Zhou, "New Zealand to Lower Barriers to Chinese Investment under Upgraded Trade Deal," https：//www. scmp. com/news/china/diplomacy/article/3167105/new - zealand - lower - barriers - chinese-investment-under-upgraded? module = perpetual_ scroll_ 0&pgtype = article&campaign = 3167105.

④ Nicholas Khoo, "New Zealand will not Join the US Coalition Against China Anytime Soon," *The Diplomat*, https：//thediplomat. com/2022/07/new - zealand - will - not - join - the - us - coalition - against-china-anytime-soon/.

⑤ "New Zealand will Continue to Cooperate with 'More Assertive' China, Ardern Says," *The Guardian*, https：//www. theguardian. com/world/2022/aug/01/new-zealand-china-jacinda-ardern.

同意的情况下，进行船舶访问，在所罗门群岛进行后勤补给，并在所罗门群岛进行中途停留和过渡"。① 总体上讲，新西兰维持了对华相对友好的态度，双方领导人和高级官员在多个场合实现会晤。

近些年，中国与大洋洲岛国贸易频繁，投资也从渔牧和采矿领域向其他领域拓展。中国外长王毅在 2022 年 5 月访问南太平洋国家时也提出要促进多边共同发展愿景，还提出建立中国—太平洋岛屿自由贸易区，到 2025 年，双边贸易额将在 2018 年的基础上翻一番。②

近年来，大洋洲岛国成为中美大国争夺的焦点。2022 年 9 月 28~29 日，美国政府在华盛顿举办了美国—太平洋岛国领导人峰会，拉拢岛国的意图明显。矿业日益成为大洋洲岛国国民经济的重要支柱。例如，矿业是斐济经济不可分割的一部分，黄金是该国最大的出口产品之一。其主要采矿品种包括黄金、白银。由于金属价格的上涨，斐济国内采矿活动日益活跃，加之对金矿和铜矿以及岩浆活动关系的认识加深，斐济最近的矿产勘探集中在环太平洋地区特别是斐济的年轻火山岩层。斐济的黄金生产主要集中在帝王金矿（Emperor Gold Mine），该金矿由瓦图库拉（Vatukoula）金矿公司所有，自 1935 年以来几乎连续生产。③ 图瓦图（Tuvatu）是一个低成本、高品位的地下矿山，位于斐济维提岛西海岸，距离纳迪国际机场约 17 公里，由加拿大矿产公司 Lion One Metals 所有。④ 过去 17 年来，该公司在斐济投资数百万美元。⑤ 斐济其他重要的矿藏包括 Mt Kasi 金矿（计划重新开始生产），以及目前正在勘探的 Cirianui 和 Dakunimba 金矿。檀香山东西方中心最近一项研

---

① Nicholas Khoo, "New Zealand Will Not Join the US Coalition Against China Anytime Soon," *The Diplomat*, https://thediplomat.com/2022/07/new-zealand-will-not-join-the-us-coalition-against-china-anytime-soon/.

② Henryk Szadziewski, "How China's Presence Has Grown in the Pacific in the Past Decade," https://360info.org/how-chinas-presence-has-grown-in-the-pacific-in-the-past-decade/.

③ Dome Gold Mines Ltd, "Mining in Fiji," https://domegoldmines.com.au/mining-in-fiji/.

④ Mining Technology, "Tuvatu Gold Project," https://www.mining-technology.com/projects/tuvatu-gold-project/.

⑤ Frederica Elbourne, "Fiji's Mining Prospectivity High: Berukoff," https://fijisun.com.fj/2022/03/20/fijis-mining-prospectivity-high-berukoff/.

究发现，在西南太平洋地区，斐济是获得矿产勘探和开发用地手续最为便利的国家之一。斐济政府根据英国法律制定了健全的采矿法和行政管理体系，采取合作和支持发展的态度，提供合理的矿区使用费和税收结构，以及可协商的税收优惠，以促进经济发展。

巴布亚新几内亚是第一个与中国签署"一带一路"合作谅解备忘录和合作计划的太平洋岛国，是中国在该地区最大的贸易伙伴、投资目的地和工程承包市场。2022年6月，王毅外长与巴布亚新几内亚总理詹姆斯·马拉佩和外长 Soroi Eoe 会面，双方同意牢牢把握全面战略伙伴关系定位，推动两国关系迈上更高水平。[①] 中方鼓励更多中国企业赴巴新投资兴业，助力巴新工业化，增强其自主发展能力。中方支持"2020~2040年巴新基础设施互联互通发展规划"和经济特区建设规划，力争共建一批互利共赢的标志性项目。[②]

矿产是巴布亚新几内亚经济的重要组成部分，长期以来一直是该国经济增长的支柱。出口的矿物包括金、铜、银、镍和钴。在巴布亚新几内亚，矿山遍布全国。除了全球矿业共同面临的挑战，在巴布亚新几内亚矿业企业还必须处理其他复杂问题，如平衡"政府的发展愿望""社会和自然资源所有者的需求""环境的可持续发展"之间的关系等。[③]

2022年5月，汤加国王图普六世与王毅外长会面，他表示汤加坚持"一个中国"的政策，期望与中国保持友谊，发展双边关系。中方也表示愿同太平洋岛国分享发展经验，为其提供人员、技术和资金支持，帮助其增强自主发展能力。[④] 汤加目前没有陆上采矿，但在近海发现了矿物，引起了国际矿业公司的兴趣。多年来，包括澳大利亚蓝水金属有限公司（Bluewater

---

① Ministry of Foreign Affairs of the People's Republic of China, "Wang Yi: Build a Higher Level of China-PNG Relations," https://www.fmprc.gov.cn/eng/zxxx_662805/202206/t20220603_10698501.html.

② Ministry of Foreign Affairs of the People's Republic of China, "Wang Yi: Build a Higher Level of China-PNG Relations," https://www.fmprc.gov.cn/eng/zxxx_662805/202206/t20220603_10698501.html.

③ PWC, "Mining," https://www.pwc.com/pg/en/industries/industries-mining.html.

④ Ministry of Foreign Affairs of the People's Republic of China, "King of Tonga Tupou VI Meets with Wang Yi," https://www.fmprc.gov.cn/eng/zxxx_662805/202206/t20220601_10697011.html.

Metals Pty Ltd）和韩国海洋学研究发展研究所（Korean Oceanography Research Development Institute）在内的一些国际机构获得了汤加勘探采矿许可证。汤加参与了欧盟资助的太平洋深海矿物项目（Pacific Deep Sea Minerals Project），该项目旨在帮助太平洋国家管理深海矿物储备。2008年，鹦鹉螺矿业公司（Nautilus Minerals）在汤加进行了深海矿产资源勘探，发现了 10 个新的海底硫化物系统，其中大多数是以锌为主的矿床。这些发现有望为汤加带来新的工业发展。2012 年，联合国分支机构国际海底管理局和鹦鹉螺矿业公司的子公司——汤加近海采矿公司——签署了一份为期 15 年的合同，勘探太平洋克拉里昂—克利珀顿断裂区的多金属矿产储量。[①]

中国帮助所罗门群岛促进社会发展，在其他领域的合作也不断深化。2022 年上半年，两国正式签署双边安全合作框架协议，将以尊重双方意愿和实际需求为前提，在维护社会秩序、保护人民生命和财产安全、人道主义援助、自然灾害应对等领域开展合作。[②]

（二）法律法规环境

1. 澳大利亚

澳大利亚对矿产资源实行联邦和州分权管理，涉矿立法也分为联邦和州两级。联邦主要负责海上石油立法、环境立法以及对外投资等矿业政策协调与发展相关的立法、限制矿产出口等。各州和地区管理各自司法管辖区内的矿业活动，负责土地产权和监管矿山运营情况包括矿山安全、环境、健康，征缴权利金和税费等。各州/地区有各自独立的矿业立法和海上矿产立法。

---

① Commonwealth Network, "Find Mining Expertise in Tonga," https：//www. commonwealthofnations. org/sectors-tonga/business/mining_ and_ minerals/#.

② Ministry of Foreign Affairs of the People's Republic of China, "Wang Yi on China-Solomon Islands Bilateral Security Cooperation," https：//www. fmprc. gov. cn/eng/zxxx_ 662805/202206/t20220603_ 10698478. html.

（1）联邦立法

澳大利亚外交事务与贸易部网站明确指出，澳大利亚欢迎外来投资，但是为了维护自己国家的利益以及促进关键性基础设施建设的发展，自2021年1月开始，澳大利亚关于外国投资框架的立法修正案生效，主要包括三项内容：一是对涉及国家安全或土地投资的公司进行安全检测；二是加强合规性和合法性检测；三是简化投资非敏感业务的外国投资者的审查程序。①

澳大利亚外国投资框架修正案规定，对所有外国投资者来说，收购的采矿或生产物业的权益位于涉及国家安全的土地均需要获得批准；收购采矿、生产或勘探实体证券中10%以上的权益是一项应通知政府的重大行为，无论价值如何。对于私人投资者来说，收购采矿、生产或勘探实体的证券，根据情况可能被判定为属于应通知的收购行动和/或重大的收购行动。从最新的发展趋势来看，在澳大利亚进行矿业投资的程序越来越复杂。

（2）各州立法②

新南威尔士州。在该州进行矿业开采目前依照的法律还是1992年的《采矿法案》和1991年的《陆上石油法案》。此外，在近年来修订的法案中，与采矿相关的有2021年的《煤炭和天然气立法修正案》、2021年的《陆上石油法案》修正案（取消僵尸石油勘探许可证）和2021年的《环境保护业务（清洁空气）修正案》。

北方领土地区。截至2022年5月，在北领地进行矿业开采需要履行的法律有1953年的《矿产（收购）法》、1968年的《采矿法》、1992年的《麦克阿瑟河项目协议批准法》、1998年的《梅林项目协议批准法》、2001年的《采矿管理法》和《采矿管理条例》、2011年的《矿产所有权法》，近几年未新增与采矿业相关的法律规则。③

---

① Department of Foreign Affairs and Trade, "Australia's Foreign Investment Policy," https：// www. dfat. gov. au/trade/investment/australias-foreign-investment-policy.

② Australia Minerals, "Legislation, Regulations and Guideline," https：//www. australiaminerals. gov. au/legislation-regulations-and-guidelines#leg.

③ North Territory Government, "Mineral and Energy Resources," https：//nt. gov. au/industry/ mining-and-petroleum/mineral-and-energy-resources.

昆士兰州。2019 年后尚未大幅调整采矿相关法规，目前还是遵循 1989 年的《矿产资源法》、2014 年的《矿产和能源（共同条款）法》、2013 年的《矿产资源条例》和 2016 年的《矿产和能源资源（共同条款）条例》。

南澳大利亚州。依照的法律主要是 1971 年的《采矿法》、2012 年的《猫眼石采矿法规》、2020 年相关的采矿法规和 2013 年的《矿山和工程检查法规》等。① 在矿业法之外，南澳大利亚州能源和矿业部作为监管机构，还出台了一系列矿产勘探活动的管理和监管政策。②

塔斯马尼亚州。主要的矿业相关法规包括 1993 年的《采矿（战略远景区）法》、1995 年的《矿产资源开发法》和 2016 年的《矿产资源条例》三项法律。

维多利亚州。主要的矿业相关法规包括 1990 年的《矿产资源（可持续发展）法》、2019 年的《矿产资源可持续发展（矿产工业）条例》和 2019 年的《矿产资源（采掘业）条例》。③。

西澳大利亚州。目前仍然在使用 1978 年的《矿业法》。但是采矿相关政策中还有对土著遗产保护的规定以及与环境监管、工作健康和安全相关的法律等。

此外，在采矿业法律方面，澳大利亚 2022 年一个较大的变化是：从 2022 年 7 月起，澳大利亚向外国投资者收取的投资申请费翻倍，相关罚款也会增加。澳大利亚政府表示，这项改动的目的是把本国利益放在首位，澳大利亚欢迎外国投资，但要确保澳大利亚人民从外国投资中受益。④⑤ 澳大

---

① Government of South Australia, "Legislation ｜ Energy & Mining," https：//www. energymining. sa. gov. au/industry/minerals-and-mining/forms-legislation-and-guidance/legislation.

② Government of South Australia, "Policies ｜ Energy & Mining," https：//www. energymining. sa. gov. au/industry/minerals-and-mining/forms-legislation-and-guidance/policies.

③ Victoria State Government, "Legislation-Earth Resources," https：//earthresources. vic. gov. au/ legislation-and-regulations/legislation.

④ Treasury Ministers, "Increase to Foreign Investment Fees and Penalties," https：//ministers. treasury. gov. au/ministers/jim-chalmers-2022/media-releases/increase-foreign-investment-fees-and-penalties.

⑤ Dominic Giannini, "Hike to Foreign Investment Fees, Penalties," Lismore City News, https：//w ww. lismorecitynews. com. au/story/7829754/hike-to-foreign-investment-fees-penalties/.

利亚的外国投资审查由外国投资审查委员会（FIRB）执行，该机构是成立于1976年的一个非法定机构，旨在就澳大利亚的外国投资政策及其管理向财政部部长和政府提供建议。

2. 新西兰与岛国

采矿业是新西兰重要的经济产业，但在采矿过程中可能导致环境破坏。如陆地上和水中的化学污染、水道中的沉积物和河岸植被的丧失等潜在负面影响都与采矿直接相关。新西兰特别关注本国湖泊和河流的污染问题。近年来，采矿和新矿的获批一直在新西兰国内备受争议。一方面，许多人依靠矿业获得就业机会，享受经济增长带来的福利；另一方面，环保组织呼吁尽量减少采矿业带来的影响，并推动矿区的环境修复。此外，越来越多的行业转向使用可靠的可再生能源，以避免缴纳碳税，并保证能够获得可持续的能源供应。[①] 2021年，新西兰还修订了《皇家矿物修正法》，涉及矿山的退役和其他事宜。

在巴布亚新几内亚，1992年的《采矿法》是任何投资者在从事采矿和相关业务之前必须熟悉的原则立法，与1977年的《采矿安全法》等其他立法共同发挥作用。此外，2005年的《矿产资源管理法》是在巴布亚新几内亚进行矿业投资需要关注的重要法律。2020年，巴布亚新几内亚议会通过了一系列针对采矿、石油和天然气行业的修正案，分别修订了1992年的《采矿法》和1998年的《石油与天然气法》。修正案规定巴布亚新几内亚的每个矿山都必须提供矿产生产、开采和销售的"实时数据"，并且必须向矿产资源管理局提交所有矿产和地质数据和信息。[②]

斐济的采矿业主要由矿产资源部（MRD）管理，相关法律包括《矿产（勘探和开采）法》。此外，斐济还制定了海上采矿政策，以管理海上矿产资源的勘探和开采，矿产资源部负责颁发勘探许可证。此外，在斐济进行矿

---

① Statista, "Mining Industry in New Zealand-Statistics & Facts," https：//www.statista.com/topics/5341/mining-industry-in-new-zealand/#topicHeader wrapper.

② Sarah Kuman, "Analysis：Amendments to Papua New Guinea's Mining Act and Oil and Gas Act," https：//www.businessadvantagepng.com/analysis-amendments-to-papua-new-guineas-mining-act-and-oil-and-gas-act/.

业投资还要了解相关投资政策，包括《投资政策声明》（IPS）、矿业监管政策采矿法案和法规、采石场法案、爆炸物法案等。①

汤加近年来矿业法律没有较大改变，目前主要沿用 1949 年的《矿产法》、1970 年的《石油采矿法》、1985 年的《石油采矿条例》、2014 年的《海底矿产法》。汤加有关自然资源和环境保护的相关规定有 2005 年的《垃圾管理法案》和 2010 年的《环境管理法案》等。②

随着矿业作为新兴产业不断发展，所罗门群岛在努力推动采矿业的可持续发展。自 1996 年以来，所罗门群岛的矿业法规并未发生重大调整。近年来，通过制定《国家矿产战略》，所罗门群岛希望能够避免重蹈伐木业的覆辙，也避免出现其他太平洋岛国采矿业遇到的问题。《国家矿产战略》强调要在商业收益、地方效益、环境和社会风险等方面实现平衡。③ 2021 年 11月，世界银行批准 500 万美元支持所罗门群岛进行可持续矿业发展技术项目。该项目基于此前支持所罗门群岛改善采矿业监管和透明度的工作，旨在协助所罗门群岛实施国家矿产政策，提高采矿作业的透明度和效率，解决采矿业长期存在的问题。

（三）社会人文环境

1. 澳大利亚

近年来，非政府组织特别关注采矿安全和职业伤害问题，强调通过技术手段和管理提升，努力实现采矿作业的零伤害。④ 澳大利亚的非政府组织还高度关注矿业开发对环境和社区造成的影响，而且由于澳大利亚

---

① Sustainable Development Knowledge Platform, "3.0 Mining," https：//sustainabledevelopment. un. org/content/documents/dsd/dsd_ aofw_ ni/ni_ pdfs/NationalReports/fiji/Mining. pdf.

② Secretariat of the Pacific Regional Environment Programme (SPREP) and EDO NSW, "Tonga: Environmental Legislation Review," https：//www. sprep. org/attachments/Publications/EMG/ sprep-legislative-review-tonga. pdf.

③ Ministry of Mines, Energy and Rural Electrification, Solomon Islands, "National Minerals Policy," https：//solomons. gov. sb/wp-content/uploads/2020/02/National-Minerals-Policy. pdf.

④ CSIRO, "Towards Zero Harm," https：//www. csiro. au/en/work – with – us/industries/mining – resources/resourceful-magazine/issue-19/towards-zero-harm.

的历史因素等，涉及土著居民的采矿问题一直是高度敏感的问题。对环境影响的关注中，矿业社会许可证所考虑的内容日益丰富，包括但不限于采矿对地下水和地表水系统的影响、矿区的脆弱性、与社区争水和争地问题、退役矿山和矿企管理、采矿中的水文地质力学过程、采矿的累积影响等问题。①

澳大利亚矿产理事会（Minerals Council of Australia）对外国企业在澳矿业投资对提高人民生活水平、创造就业等方面的贡献表示肯定，支持开放的国际市场、自由贸易和跨境投资，并倡导贸易、投资和国际经济参与要给所有澳大利亚人带来好处。② 中国是澳大利亚矿产重要的出口目的地。澳大利亚媒体对中国疫后的经济复苏表现出了相对乐观的态度，高度期待中国企业和客户的到来。普华永道的高级顾问 Tom Parker 在《澳大利亚矿业》上发表文章探讨 2022 年及以后中澳矿业贸易发展方向，他指出，中国"可能通过重大刺激措施，加快增长，摆脱新冠疫情的约束"，这与阻碍美国和欧洲经济增长的通胀和地缘政治压力形成鲜明对比。澳大利亚矿业公司可能是中国经济复苏的主要受益者。"金属市场目前在供求方面处于紧张的平衡状态，在长期投资不足之后，任何大宗商品的剩余产能都十分有限。金属库存仍然处于低位。尽管来自西方的需求可能会减弱，但市场供应仍然吃紧，中国需求的任何增长都会对矿产品市场形成有力支撑。"③

2. 新西兰与岛国

当前，注重环保已经成为全球采矿业发展的重要趋势之一，许多国家纷纷制定了相关法律规定。新西兰民众一方面享受采矿业带来的利益，另一方面希望本国的环境不会被采矿业过多破坏。2022 年，因新西兰政府将

---

① CSIRO, "Environmental Science and Engineering in Mining," https：//www.csiro.au/en/work-with-us/industries/mining-resources/social-and-enviromental-performance/environment.

② Minerals Council of Australia, "Trade and Investment," https：//www.minerals.org.au/trade-and-investment.

③ Tom Parker, "Australian Miners to Benefit from China Stimulus," Australian Mining, https：//www.australianmining.com.au/news/australian-miners-to-benefit-from-china-stimulus/.

一部分需要用于生态保护的土地用作采矿等商业用途，未能履行《土地保护法》的要求，环保人士和以绿党为代表的在野党对执政党工党提出抗议，对工党为了经济利益一再侵占生态涵养土地的行为表示不满。① 此外，企业为获得更多矿产开始将目光从陆地采矿转向了海洋采矿，社会组织对此表示了高度关注和担忧。为了生态和文明发展，以土著毛利人为代表的毛利党和绿党等人士持续给工党施加压力，希望禁止海底矿产开发。② 持这种观点的人在新西兰不在少数。2021 年 10 月，新西兰最高法院驳回了 Trans Tasman Resources 公司希望在南塔拉纳基海床进行采矿的申请。当地毛利人领袖敦促新西兰政府禁止海底采矿，以保护太平洋环境和生物。③

巴布亚新几内亚同样对深海采矿的负面作用保持警惕。例如，巴布亚新几内亚和受深海采矿影响的其他太平洋国家民间人士组成了一个反采矿联盟组织——"索瓦拉战士联盟"，经常组织反对深海采矿的抗议运动。该组织的参与者包括巴布亚新几内亚教会理事会、国际和当地环境民间社会组织、受过教育的精英、当地社区组织和一些支持禁止深海采矿的政治家。④ 此外，2019 年由哥伦比亚大学等著名高校学者撰写的一份报告指出，巴布亚新几内亚 Porgera 金矿的开采对当地社会、环境、经济和健康造成消极影响，受采矿影响的社区无法获得安全的饮用水，而且采矿对当地民众的人身安全

---

① Isobel Ewing, "Government Accused of Failing to Follow Conservation Law with Stewardship Land Review," Newshub, https://www.newshub.co.nz/home/politics/2022/09/government-accused-of-failing-to-follow-conservation-law-with-stewardship-land-review.html.

② NZ Herald, "Māori Party, Greens Pressure Labour over Seabed Mining Ban," https://www.nzherald.co.nz/nz/maori-party-greens-pressure-labour-over-seabed-mining-ban/55XFY24CGVJEM7KDL4UGDWBC44/.

③ Newhub, "NZ Government Urged to Ban Seabed Mining for Pacific's Sake," https://www.newshub.co.nz/home/new-zealand/2021/10/nz-government-urged-to-ban-seabed-mining-for-pacific-s-sake.html.

④ Civicus, "Papua New Guinea: 'If We Allow Seabed Mining Everyone Is at Risk'," https://www.civicus.org/index.php/media-resources/news/interviews/4275-papua-new-guinea-if-we-allow-seabed-mining-then-we-may-just-call-for-the-end-of-humanity.

和社会、经济权利构成直接威胁。①

随着斐济采矿活动的增加，投资者和当地群众之间在平衡相关利益和需求方面的关系日趋紧张。采矿公司通常被描述为资源掠夺者，给人类的生存环境造成永久性破坏，甚至威胁人类自身和子孙后代的人身安全，因此受到非政府组织和当地社区的抵制。政府被夹在两者中间，试图平衡经济发展、环境保护和社会团结稳定间的关系。②

作为岛国，汤加更注重深海采矿造成的相关影响。2020 年的国际海洋日和 2020 年 11 月，汤加民间社会论坛发表了保护海洋环境的声明，呼吁暂停深海采矿 10 年，以保护环境，否则采矿行为将对深海生物多样性产生严重且持久的影响。③

（四）媒体舆论环境

1. 澳大利亚

澳大利亚媒体对外国投资普遍持欢迎态度，认为澳大利亚不应错过从中国的疫后经济复苏中受益的机会，但也支持加强矿产供应链和产业链的韧性。《澳大利亚金融回顾》（*Australian Financial Review*）提出很多关于投资和局势的分析与建议，包括澳大利亚应在开拓国际市场和实现出口目的地多元化的同时，恢复中澳友好关系等。

代表澳大利亚各行业以及普通群众的非主流媒体、自由撰稿人等人群的观点较为分散，但大多数支持外商投资矿业、促进后疫情时期的经济复苏。尤其是矿产资源丰富的西澳大利亚州地区人民更希望成立自己的矿企或合作

---

① Advanced Consortium On Cooperation, Conflict, And Complexity, "Mining Pollution Limits Access to Clean Water in Papua New Guinea," Columbia Climate School, https：//news. climate. columbia. edu/2019/03/15/mining-pollution-papua-new-guinea/.

② Glenn Finau, "Mining and Community Resistance in Post-Coup Fiji," https：//www. researchgate. net/publication/330989118_ Mining_ and_ community_ resistance_ in_ post-coup_ Fiji.

③ Mining Watch Canada, "Civil Society of Tonga Speaks Out Against Plans to Mine the Deep Sea," https：//miningwatch. ca/blog/2020/6/8/civil-society-tonga-speaks-out-against-plans-to-mine-deep-sea.

型企业，从而获得更多好处。

有专家分析指出，中澳两国不仅需要维持矿业合作关系，而且需要更深入地理解对方国家的政治、历史、文化等，以期更好合作。① 不过，也有媒体人对中澳关系恢复信心不足，认为不一定能恢复到此前的水平。随着澳中贸易关系降温，澳大利亚将需要寻找其他的矿产出口目的地。2021 年，虽然澳大利亚仅向中国出口了 7.05 亿吨铁矿石，但与对其他国家出口相比，这一出口量仍要多出几个数量级。②

西澳大利亚州和昆士兰州出现了前所未有的项目开发热潮。炼钢矿物的供应增加导致大宗商品价格下降，尤其是铁矿石价格。这缓解了铁矿石价格过高可能导致的中澳关系紧张问题。也有媒体指出，澳大利亚的企业高管对中国的情况不够了解，这影响了企业的投资和销售决策。③

2. 新西兰

英国《卫报》在 2021 年刊登的报道中，借用新西兰外交部部长纳纳娅·马胡塔的话指出，新西兰的贸易高度依赖中国，其不能像澳大利亚一样同中国发生贸易战。况且新西兰发现，中国目前正在积极开拓在巴西、非洲等地的矿业，或许会对在大洋洲的矿业投资造成打击。新西兰为了避免这一情况，多次声明要与中国发展"不断成熟"的双边关系。④ 新西兰欢迎外国投资者投资包括海洋采矿、农业、可再生能源（尤其是潮汐能）等产业，新西兰在这些方面的潜力巨大。⑤ 不过，新西兰政府对《1991 年皇家矿产

---

① Robert Walters，"Sino - Australian Relationship and the Mining Industry," https：//www. robertwalters. com. au/hiring/hiring-advice/Sino-Australia-relationship-overview. html.

② JP Casey，"Beyond China：Potential Trading Partners for Australian Minerals," Mining Technology，https：//www. mining-technology. com/analysis/australian-chinese-minerals/.

③ Robert Walters，"Sino - Australian Relationship and the Mining Industry," https：//www. robertwalters. com. au/hiring/hiring-advice/Sino-Australia-relationship-overview. html.

④ "'A Matter of Time'：New Zealand's Foreign Minister Warns China 'Storm' Could be Coming," *The Guardian*，https：//www. theguardian. com/world/2021/may/25/a - matter - of - time - new - zealands-foreign-minister-warns-china-storm-could-be-coming.

⑤ Legal Team New Zealand，"Industries Fueled by Foreign Direct Investment in New Zealand," Biz Latin Hub，https：//www. bizlatinhub. com/industries - fueled - foreign - direct - investment - new - zealand/.

法》提出了一项修订法案，但新西兰矿物和采矿部门的行业协会代表表示，该法案中有反矿业的倾向，政府应该促进新西兰优秀的采矿业，而不应该用反矿业的论调吓跑潜在投资者。①

四　大洋洲矿业发展环境展望

在矿业发展环境方面，大洋洲的各国表现出不同的特点。采矿业高度发达的澳大利亚在绿色和低碳采矿、环境保护、与土著人和其他利益相关方关系等方面表现了更多的关注。并且，澳大利亚对外资矿业企业，尤其是外资国有企业的准入审批也更加严格。相比之下，采矿业不甚发达的新西兰和其他岛国则在个别稀有矿产开采方面有所推进，并且开始关注海底采矿等活动对环境造成的影响。未来一段时间，大洋洲的矿业发展环境可能呈现以下几个趋势。

（一）矿产企业经营成本将进一步上涨

近年来，澳大利亚的矿产企业在税收、用工等方面面临许多压力。一方面，为了抓紧抢占市场份额，多家企业快速布局锂等关键金属的开发和加工设施，但受到疫情带来的熟练工人短缺、原矿价格上涨等不利因素影响，多个项目被迫延期投产。此外，企业不断呼吁减轻税费负担。澳大利亚矿业委员会（MCA）警告说，澳大利亚需要更多的投资，而不是增加税率。在该委员会委托安永公司完成并发布的一份报告中，在澳矿业公司税负和特许权使用费的支出创历史新高。报告还指出，在过去10年（2011~2012年度至2020~2021年度），采矿业为澳大利亚贡献了2540亿美元的公司所得税和特许权使用费。预计在2021~2022年度，随着矿业出口收入的增长，对矿业公司的税收和特许权使用费还将继续增加。②

---

① Straterra, "Government Should Promote New Zealand's Excellent Mining Industry," Scoop, https：//www. scoop. co. nz/stories/PO2302/S00063/government-should-promote-new-zealands-excellent-mining-industry. htm.

② Ray Chan, "MCA Rejects Calls for Resources Super Tax," https：//www. australianmining. com. au/news/mca-rejects-calls-for-resources-super-tax/.

（二）企业发展面临更多外部约束

针对外国矿产企业的投资审查短时间内恐难放松。2022 年 6 月，美国、澳大利亚、加拿大、芬兰、法国、德国、日本、韩国、瑞典、英国和欧盟国家建立"矿产安全伙伴关系"，旨在加强关键矿产供应链，保障对清洁能源和其他技术至关重要的关键矿产的供应。[1] 矿产企业在澳大利亚面临的排放和社会责任问题更加突出。随着全球各行业低碳转型的深入推进，矿产企业的转型也在所难免。必和必拓等知名矿产企业纷纷高调宣传减少温室气体排放的举措。未来，矿产企业不仅作为提供能源转型关键矿产的主力军，而且也将作为减排的重要对象备受关注。此外，由于大洋洲特有的土著居民问题，企业社会责任日益受到重视。力拓集团发布了关于社区和社会绩效实践的第二份进展报告，其中包含传统所有者的直接反馈，并详细介绍了公司为重建与土著人和外部利益相关者之间关系所采取的行动，以及企业的员工、传统所有者和其他利益相关方共同改善社区关系和社会绩效的实践和成果。[2]

（三）围绕深海采矿的讨论将不断升温

深海采矿目前引起了广泛的关注。其实，深海采矿不是一个全新的话题，早在 1997 年，巴布亚新几内亚就向鹦鹉螺矿业公司颁发了世界上第一个海底勘探许可证。一方面，深海采矿潜力巨大。例如，位于太平洋东部海域的克拉里昂-克利珀顿区蕴含重要矿物，面积超过 450 万平方公里；另一方面，海底开采过程成本高昂，极具挑战性，因为开采设备必须在深海水域作业，而且勘探地点偏远，人类对于深海生态系统的知识尚存在严重的空

---

[1] US Department of State, "Minerals Security Partnership," https：//www. state. gov/minerals - security-partnership/.

[2] Ray Chan, "Rio Progresses on Communities and Social Performance," Australian Mining, https：//www. australianmining. com. au/news/rio - progresses - on - communities - and - social - performance/.

白，因此，深海采矿有可能对脆弱的深海生物造成不可逆转的损害，并可能在已经受到损害的生态系统中引发前所未有的连锁反应。故此，澳大利亚等国的渔业法律明确禁止深海采矿，但巴布亚新几内亚等小国为了发展的需要，却为国际大型矿产企业颁发勘探许可证，为此引起了各种争议和抗议。[①] 在全球能源转型导致对关键矿产需求激增的情况下，可以预见，未来对于通过深海采矿以缓解关键矿产供应不足的讨论还将继续升温。

五　总结

大洋洲是全世界矿产最为丰富的地区之一，是吸引海外矿业投资的重要目的地。2022年，澳大利亚的矿业投资整体上呈现缓慢增长态势，新西兰和岛国有少量项目启动。由于中澳关系尚未走出低谷，2022年尚未出现较大规模的中国对澳矿业投资项目。中国对澳矿业投资项目一方面来自在澳已有矿产项目的扩建，另一方面来自产业链下游的延伸。全球能源转型给矿产开发和出口带来了巨大的潜在机遇。

随着疫后经济复苏的到来，大洋洲各国对外国投资者总体上呈欢迎和期待态度。然而，在"双碳"逐步转变为各国国内政策的大背景下，矿产行业在为能源转型提供关键矿产的同时，其自身的绿色低碳发展日益受到各方关注。与此同时，大洋洲独有的矿业与土著人以及其他利益相关方关系、矿产开发与海洋环境保护关系等方面的张力仍将持续存在。未来，外国矿产企业在大洋洲进行矿业投资时，需要在以下几个方面做出努力。

（一）提前仔细研判，采取综合手段降低企业成本

近年来，在全球各主要矿产国从事矿业发展的成本都有所提高，澳大利亚也不例外。外国企业应对此有心理准备。一方面，这是矿业发展周期的产

---

① Pacific Peoples' Partnership, "Deep-Sea Mining in Tonga, Nauru and Kiribati," https://pacificpeoplespartnership. org/deep-sea-mining-in-tonga-nauru-and-kiribati/.

物。随着近年来金属矿产价格的攀升和新探明储量的增加，东道国希望获得更多收益，这是矿产的自身特点使然。另一方面，受到疫情和俄乌冲突的影响，各国普遍面临日益增长的通胀、熟练工人短缺等压力，加之矿产勘探、开发和加工技术等原因，新建金属采矿和加工设施的成本不断增加。虽然尽快投产可抓住市场先机，从而获得高额利润，但全球矿业产能短时间内很难满足能源转型所需的关键矿产需求。企业应侧重选择更加稳妥谨慎的投资和发展策略，以期将成本控制在合理范围内。

（二）高度重视外部环境变化，推动企业本地化

随着各国对关键矿产的争夺不断加剧和关键矿产问题日益被政治化，对外国矿产企业投资的审查短时间内恐难放松。中国企业在大洋洲投资矿业应更多采取联合投资的方式，以淡化所在国因素。在大洋洲，矿产企业需要根据当地的资源禀赋因地制宜地发展自备电厂，促进采掘和运输设备的电气化，监测各生产环节的温室气体排放，以开放透明的态度披露企业减排情况。此外，矿产企业应充分了解当地的社会文化环境，在此基础上努力融入和促进当地社区的发展，做好项目全生命周期的 ESG 工作。

（三）率先布局，探索矿业前沿科技

由于得天独厚的海洋优势，大洋洲国家尤其是岛国对于通过发展海底采矿促进本国经济社会发展具有普遍需求，但保护海洋环境同样是这些国家政府、民众和社会组织高度关注的问题。矿产企业应对于海底采矿（含深海采矿）等前沿领域保持持续关注，通过技术开发和小规模试点等方式积累经验，努力探索采矿和海洋保护双赢的发展路径。同时，应加大海底采矿、电气化采矿等新一代采矿设备的开发力度，在绿色、低碳、环保采矿的前沿领域增强硬实力。

专题报告篇

Special Reports

地缘政治与矿业国际合作：
以俄罗斯为例

寇静娜*

摘　要： 金属和化石能源矿产是能源安全和关键技术突破的重要资源，俄
罗斯作为全球矿产资源的重要出口国，在全球此类矿产资源博弈
中占有很大优势。俄乌冲突后俄矿产资源遭到美欧联合制裁，引
发俄对包括欧洲在内的传统市场出口的动荡和受限，为此俄罗斯
展开系列调整行动，亚洲东部成为其重点关注区域。与此同时，
中国作为全球最大工业制造国和能源消费及进口国，需要保障矿
产资源进口的安全稳定，为此中俄呈现强烈的合作互补需求。在
疫情后全球去中心化时代，双方基于现有各自国情，探索更具有
实际操作价值的合作模式和框架，成为满足各自战略诉求的现实
选择，而中国需要在此进程中进一步争取主动权。

* 寇静娜，太原理工大学经济管理学院副教授、硕士生导师，研究方向为能源治理与能源转
型战略。

关键词： 俄罗斯　矿产资源　能源出口　俄乌冲突　中俄合作

　　2022 年初俄乌冲突爆发以来，欧亚大陆呈现全新的地缘政治格局，基本彻底打破了冷战后俄欧之间的微妙平衡，尤其是德国和俄罗斯之间几十年形成的稳定地缘经济关系被破坏。至关重要的变化表现在以能源为主的矿产资源供需关系方面。高度依赖俄罗斯油气供应的欧洲正在尽力摆脱自俄的能源进口，探索其他保障能源供应安全的可能性；这一变化促使俄罗斯加速了向亚洲市场倾斜的转变，包括中国、日本、韩国及印度在内的多国与俄进出口贸易增长迅猛，其中最核心的就是矿产资源。

　　矿产资源不仅包括煤炭、石油及天然气等能源矿产，还有金属与非金属矿产，随着全球以可再生能源为主的能源转型加速，储能电池、新能源汽车、光伏硅晶面板等关键清洁能源装备所需的金属矿产资源也变成各国能源竞争的重要资产，不仅会产生众多地缘政治影响，而且将重塑国际能源关系。

　　俄乌冲突使全球面临长周期的复杂、未知、动荡前景，能源转型正沿着整个化石燃料和关键金属矿产价值链产生连锁反应。本文关注作为全球能源矿产与关键金属矿产资源聚集地的俄罗斯，矿产资源贸易不仅是俄罗斯国民经济的重要组成部分，更是其对外战略博弈的关键工具。俄乌冲突导致其相关资源出口受到巨大影响，在对这一变化背后原因进行梳理分析的基础上，本文将针对中俄矿产资源的合作机遇提出看法和相关建议。

一　俄罗斯矿产资源的基本情况

　　作为矿产资源大国，俄罗斯拥有元素周期表上全部矿物质种类的开采能力，是全球少有的能够实现矿产资源自给自足的国家；更重要的是其可对外出口核心关键矿产资源，从而对矿产资源进口国产生影响，进一步形成政治经济工具。在现有国家资源基础上，俄罗斯特别划分出一种矿产类型即战略矿产，具体定义为"反映国家地缘政治利益、对确保国家经济发展、国防和安全具有特别重要意义的矿产"。[①] 其中主要包括镍、铂族金属、石油和天然气等，这些都是对工业制造具有重要影响的关键金属矿业和化石能源矿产。

（一）能源矿产

能源矿产作为一种燃料矿产，是矿产资源中的一类，是赋存于地表或者地下，由地质作用形成固态、气态、液态的，具有实际或潜在经济价值的天然富集物。俄罗斯于1721年发现顿巴斯煤田，并进行开采，距今已有300年的历史，是全球煤炭、石油及天然气资源最大出口国，截至2019年底，俄已探明煤炭储量为1621.66亿吨，排名世界第二，煤炭产量约占世界煤炭产量的5.5%，[②] 俄罗斯的煤炭分为褐煤（53%）、硬煤（44%）（其中的40%适合炼焦，不仅储量大，而且品种齐全）、无烟煤（3%），这些煤炭大部分储存在亚洲地区，以西西伯利亚东南部、萨哈共和国中南部和远东切尔斯基山脉地区为主。其中，最核心的开采区位于西西伯利亚的库兹巴斯煤田，这里煤炭储量高，开采条件好，基础设施齐全，也是俄出口煤的主要生产基地。[③] 库兹巴斯、坎斯克—阿钦斯克、伯朝拉和顿巴斯四大煤田作为主产区，其煤炭产量合计占全俄煤产量的80%以上。其中库兹巴斯煤田产量最大，长期占总产量的60%以上，这里也是俄罗斯最大的炼焦煤生产基地，炼焦煤产量占全俄的85%左右。

欧盟进口俄罗斯煤炭所占比重从1990年的10%上涨到2021年的45%，对俄煤炭进口的依赖性显著增强。其中，高达70%的煤炭用途是发电和取暖，德国、波兰、意大利和荷兰是对俄罗斯煤炭依赖度最高的国家，从俄罗斯进口的煤炭占到了本国总进口煤炭量的65%以上。图1是俄罗斯2017~2021年煤炭产量、消费量及出口量，可以看出俄煤炭年产量均在4亿吨以上，2018

---

① 隋延辉、张雅丽：《俄罗斯战略矿产分类、战略矿床保护及稀缺种类解决途径》，《矿产勘查》2022年第1期。

② 李富兵、申雪、李龙飞、李耕宇：《俄乌冲突对中俄油气合作的影响》，《中国矿业》2022年第8期。

③ 柯彦、赵冠一、王雷：《碳中和背景下俄罗斯煤炭出口趋势研究》，《煤炭经济研究》2021年第11期。

年达到这五年的最高生产量；煤炭消费量波动不大，2021年消费总量最高，为2.83亿吨；由于自身丰富的煤炭资源，俄完全可以满足所有煤炭需求，出口量则随着产量的变化而有所变化，出口总体呈现下降的趋势，尤其在2022年俄乌冲突影响下，俄罗斯对欧煤炭出口受到更为严重的影响。

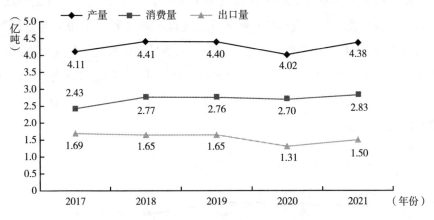

图1　俄罗斯2017～2021年煤炭产量、消费量及出口量

资料来源：笔者根据BP世界统计年鉴综合整理得出，https：//www.bp.com/content/dam/bp/business-sites/en/global/corporate/pdfs/energy-economics/statistical-review/bp-stats-review-2021-full-report.pdf。

石油作为第二次工业革命的重要能源燃料，至今仍然是全球发展所依赖的核心能源之一。俄罗斯石油储量丰富，开发历史悠久，主要分布在东欧平原和西西伯利亚平原，现主要有三大油田，其中位于西西伯利亚盆地中央部位的萨摩特洛尔油田，是仅次于沙特阿拉伯加瓦尔的全球第二大油田；西西伯利亚中北部的秋明油田目前是俄罗斯第二大油田；里海西岸阿谱歇伦半岛南部的巴库油田是世界上第一个炼油厂所在地，在20世纪初其产量曾排名全球第一。截至2020年底，俄石油探明储量为147亿吨，占世界已探明石油总储量的6.2%，世界排名第六。作为全球第三大石油生产国，欧盟每年从俄罗斯进口石油的总额约为49.7亿美元，其近30%的原油和近25%的成品油来自俄罗斯，相当于每天从俄罗斯进口270万桶石油，进口渠道主要以管道运输和海运为主。德鲁巴输油管连接欧洲和俄罗斯，分为南北两段，向北通往德国和波兰等欧洲北部的国家，向南则通往匈牙利、捷克等国。除此之外，还利用大型货船进行海上运输，俄罗斯有三个石油出海港口，分别位于波罗的海、黑海和俄罗斯东部港口。德国、荷兰与波兰是从俄罗斯进口石油最多的国家，占整个欧盟进口俄罗斯石油比例的一半以上，尤以德国最多，图2展示了俄罗斯2017~2021年的石油产量、消费量及出口量情况，可以看出俄石油产量一直维持在每年5亿吨以上的水平，自2020年开始下降后直至2021年还未恢复至以往的水平，消费量同样如此，每年消费总量基本维持在2.5亿吨以上。由于产量远高于消费量，石油出口成为俄最优选择，但近年来俄罗斯石油出口在国际冲突影响下并不乐观，下一步能否继续增长取决于周边国家的形势与需求。

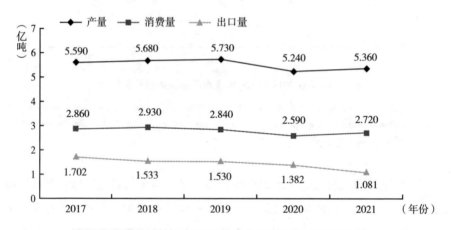

图2 俄罗斯2017~2021年石油产量、消费量及出口量

资料来源：笔者根据BP世界统计年鉴综合整理得出，https：//www.bp.com/content/dam/bp/business-sites/en/global/corporate/pdfs/energy-economics/statistical-review/bp-stats-review-2021-full-report.pdf。

俄罗斯同时也是全球最大天然气出口国，拥有世界上最大的天然气储量，储存方式主要以枯竭油气田和含水层为主，近年来又增加了地下盐穴储气的探索发展。BP公司发布的年度报告显示，截至2021年底，俄罗斯已探明天然气储量37.4亿立方米，占世界探明天然气储量的1/5左右，排名全球第一。俄罗斯天然气的生产核心地区位于西西伯利亚，该地区天然气储量

占全俄天然气储量的六成以上，且已开发勘探出 200 多个天然气田，超过
20 个气田的储量大于 5000 亿立方米。① 欧盟是俄天然气最大需求方，每年
从俄罗斯进口大约 45% 的天然气，且主要是通过管道运输，近五年俄罗斯
通过管道出口欧洲的天然气保持在管道气出口总量的 85% 以上。相较石油
而言，天然气断供会比石油断供产生更大的影响，因为天然气与欧盟成员国
的日常生产与生活高度关联，越是离俄罗斯近的国家，对俄罗斯天然气的依
赖程度越高，如芬兰和匈牙利对俄罗斯天然气的依赖高达 95%，捷克对俄
罗斯天然气的依赖更是达到 100%。

　　图 3 是俄罗斯 2017~2021 年天然气产量、消费量、出口总量及出口欧
洲总量的详细数据。可以看出俄罗斯天然气产量平稳上升，从 2017 年的 6365 亿
立方米到 2021 年的 7017 亿立方米，达到近几年历史最高纪录，上涨幅度约
为 10%；消耗量在 4500 亿立方米左右，上下浮动幅度不大，整体看从 2017
年的 4311 亿立方米到 2021 年的 4746 亿立方米，上涨幅度约 10%，2021 年
达到近几年最高水平；出口总量在 2400 亿立方米左右浮动，2019 年的 2598
亿立方米为近几年历史最高出口量，基本上从 2017 年的 2532 亿立方米到
2021 年的 2413 亿立方米，呈下降态势；出口欧洲的天然气总量同样有所下
滑，从 2017 年的 1894 亿立方米到 2021 年的 1800 亿立方米，下降幅度约为
4%，其中 2019 年出口欧洲总量最高，为 2085 亿立方米。

　　早在苏联时期，俄罗斯就已利用自己独特的地理优势修建了全世界最庞
大的天然气管道系统，干线管道总长度达到 16 万公里，支线输气管道 6000
公里。迄今为止，苏联和俄罗斯共修建了 7 条连接欧洲的天然气管道。分别
是“兄弟”“北极之光”“联盟”“亚马尔—欧洲”“蓝溪”管线、“北溪-1
号”“土耳其溪”等，“北溪-2 号”管线虽已建成但未投入使用。其中，
“北溪-1 号”完全避开了此前天然气管道必须跨境的乌克兰和波兰等国，
整体铺设直穿波罗的海，直接抵达德国口岸，摆脱了管道可能被沿线国家控
制的风险。“北溪-2 号”是在此前“北溪-1 号”基础上增补的，俄罗斯与

---

① 李笑冬：《浅析俄罗斯天然气产业发展》，《清洗世界》2022 年第 1 期。

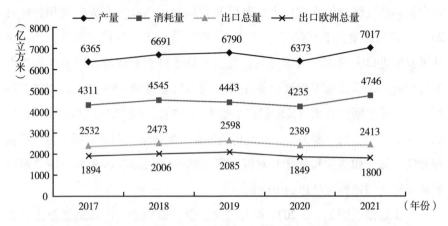

图3 俄罗斯2017~2021年天然气产量、消费量、出口总量及出口欧洲总量

资料来源：笔者根据BP世界统计年鉴综合整理得出，https://www.bp.com/content/dam/bp/business-sites/en/global/corporate/pdfs/energy-economics/statistical-review/bp-stats-review-2021-full-report.pdf。

德国顶住重重压力合作共同投资建设，总耗资近百亿美元，俄罗斯出资50%，另外一半的资金由壳牌、奥地利石油天然气集团、法国ENGIE集团、德国Uniper公司和德国Wintershall等5家欧洲能源企业共同提供融资和担保，该条管道的年输气能力高达500亿立方米，2021年底已经基本建好。2022年9月26日位于丹麦和瑞典境内的"北溪-1号"和"北溪-2号"管道有四处发生被人为破坏的泄漏，俄欧和俄美对立，进一步加剧了欧洲能源供应紧张局势。

（二）金属矿产

不同于能源矿产，金属矿产作为一种金属元素或化合物的矿产，主要为工业制造业使用，种类丰富，按性质和用途可以分为黑色金属矿产、有色金属矿产、贵金属矿产以及稀有金属矿产等，其中镍和铂族金属作为关键金属矿产，在国际社会的进出口方面拥有较高的关注度。

镍是一种银白色金属，耐高温、延展性强、化学稳定性强且在空气中不氧化，是一种十分重要的有色金属原料。按形态可分为镍板、镍球、镍合金、镍盐；按含量可分为一级镍和二级镍，其中一级镍产品镍的含量在99.8%以上，包括电镍、镍球等；而二级镍的镍含量通常在98%以下。包括镍含量较低的镍铁、镍生铁等，可作为合金元素生产不锈钢，在飞机、导弹、宇宙飞船、雷达、石油化工等军工和民用制造业中发挥着关键作用，其在全球范围内用于不锈钢冶炼的约占65%，其中中国占比高达85%。[①] 镍也可作为陶瓷颜料和防腐镀层应用于电子工业和化学工业，近年来，镍还被广泛应用到战略性新兴产业，如新能源电池，包括镍氢电池、镉镍电池和镍锰电池等，其中最主要的是镍氢电池，无毒、绿色、无污染，70%以上的镍-氢电池由我国生产，是各国均重视的绿色能源，用此类电池生产的新能源汽车也已投放市场，成为全球减碳的重要举措。印度尼西亚禁止镍原矿出口和菲律宾产量下降造成的镍价上涨正在改变全球镍资源的配置和产业格局，供需矛盾不断升级，美日、欧盟及俄罗斯、加拿大等国相继把镍资源提升到战略高度。

全球镍资源分布不均，俄罗斯拥有1740万吨的镍储量，位居世界第一，且作为俄重要的战略矿产大规模出口到其他国家和地区。近年来对硫化镍矿的过度开采导致俄硫化镍矿的储量减少和品位降低，开采成本逐渐增高，而红土镍矿开采成本低、资源潜力大，成为未来镍资源的主要来源。俄罗斯镍矿多位于诺里尔斯克、摩尔曼斯克、乌拉尔、佩城加等地区，其中诺里尔斯克的两个矿床蕴藏了俄罗斯70%的镍储量，该地区即使在极地条件下也能盈利开采。全球五大著名镍矿床区就包含俄罗斯的诺里尔斯克镍矿区，诺里尔斯克镍业公司也是目前世界上最大的镍生产企业，镍产量约占俄罗斯镍总产量的90%。此外，俄罗斯还有2个岩浆镍矿区，分别是北叶尼塞—哈坦和北滨贝加尔矿区，前者位于西伯利亚地台西北缘，该地区是俄罗斯镍储量和产量最大的地区，占有全国2/3以上的镍储量；后者位于西伯利亚地台南缘与贝加尔造山带衔接带上，该成矿区镍储

---

① 唐萍芝、陈欣、王京：《全球镍资源供需和产业结构分析》，《矿产勘查》2022年第1期。

量占全俄的 8%。①

俄罗斯是全球镍产量排名第一、出口量排名第二的国家，2019 年俄罗斯镍及其产品出口到全球 70 个国家，主要销售市场是芬兰、荷兰和瑞士，同时还出口美国，少量出口到中国。换言之，2022 年前俄镍主要出口欧洲，2021 年出口欧洲 5.4 万吨，占俄罗斯镍出口的 40% 左右，贡献了欧洲 28% 的镍产品消费量。从图 4 中可以看出，2017~2021 年除 2021 年由于俄诺里尔斯克镍业的两处矿产出现渗水事故停产检修导致的产量下降，俄镍产量逐年平稳上升，最高纪录是 2020 年的 28 万吨，且随着全球镍资源的供需矛盾不断升级，2022 年俄整体产量会有所上涨。进口量基本保持在同一水平线上，在 13 万吨上下浮动，但 2021 年进口量猛然下滑至 8 万吨以下。出口量呈现下跌的趋势，2021 年更是跌破 5 万吨，从 2017 年的 13.25 万吨下降到 2021 年的 4.61 万吨，下降率达 65%。一方面，中国进口俄镍的数量在逐步下降，这与国内镍提炼开采、回收利用技术的提高，以及不断拓宽镍的进口渠道，形成多元化进口来源模式有关；另一方面与俄罗斯镍出口方向的调整有很大关系。作为工业需求的重要有色金属之一，随着新能源产业的不断发展，镍需求量持续上升，由于镍产量平稳而需求激增导致供给不足，近年来镍价在不断上涨，镍相关产业生产成本逐渐增加，企业资金周转困难，形成全球镍资源紧张的态势。

铂族金属又称铂族元素，包括钌、铑、钯、锇、铱、铂六种金属元素。其中，铂和钯是全球工业需求的重要矿产。铂颜色光洁明亮，是一种银白色金属，具有强烈金属光泽，因其高硬度、高熔点和延展性好，可以进行加工铸造。在工业领域，可以制造高级化学器皿、铂金坩埚；还可作为加速化学反应的催化剂，比如化肥中硝酸的催化剂、汽车尾气中柴油的催化剂等，我国柴油汽车催化剂年均需求占全球总需求的 38.44%。此外，燃料电池汽车也依赖使用涂有铂金催化剂的质子交换膜，这使其成为新能

---

① 刘金龙、李仝民等：《镍矿床分布、成矿背景和开发现状》，《中国地质》2022 年第 50 卷第 1 期。

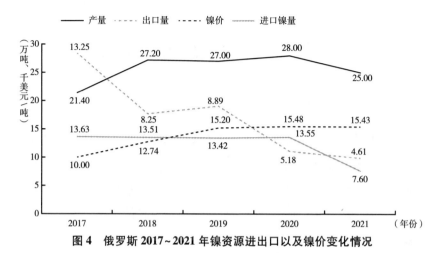

图4 俄罗斯2017～2021年镍资源进出口以及镍价变化情况

资料来源：笔者根据《2022年全球及中国镍储量、产量、进出口贸易及价格走势分析报告》整理而成。

源领域重要资源。钯基本呈银白色，偏软质地，延展性、可塑性强，熔点是铂族金属中最低的，也是汽车制造业的重要材料，可作为汽油汽车尾气的催化剂，我国汽油汽车催化剂年均需求占全球总需求的82.21%，[①]且呈现每年递增的趋势；钯还是航天、航空、航海和兵器、核能等高科技领域不可缺少的关键材料。俄罗斯是全球最大的钯生产国，约占全球供应量的40%，铂矿集中于西伯利亚诺里尔斯克—塔尔纳赫地区，截至2021年底，俄已探明储量为4500吨，俄出口的钯和铂在全球市场的占有率分别为65%和20%，近几年来，俄罗斯铂和钯产量均有所下降。在全球能源转型升级大力发展清洁能源的背景下，各国大力推动氢能产业，绿氢以及氢燃料电池汽车持续增长，同时受炼油、化工和玻璃行业的需求推动，铂族金属需求也将大幅度上涨，但产量没有相对提升反而下降，造成的供需不平衡将进一步带来铂、钯的价格上涨。

---

① 祝庆：《国际主要铂族金属市场发展对我国经济的影响分析》，《中国资源综合利用》2021年第5期。

二 俄乌冲突与俄矿产资源的出口变动

（一）俄乌冲突及其影响

俄乌冲突以来，不仅当事双方的经济受到巨大冲击，而且对全球许多国家的经济产生重大影响。从全球角度来看，美欧联合对俄罗斯展开多轮全方位的制裁，给全球能源进出口带来严重的冲击，进一步加剧了欧洲能源供应危机的深度和广度，并对欧洲乃至全世界经济造成持续影响。随着能源价格的上涨，更多国家陷入能源供应高度不确定性的困境。同时，俄乌冲突也对国际大宗商品市场造成巨大冲击，影响全球经济的复苏与发展。

具体到欧洲方面，首先，俄乌冲突引发 500 多万名乌克兰难民涌入欧洲，致使安全问题频发，通货膨胀严重，持续威胁欧洲各国经济社会的稳定。[①] 其次，对俄能源制裁使得极度依赖俄能源的欧洲能源危机雪上加霜。据统计，处于能源供应危机的欧盟在 2022 年 3 月总计进口了 710 万吨动力煤，同比增长 40.5%，创下 2019 年 3 月以来历史最高水平。其中从俄进口动力煤 350 万吨，创下 2020 年 10 月以来最高纪录；从哥伦比亚进口动力煤 130 万吨，同比增长 47.3%；从美国进口煤炭 80.9 万吨，同比增长 30.3%；从南非进口 28.7 万吨煤炭，而上年同期这一数字为零。最后，欧盟的"囤货"造成能源价格飙升，天然气的价格更是上涨 271%。对俄罗斯而言，除军事压力，俄罗斯资本进入欧盟金融市场也受到限制，俄罗斯的国有实体被彻底禁止在欧盟国家上市，俄罗斯国民或公司超过一定价值的存款和交易也被冻结，欧盟所有经济实体都被禁止与俄罗斯的中央银行和国有企业进行交易；俄罗斯的航空公司也被禁止进入欧盟，且俄罗斯所有核心矿产资源生产和出口均遭到西方国家制裁。正是在经济、政治等方面的多重制裁压力下，俄矿产资源市场面临远超预期的严重剧烈动荡，需要重新调整油气资源出口

---

① 林涛、王庆丽、贾超等：《俄乌冲突对中国钢铁市场的影响》，《中国钢铁业》2022 年第 5 期。

战略和方向。此外，欧美的一系列制裁不仅使俄大宗商品交易受限，而且严重影响世界上其他国家的进出口供给，加剧了全球范围内的不稳定和不平衡危机。①

（二）俄罗斯能源矿产的出口调整

俄罗斯针对化石能源矿产的调整并非完全由俄乌冲突引发，只是冲突进一步强化了俄对出口战略的调整。俄乌冲突前，俄已对本国能源矿产出口做出部分调整，将能源出口重心从欧洲市场逐步转移到亚洲市场，如 2021 年俄对欧洲的煤炭交易量减少，却向亚洲国家销售了 1.29 亿吨煤炭。远东大铁路建设计划完成后，俄对中国煤炭的运力大幅增加，中国与俄罗斯已经达成使用人民币进行煤炭现货交易的约定。

事实上，俄罗斯能源矿产出口战略东移早有预兆，2012 年普京再次当选总统后表示，发展远东地区是俄罗斯极其重要的地缘政治任务，因而加快了俄"转向东方"的步伐。克里米亚危机后，俄与欧美的关系从裂痕加深演变为对抗关系，俄罗斯开始对国际战略和能源矿产出口进行大规模调整，出台《2035 年前俄罗斯能源战略草案》，②加快发展在亚洲东部能源产业布局，推动远东能源运输管线的新建与扩建，努力开拓亚太能源市场，明确提出了能源出口向东转的战略方针，同年 5 月，普京上海之行更是被视为"转向东方"的明确信号。2016 年普京向俄联邦会议发表国情咨文时指出："俄罗斯推行的积极东方政策不是出于目前局势的考量，甚至不是同美国或欧盟关系恶化所致，而是本国长远利益和国际发展趋势所致。"俄乌冲突的升级令俄罗斯进一步加大了对亚太地区的能源出口，俄计划到 2024 年将其对亚洲能源出口占总出口量的比重提高

---

① 冯杰：《俄乌冲突对国际贸易格局的影响及中国对策》，《价格月刊》2022 年 10 月第 10 期。
② 《俄罗斯能源部发布 2035 年前能源战略草案》，国家能源局，http：//www.nea.gov.cn/2014-02/19/c_133126038.htm。

至 40%，2035 年达到 50%。[①]

俄罗斯能源矿产出口战略从西向东转移不仅是为了对抗西方国家的联合制裁，减少对欧盟能源出口的依赖，更是为了在加强与亚太能源合作的同时，巩固扩大其地缘政治经济影响力。在一系列政策加持下，据统计，2022 年 1~8 月，中国进口俄罗斯煤炭约为 4060 万吨，较 2021 年同期增幅较大；且从 7 月开始，俄罗斯更多地将煤炭运往中国、中东和北非国家，包括土耳其。欧洲 2022 年 1~9 月进口俄罗斯煤炭约为 2868.8 万吨，较上年同期减少 14.3%，其中 6 月欧盟进口俄罗斯煤炭已下降到 230 万吨。7 月上旬，俄罗斯对英国、意大利和法国的煤炭出口有所增加（主要是为了在禁令生效前执行完之前签订的合同）。2022 年 8 月之后随着欧洲禁煤令正式生效，俄罗斯对欧洲煤炭出口量急转直下。

俄罗斯的石油贸易也发生同样改变，出口更多偏向于友好型国家，降低地缘政治冲突带来的石油出口风险。到 2022 年底，俄罗斯出口欧盟的石油减少了 90%，而对印度和土耳其的出口则逐渐上升。[②] 与此同时，俄罗斯财政部决定，自 2022 年 8 月 1 日起上调石油出口关税，并进一步推出反制措施，考虑将卢布结算应用到石油领域，对拒绝的国家采取断油措施，已有许多国家被列入制裁之列。天然气领域的情况更加明显，在俄乌冲突以及欧美对俄的全面制裁下，俄借"北溪-2 号"实现主导欧洲天然气的战略意图基本破灭，欧洲有限的市场和其为能源安全和自保大力拓展可再生能源也使得俄天然气对欧出口举步维艰。[③] 尽管欧盟目前对于俄天然气尚未给出详细的制裁措施，但在当前俄乌冲突继续恶化的复杂局势下，俄后期对欧盟"断气"的可能性会加大，2022 年俄对欧天然气的出口已经大幅下降，1~7 月俄向欧洲出口的天然气总量较上年同期下降近 40%。随着普京加快推动

---

① 陆南泉：《俄罗斯开发开放东部地区的进程及其战略意图》，《中国浦东干部学院学报》 2022 年第 3 期。

② 潘寅茹：《欧洲不舍俄石油 制裁下悄悄"买买买"》，《第一财经日报》2022 年 6 月 27 日。

③ 罗佐县：《俄乌战后，俄罗斯天然气战略东移?》，《能源》2022 年第 3 期。

"西伯利亚-2"管道项目，即经由蒙古国向中国输送天然气的线路，俄罗斯天然气出口已经开始重点向亚太地区转移。

（三）俄罗斯金属矿产的出口受限

不仅是能源矿产出口受阻，俄罗斯金属矿产的出口也出现相应限制。在大国资源争夺与科技对抗日益加剧的今天，金属矿产资源的战略意义并不低于能源矿产，西方国家对俄的联合制裁致俄金属矿产出口严重受限，多家矿产资源企业被纳入国际贸易市场黑名单。就俄镍而言，冲突和制裁所带来的直接后果就是镍价的不正常上涨，甚至升至十年来最高，在扰乱国际市场的同时，全球多国对俄镍展开的制裁更是将俄镍出口推升至危险境地，如英国LME提出禁止俄镍进口，欧美在金融方面限制俄镍融资与贸易，多数国家开始限制俄镍相关货物的航运业务，以阻断俄出口渠道等，来自金融、贸易、航运等方面的制裁使得俄镍最大生产商诺里尔斯克镍业公司股价跌停，继而退市。为此该企业正在考虑建设自有运输船队，从欧洲港口向北非港口转移，以实现出口供应的其他可能。[①]

同样受到出口冲击的还有俄铂和钯，俄罗斯作为铂和钯的主要生产国，前者产量占全球供应量的 10%，后者产量占全球供应量的 25%~30%，但在出口方面高度依赖英国。俄乌危机升级后，全球多国对其展开制裁，英国于 2022 年 5 月宣布提高从俄进口铂和钯的关税，额外征收 35 个百分点，[②] 同时实行航空限制和贸易禁令，直接导致俄铂和钯的出口危机，且随着日本考虑撤销俄铂和钯优质交割认定，多国开始采取关闭运输线路及展开相关的贸易制裁，俄罗斯已在欧洲市场丧失传统优势。尽快调整战略，寻找多元化的出口模式，成为俄维护自身矿产资源出口稳定的当务之急。

---

① 《诺里尔镍业公司考虑建设自有出口舰队的可能性》，俄罗斯卫星通讯社，http：//sputni knews.cn/20221005/1044475215.html。

② 《美国公布对俄征收 35% 关税的商品清单》，俄罗斯卫星通讯社，http：//sputniknews.cn/20 220702/1042261682.html。

三 中国对俄罗斯矿产资源的需求分析

矿产资源是支撑中国经济社会快速发展的压舱石，中国矿产资源需求量大，人均占有量少，难以满足大规模发展的需要，所以保障矿产资源进口一直是中国对外战略的重点，俄罗斯相关矿产资源种类丰富且储量大，随着其资源出口战略"被迫"东移及中俄进出口基础设施建设的不断完善，持续促进两国矿产资源合作成为强化中国资源安全的可靠选择。

（一）中国矿产资源进口现状与需求变动

中国能源结构是典型的富煤、贫油、少气，煤炭储量约为1622.88亿吨，占世界煤炭储量的12%，但国内分布极不均衡，山西、陕西、鄂尔多斯和新疆地区占煤炭储量的一半以上，形成了"西北富、东南贫"的局面，煤炭需要经长时间水路铁路运输才能到达消费端，长期存在产销矛盾。再加上进口煤价格低，适量进口来自其他国家的煤炭成为缓解中国东部地区用煤紧张的选择。中国煤炭主要进口国包括澳大利亚、蒙古国、俄罗斯等，由于地理位置毗邻，海运发达，加上技术资金等方面的合作，印度尼西亚也是中国煤炭主要进口来源国。

中国石油资源匮乏且分布分散，2020年国内石油资源量为1085.57亿吨，生产地区主要在鄂尔多斯、准噶尔、渤海湾、松辽、塔里木盆地，探明储量为398.54亿吨，2021年新增石油探明地质储量超16亿吨，可开采储量为36.89亿吨。[1]国内石油消耗远大于生产，根本无法满足快速增长的工业经济需求，对外进口依赖性极强，石油对外依赖度已从2001年的30.7%上升到2021年的72.1%，高于国际警戒线50%。[2]从进口来

---

[1] 《中国矿产资源报告（2022）》，https://www.mnr.gov.cn/dt/kc/202209/t20220922_2759737.html。

[2] 李晓依、许英明、肖新艳：《俄乌冲突背景下国际石油贸易格局演变趋势及中国应对》，《国际经济合作》2022年第3期。

源看，自21世纪始，中东地区占我国石油进口的比例逐渐提升，约为50%，沙特阿拉伯、安哥拉和伊朗是我国主要的石油来源国。由于中俄地理位置接近，运输成本与安全稳定，随着两国政策不断调整及基础设施建设，俄罗斯对我国石油出口量逐年上升，2016年俄罗斯以5248万吨的原油出口量成为我国石油进口第一来源国，直到2019年沙特阿拉伯再次赶超俄罗斯占据第一。随着中东地区局势的复杂多变和不稳定性加剧，促进原油进口多元化是中国维护能源安全的首要重点，而俄罗斯能源战略的东移与中国资源需求不谋而合。[①]

中国天然气储量有限，生产地区主要集中在四川、新疆、陕西和内蒙古等地，其中，四川盆地拥有包括页岩气在内的丰富的天然气资源，是我国天然气的重要产地。2021年，全国天然气新增探明储量16284亿立方米，常规天然气总储量约为8.4万亿立方米，占世界储的4.5%。[②]但国内天然气质量差、埋藏深，加之勘探技术有限，所以开采成本高，[③]在国家"双碳"战略加快能源转型背景下，天然气的生产量根本无法满足国内庞大的天然气需求，有近一半天然气消费量必须依赖进口。[④]作为全球第一大天然气进口国，中国的天然气消耗量在2030年前仍将持续增长，并在2030年达到每年6000亿立方米，天然气逐渐成为中国的主体能源之一，可见天然气安全对国家的重要性。[⑤]从进口来源看，2021年中国第一大天然气进口国为澳大利亚，且早在2018年从澳进口天然气的总量已占中国天然气进口总量一半以上，澳大利亚长期以来都是中国最大的天然气进口国；排名第二的是

---

① 邢梦玥：《石油进口对我国经济的影响效应研究》，中国社会科学院研究生院博士学位论文，2022。

② 王萍：《中国天然气资源国家安全评估与预警系统研究（2025~2035）》，江西理工大学硕士学位论文，2022。

③ 佚名：《三大油气聚焦油气勘探 加快提高国内油气自给率》，《石油企业》2019年第12期。

④ 李宏勋、王晓涵、宋臻：《我国天然气进口安全风险评价》，《中国石油大学学报》（社会科学版）2022年第38卷第4期。

⑤ 《2030年中国天然气需求量将达到6000亿立方米》，四川石油天然气发展研究中心，http：//www.swpu.edu.cn/og/info/1033/3192.htm。

土库曼斯坦，截至 2022 年，中国和土库曼斯坦已建成三条天然气管线，分别为中国——中亚天然气管道 A、B、C 线；排名第三至第五的分别为俄罗斯、卡塔尔和美国。[①] 由于中国在国际天然气市场上的话语权和影响力不足，过度依赖进口，地缘政治冲突导致供应价格的不确定及海运不安全系数等因素始终是保障天然气供应安全的重大隐患。

表 1 展示了 2017~2021 年这五年中国能源矿产的生产量、消费量以及进口量，总体均呈缓慢上升趋势，整体来看基于国家工业化城镇化快速发展，各类能源消费指数不断攀升。具体来看，煤炭生产量由 2017 年的 35.2 亿吨上涨到 2021 年的 41.3 亿吨，上涨幅度约为 17%；石油生产量由 2017 年的 1.92 亿吨上涨到 2021 年的 1.99 亿吨，上涨幅度仅为 3.6%；而天然气的生产量由 2017 年的 1474 亿立方米上涨到 2021 年的 2076 亿立方米，上涨幅度高达 41%。因此，相较于天然气、煤炭，石油的上涨幅度较不明显。在国家"双碳"战略的加持下，近五年煤炭消耗量总体呈现下降趋势，从 2017 年的 39.14 亿吨下降到 2021 年的 29.34 亿吨，下降幅度较为明显，下降率约为 25%；石油消耗量虽有所上升，但是上涨幅度较低，从 2017 年的 6 亿吨到 2021 年的 6.9 亿吨，上涨幅度约为 15%；随着国家对清洁能源的大力推行，天然气的需求量显著提升，天然气的消耗量也在迅速攀升，从 2017 年的 2393 亿立方米到 2021 年的 3690 亿立方米，上涨幅度高达 54%。从进口方面来看，近五年煤炭、石油总进口量在缓慢上涨，其中煤炭的进口量从 2017 年的 2.71 亿吨到 2021 年的 3.2 亿吨，上涨幅度约为 18%；石油的进口量从 2017 年的 4.2 亿吨到 2021 年的 5.1 亿吨，上涨幅度约为 21%；相较于煤炭、石油，天然气的进口量涨幅较为明显，从 2017 年的 0.69 亿立方米上涨到 2021 年的 1.21 亿立方米，上涨率高达 75%。

---

① 《中国十大天然气来源国 中国天然气进口国排名 中国天然气主要进口国》，http://www.maigoo.com/top/426512.htm。

表 1 2017～2021 年中国能源矿产产量、消费量以及进口量

年份	煤炭（亿吨）			石油（亿吨）			天然气（亿立方米）		
	生产量	消耗量	进口量	生产量	消耗量	进口量	生产量	消耗量	进口量
2017	35.2	39.14	2.71	1.92	6	4.2	1474	2393	0.69
2018	37	39.8	2.82	1.89	6.3	4.6	1610	2817	0.90
2019	28.5	28.04	3	1.91	6.73	5.01	1736	3059	0.97
2020	39	28.29	3.04	1.95	6.5	5.4	1888	3306	1.02
2021	41.3	29.34	3.2	1.99	6.9	5.1	2076	3690	1.21

资料来源：笔者根据中国统计年鉴综合整理得出。

图 5 展示了 2022 年中国能源矿产生产量月度统计的最新情况，可以明显看出 2022 年中国能源矿产生产量仍旧处在一个较为平稳的发展时期。就煤炭而言，全年变动不大，从 3 月的 39579.5 万吨到 12 月的 40629.3 万吨，涨幅约为 3%；而原油的生产量却不升反降，从 3 月的 1771.3 万吨到 12 月的 1686.9 万吨；天然气在年初前几个月也同样如此，但是最后几个月开始上升；能源矿产的总体产量相较 2021 年来说有所增长，但是依旧无法满足国内快速发展的需求。

与此同时，中国也是全球最大的镍资源消费国，国内镍资源集中分布在甘肃、新疆、吉林和青海，合计占全国总量的 79%。镍主要分为硫化铜镍（86%）和红土型镍矿两大类。截至 2019 年底，已探明镍资源储量仅为 1076.1 万吨，占全球的 3.1%。[1] 铂族金属主要分布在甘肃、云南、四川等地，截至 2019 年底，已探明储量仅为 401.9 吨，年供应量不到 10 吨。换言之，国内金属矿产资源产量远远低于需求，严重依赖进口，镍资源对外依存度高达 90%，属于紧缺型战略矿产资源；铂的进口依赖度为 78%；钯的进口依赖度为 84%。[2] 随着中国不锈钢和新能源产业的迅猛增长，对金属矿产的需求量越来越高。

---

[1] 唐萍芝、陈欣、王京：《全球镍资源供需和产业结构分析》，《矿产勘查》2022 年第 1 期。

[2] 王罗汉、陈志：《中美战略性矿产竞争的三大热点类型分析》，《全球科技经济瞭望》2020 年第 7 期。

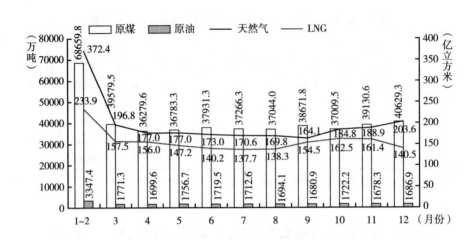

图5　2022年中国能源矿产生产量月度统计数据

资料来源：笔者根据国家统计局资料整理，https：//data.stats.gov.cn/easyquery.htm？cn=A01。

图6是2017~2021年中国镍资源生产量、消费量以及进口量情况，从2017年到2021年，镍的生产量曲折上涨，但上涨幅度较低，从2017年的67.33万吨到2021年的67.7万吨；但每年镍的消费量却远高于镍的生产量，近五年镍的消费量呈现直线上涨的趋势，上涨幅度达24%，2021年的消费量更是生产量的2倍多。消费量的不断上涨使得国内镍资源紧缺，亟须与各国开展友好合作，进口优质镍资源，保证国家正常生活与发展的需要，因此近五年镍资源的进口量也在曲折中稳定增长。

镍资源的稀缺性以及受到国际地缘政治等方面多重因素影响，镍资源进口量从2017年的61.60万吨到2021年的73.68万吨，上涨幅度约为20%。其中，2021年镍的进口量首次超过镍的生产量，2021年我国镍进口上涨约35%，上涨幅度较大。为满足国内镍冶炼生产需要，长期通过海上贸易通道从印度尼西亚、哥伦比亚、俄罗斯等国家进口大量红土型镍矿，从南非、日本、俄罗斯等地进口铂金，但地缘政治冲突风险持续增长，我国关键金属矿产资源进口的不安全性和不稳定性也随之增长，亟待扩展更安全稳定的进口来源。国内资源禀赋有限使得进口依赖短期内难以改变，在全球不确定性风险频发的背景下，反全球化与去中心的区域化已成趋势，因此，加强与能提

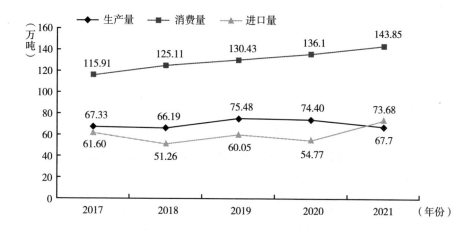

图 6　2017~2021 年中国镍资源生产量、消费量以及进口量

资料来源：笔者根据海关统计数据在线查询平台所得整理。

供安全稳定能源供应且国家利益深度捆绑的俄罗斯扩大矿产资源合作成为最佳选择。如此，既能在危机四伏的国际社会中满足俄罗斯矿产资源的再调整与出口再稳定，又可以进一步保障中国所需矿产资源的供应安全，更好助力国家经济的平稳发展。

在当今百年未有之大变局背景下，世界经济重心由西向东转移的进程逐渐加快，俄罗斯对外战略也在不断调整，开发远东地区并实行"战略东移"就是其中最关键的一环。在俄乌冲突加剧的背景下，中国强大的能源市场需求对俄而言是最好的市场空间。但必须意识到，俄乌冲突升级前尽管俄罗斯也在逐渐增大向中国的能源出口，但是其发展重心始终在欧洲，俄罗斯与亚太地区尤其是与中国的合作主要是在国际形势压力下维护其本国安全和经济发展的需要，以此增强与西方抗衡的筹码。因此，在过去很长一段时间中俄矿产资源合作发展十分缓慢甚至停滞，直到 2012 年普京"转向东方"战略提出后才开始加速。

从图 7 可以看出，中国从俄罗斯进口能源矿产的总量在逐年上升，进口煤炭从 2017 年的 1892 万吨上涨到 2021 年的 5676 万吨，上涨幅度高达

200%；其中2021年进口量为历年来最高，创下新的进口纪录。进口石油从2017年的5980万吨上涨到2020年的8340万吨，上涨幅度约为39%，2020年石油进口量为历史最高，尽管2021年有所下降，但俄罗斯已成为中国最主要的石油进口国。2019年修建开通中俄天然气管线后，2020年由俄罗斯进口的天然气达到296.5万亿立方米，2019~2021年总进口量在持续上涨，且涨幅明显。液化天然气（LNG）从2017年的44.8万吨到2019年破200万吨，后持续上涨到2020年的512.8万吨，再到2021年的753.7万吨，均有明显的增长。事实上，根据数据统计分析，中国进口能源矿产中煤炭主要来自印度尼西亚，石油主要来自沙特阿拉伯，天然气以澳大利亚进口居多，近几年中俄能源加强合作使得中国进口俄罗斯能源的比重不断上升，从长远来看两国仍有较大的合作空间。

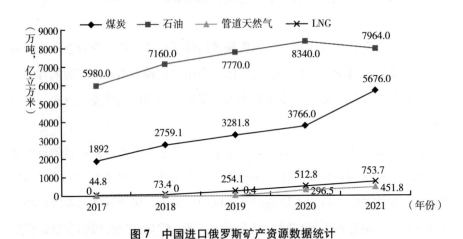

图7 中国进口俄罗斯矿产资源数据统计

资料来源：笔者根据海关统计数据在线查询平台数据整理。

相较于能源矿产的贸易规模，在金属矿产方面，俄罗斯出口重心始终偏向于欧洲地区，中国对俄罗斯的依赖相对较低，据统计，2019年中国进口俄罗斯镍占总进口量的45.48%，2020年进口俄罗斯镍5.18万吨，占总进口量的39.31%，而2021年中国进口俄罗斯精炼镍4.61万吨，占比17.53%，根据占比情况，可以明显看到在俄乌冲突升级前，中国从俄进口镍总量比重并不高甚至逐年下降。虽然中国在铂族金属中消费比重在全球所占份额最大，但根据中俄交易量可以得出结论，俄乌冲突升级前俄罗斯六成以上的铂族金属出口对象国在欧洲地区，中国只占其出口的 6%。

（二）俄乌冲突升级后中俄矿产资源的进口增长变化

俄乌冲突升级后全球能源进出口格局因局势动荡发生变化，俄能源被禁止或限制进入欧洲，能源供应恐慌造成能源价格飙升，俄伊联手影响国际天然气贸易格局、印尼禁止煤炭出口、欧洲各国纷纷寻找新的能源进口渠道等变化均成为中国能源安全的重大风险，多元化保障国家能源供应稳定是中国需要重点考虑的战略。尤其是俄乌冲突升级后，中国的矿产资源进口量及进口价格也随着国际市场的混乱而发生显著变化，在激烈的国际竞争中保证本国国内的资源进出口需求，成为中国首要关心的问题。

俄乌冲突升级以来，国际矿产资源市场发生剧烈变化，中国矿产资源的进口也发生明显变化。在冲突升级初期，2022 年中国煤炭总进口量从 2 月的 3589 万吨下降到 3 月的 1642 万吨；石油总进口量从 8514 万吨下降到 4271 万吨；天然气总进口量从 198.6 万亿立方米下降到 798 万亿立方米；镍月度总进口量从 259 万吨下降到 169 万吨。但自 3 月俄乌冲突升级开始所有矿产资源进口量近乎都高于前两个月总进口量的一半以上，煤炭进口量从 3 月的 1642 万吨一直上涨到 12 月的 3091 万吨，上涨率约为 88%，其中 9 月进口量为 3305 万吨，是全年最高纪录；石油进口总量从 3 月的 4271 万吨开始上涨，到 12 月达 4807 万吨，达到全年进口最高水平，上涨率约为 12.5%，高于上年同期进口量；天然气进口量从 3 月的 79.8 万亿立方米上涨到 12 月的 1028 万亿立方米，最高进口纪录则是 11 月的 1032 万亿立方米；镍资源进口量从 3 月的 169 万吨持续上涨到 11 月的 622 万吨，创全年进口最高纪录，上涨率高达 268%，尽管 12 月有所下降，但仍然高于往年同期进口量。此后，各国纷纷开始加入资源大战，在国际范围内广泛囤积相关矿产资源，随之而来的便是各国矿产资源进口量和进口价格的迅速飙升。

具体到进口俄罗斯矿产资源，中国在能源矿产领域进口金额持续增长，俄乌冲突未升级之前，即 2022 年 2 月，中国从俄进口煤炭总额下降，煤炭进口数量也在下降，而 2 月俄乌冲突升级之后，从 3 月开始，无论是进口金额还是进口数量均呈现直线上涨的趋势，其中煤炭进口金额从 2 月的 30.59 亿元人民币涨到 8 月的 94.59 亿元人民币，创五年来进口的新纪录，相比 7 月增加了1%，较上年同期上涨高达 57%（见图 8）。8~9 月在欧美国家对俄发动新一轮制裁后，煤炭进口金额有所下降，进口总量下降，但仍高于上年同期进口总量。在国际市场越来越不稳定的影响下，各国纷纷开始囤积资源，自 9 月开始，煤炭价格持续上涨，单价远高于 2021 年同期水平，但煤炭进口数量仍在增长。据统计，2022 年 1~12 月，中国共进口俄罗斯煤炭 6804 万吨，较 2021年同期的 5673 万吨涨幅明显。

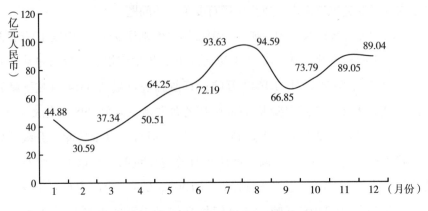

图 8　2022 年中国进口俄罗斯煤炭金额月度变化

资料来源：海关统计数据在线查询平台，2022 年 1~12 月。

进口俄罗斯石油方面，因新冠疫情和地缘政治冲突的影响，国际油价接近历史最高价位。从图 9 可以看出，受俄乌冲突升级的影响，2022 年全年除 12 月外，石油月价格均高于 2021 年同期，其中前十个月石油月价格差值变化尤为明显，但进口石油总量除 2 月受冲突爆发的影响低于 2021 年同期水平，其余进口数量均高于 2021 年同期，且差值明显。2022 年 2~3 月石油月价格变动幅度最大，从 647.66 美元/吨上涨到 767.08 美元/吨，增幅约为

18.44%，达到历史最高水平，但是石油进口总量在冲突的影响下却有所上升，此后石油价格逐渐下降，但基本仍高于 2021 年最高价。石油价格的变化使石油进口量也发生了变化，据海关总署统计，2022 年，中国原油进口量为 8627 万吨，同比上涨 8.3%，进口均价每吨 676.91 美元，上涨 33%，2022 年 2 月俄乌冲突爆发后，尽管石油价格迅速抬高，中国进口俄石油总量却依然呈直线增长的趋势，且对比 2021 年同期涨幅明显，其中 2022 年 5 月中国从俄罗斯进口石油大约 842 万吨，创下历史最高纪录，大增 55%，6 月进口俄罗斯石油 729 万吨，同比增加近 10%，即这两个月俄对华出口石油就占其石油总出口量的 35%，8 月后进口总量才开始逐渐下降。

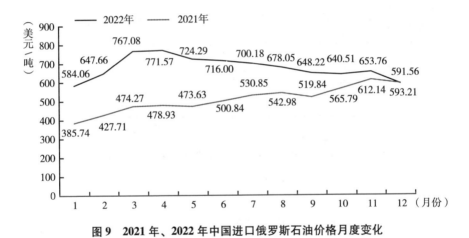

图 9　2021 年、2022 年中国进口俄罗斯石油价格月度变化

资料来源：海关统计数据在线查询平台。

同样的情况也表现在天然气进口方面，图 10 是 2021 年和 2022 年中国从俄罗斯进口 LNG 价格月度变化情况，可以直观地看出，2022 年除 12 月外，价格均高于 2021 年同期，价格浮动较为明显。2022 年 1~2 月，LNG 价格小幅度上升，但进口量进一步增长；2~3 月，受俄乌冲突升级影响，价格下降的同时，进口量也在下降；3~4 月，价格由 749.93 美元/吨上涨到 1263.28 美元/吨，上涨幅度达 68.5%，进口量从 31.43 万吨增长到 45.68 万吨，上涨幅度约 45%；此后价格与进口量在曲折发展，从 7 月开始，价格持

续上涨，一直涨到 10 月的 1447.90 美元/吨，创下历史最高纪录，进口总量更是远超同期。自 2021 年 3 月开始，中国进口天然气总额不断上升，尤以 11 月涨幅最为明显，较 10 月上涨约 50%，进口总额约为 4.5 亿美元，创造了 2021 年 1 月以来的最高水平，2022 年天然气进口总体较 2021 年上涨 165%，俄罗斯驻华大使馆表示，2022 年 8 月中国从俄罗斯进口的天然气总额为 4093.7 万美元，创 2017 年 1 月以来的最高水平。

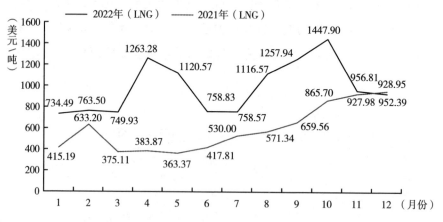

图 10　2021 年、2022 年中国进口俄罗斯 LNG 价格月度变化

资料来源：海关统计数据在线查询平台。

金属矿产方面，俄乌冲突后全球多个国家的制裁使得俄金属矿产出口受限，俄矿产资源更多地流入其他地区，随着俄能源战略由西向东转移，其开始加大与亚太地区的合作。中国作为矿产资源进口大国，敏锐地抓住了这个机会。2021 年 3 月到 2022 年 1 月全球镍价始终处于上升状态，但是幅度不大。俄乌冲突爆发后，由于受到国际市场的冲击，镍价迅速飙升，从 2022 年 2 月开始，近乎垂直上涨，一直持续到 5 月，尤以 2~3 月涨幅最为明显，3 月达到历史最高水平，此后镍价随着国际市场不断波动，总体呈现下降趋势，但仍高于 2021 年同期镍价水平，8~9 月受到伦敦交易所以及西方和欧洲国家新一轮制裁的影响，镍价又开始上升，截至 2023 年 2 月，镍价仍远高于以往正常水平。据中国海关总署统计，2022 年上半年，我国进口俄镍总量约为 1.44 万

吨，与2021年同期相比，进口总量增长了35.2%，进口总值达到39.8亿美元，较2021年同期上涨约141.21%。我国长期依赖进口铂族金属，随着需求量的持续增加，我国开始在这方面增大与俄的合作。中国作为矿产需求大国、俄罗斯作为矿产出口大国，双方积极开展在金属矿产方面的合作，最大限度地保障国内经济发展的正常需求，这对中俄两国而言，都是发展的最优选择。

四 中俄矿产资源合作的机遇与风险

俄乌冲突升级对世界的影响是全方位且多领域的，但现实中往往危机与机遇并存，俄核心矿产资源向西方出口受阻，欧洲陷入能源危机且连带其他产业受到影响；然而，一直处于巨大资源需求方的中国则获得了进口空间，能够持续加大自俄罗斯矿产资源的进口量，尤以石油、天然气最为典型，绝大多数增量来自俄资源从西向东的调整战略，双方不断优化完善油气资源运输包括路上管道和海运船只在内的基础设施，成为资源利益捆绑日益紧密的合作伙伴。

能源矿产合作最为典型，深刻诠释中俄矿产合作的机遇特质。选择更适合且稳定持久的矿产资源出口对象是俄罗斯制衡周边地区、确保地缘政治影响力和保障经济稳定的重要手段。俄乌冲突升级前，在继续维持与欧盟传统能源合作的同时，俄还通过与土耳其、伊朗开展能源合作来对抗美欧在部分欧亚地缘范畴（尤其是后苏联空间）不断对俄罗斯施加的战略压力，以此维护本国的"安全空间"。如通过与伊朗开展基于核技术的能源合作制约美国在中东的霸权地位。2019年5月俄罗斯副外长里亚布科夫公开表示，美国针对伊朗的制裁威胁不会阻止俄与伊朗在核能等领域的合作。[①] 2022年3月伊朗石油部部长奥吉（Javad Owji）访问莫斯科，俄能源部部长舒尔基诺

---

① 《美国的制裁威胁不会阻止俄与伊朗合作》，新华网，http：//www.xinhuanet.com/world/2019-05/05/c_ 1124449539.htm。

夫（Nikolai Shulginov）再次表示双方的目标均是继续推进能源合作。[①]

与此同时，中国紧紧抓住机会大规模扩展自俄油气进口份额。作为连续多年全球最大能源进口国，尤其是全球排名第一的油气资源进口国，中国2021年的能源消费总量为52.4亿吨标准煤，比上年增长5.2%，占全球消费总量的26.5%，2011~2021年十年平均增速为3.4%，远高于世界一次能源消费年均增速1.3%。[②] 在这种结构背景下，中短期内仅依靠国内生产和发展可再生能源来满足需求显然不具现实性，通过与更具地缘优势和政治态度的国家或地区开展资源合作保障中国能源供应的稳定安全，成为中国实现碳达峰碳中和目标最可行的选择。

换言之，中俄双方资源合作的机遇更体现为国际风云变幻下的各取所需，但这种方式远比传统意义上的协定更牢固。由于传统能源体系被煤炭、石油和天然气贸易及主要运输工具所塑造和主导，在很长一段时间内基本上是相对同质的，随着能源系统转型加速，各国的能源特征更加突出，如地理位置、地缘冲突、国家治理能力，以及不同国家对能源组合结构的偏好（可再生能源、核能和天然气的组合使用）等将共同决定一个特定区域能源系统的基本形态。因此，对中国这样的油气资源进口消费大国和对应的资源出口大国俄罗斯而言，不断变化的能源合作对象和地缘经济发展更被看作机遇，能源技术创新和经济模式的联通性在很大程度上排斥并否定了国际竞争中的地缘孤立，单打独斗的国家将被迫承受更高的能源成本和更低的能源效率，中俄合作的合理性和可持续发展的逻辑就在于此，金属矿产也不例外。

基于以上分析，本文认为目前中俄矿产资源合作已经进入良性发展快车道，为确保下一阶段合作的继续深入，仍须关注并警惕在扩充机遇潜力时面

---

① 《俄罗斯和伊朗外长成功举行会谈》，俄罗斯卫星通讯社，https://sputniknews.cn/20220318/1040123262.html。

② "BP Statistical Review of World Energy 2022," https://www.bp.com/content/dam/bp/business-sites/en/global/corporate/pdfs/energy-economics/statistical-review/bp-stats-review-2022-full-report.pdf.

临的巨大挑战。一方面，中俄矿产资源合作具有强烈的地缘政治色彩，因此应尽可能合理优化双方资源配置。下一阶段应重点关注不同资源类型的耦合，如电力、热能和能源流动性整合，强化能源空间的合理配置。随着化石能源占比逐渐下降，清洁能源使用率不断提高，合作应更多立足于新兴技术、电力互联等方面，这也增加了获取稀缺矿产资源的动力。在继续深化合作的过程中双方均须考量矿产资源在国家间的优化配置，使双方获得更好的经济收益和社会效益。具体可分为硬件和软件两个维度。硬件层面包括共建、共用、共享的基础设施，通过跨境基础设施（一般包括油气管道、跨国电网、跨境水电站等）建设与运营，使矿产资源获得更大力度的勘探开发、更大范围的优化配置。① 软件层面包括制度建构、规划设计、开发建设、技术标准、运营管理、利益分享等，为双方确立行动规则，推动合作意愿转化为具体行动，以实现中俄权利、义务与收益的公平分配。②

另一方面，还须直面欧美等传统强势行为体对中俄搭建新兴矿产资源合作区域的瓦解和渗透。当前矿产资源空间、角色和规则的制定正在发生变化，传统的安全政策和地缘势力范围已难以应对高度流动的资源运输及货物、资本和信息的流动，由于传统民族国家主权受领土约束，若一国行动的能力完全取决于矿产资源需求和下游相关技术，其影响力就会逐渐被削弱，战略选择就会存在变数。基于此，更大的风险还是来自对矿产资源合作途径的不可预测性、贸易的动态变化和市场主体的紧张关系，以及对资源投资、生产和供给产生消极影响的政策变化，即中俄矿产资源合作的牢固程度在某种程度上还取决于未来全球秩序及与周边国家关系的变化。包括中国在内的绝大多数国家目前仍需要依赖油气资源生存和发展，当前，去中心化和反全球化趋势仍在加速，欧亚各国的利益必须越来越多元化，围绕矿产资源供需模型和运输路径进行合理搭建，如此才能确保本国能源结构供需平稳。

---

① 张锐、王晓飞：《中国东盟电力互联的动力与困境——基于区域性公共产品理论的研究》，《国际关系研究》2019 年第 6 期。
② 张锐：《拉美能源一体化的发展困境：以电力一体化为例》，《拉丁美洲研究》2018 年第 6 期。

总之，百年未有之大变局正在加速演进，任何一个国家都无法独善其身，俄乌冲突升级打破了当今世界矿产资源传统格局，引发全球范围内相关资源的加速变革和转向。鉴于不断变化的全球动荡形势，中俄矿产资源合作的所有相关风险与通过资源贸易格局改变的政治立场和政策偏好息息相关，在给中俄合作带来新契机和深化合作的同时，也给其他周边国家和地区带来启示与选择。即中俄在加强双边矿产资源合作的基础上，还应更加关注包括与中俄接壤的中亚、蒙古国以及日、韩邻近的远东等周边国家和地区，拓展打破传统边界努力塑造去碳化世界的新"增长极"，推动大型碳氢化合物进出口及过境国共同调整单一的围绕矿产资源的经济模式和单向依赖关系。

鉴于矿产资源贸易必须关注相互包容的去碳化影响，关键金属矿产成为除油气资源外更加互利且潜力巨大的合作领域。在可持续发展清洁能源的推动下，矿产资源的经济价值也不完全来自资源本身，而更多存在于将其转化为最终用途和服务的过程中，这种全新的资源合作将越来越决定地区乃至全球网络动态，中国完全可以利用相关产业链上的新技术与相应的政治辐射范畴，在"一带一路"建设中发挥更具主动性和主导性的影响力。

第三方实践的启示：欧洲对非矿产投资政策与企业实践

匡舒啸[*]

摘　要： 非洲大陆因其丰富的矿产资源禀赋，一直是大国必争之地。本文聚焦欧盟对非的矿产政策，指出其独特性在于，它与欧盟的发展政策紧密相连，即欧盟通过给予非洲发展援助来获得非洲的矿产资源。本文重点分析了与欧盟对非矿产政策和发展政策相关的两种方式：一种是发展—贸易联结，即通过在欧非峰会签署的各种合作文件塑造非洲的矿产环境；另一种方式是近年来随着欧盟"绿色新政"的提出而兴起的，即通过改革发展融资体系来争夺非洲的绿色矿产。尽管第二种方式比第一种方式更加强调与非洲的互利共赢，欧盟也对非洲的矿产产业链和基础设施建设投入了更多资金，但依然没有改变其中心—边缘的对非合作思维。欧盟对非的矿产政策给中国带来了三重挑战：矿产价值链转移、绿色技术竞争和在非洲的影响力竞争，同时也给中国未来制定对非政策提供了正反两方面的启示。

关键词： 欧非关系　矿产竞争　绿色矿产　全球门户　中非关系

非洲是全球矿产资源竞争的最前沿。这固然是因为非洲本身丰富的资源禀赋，但更重要的是低碳转型背景下域外大国对非洲绿色矿产产生的迫切需

---

* 匡舒啸，对外经贸大学国际发展合作学院讲师，主要研究方向为国际发展与中欧关系。

求。欧盟及其成员国在非洲大陆拥有传统的影响力。自 2000 年以来，欧盟日益强烈地感受到中国等新兴经济体在矿产领域带来的挑战，相继推出一系列政策文件，这些文件塑造了非洲的矿产环境。2019 年后，欧盟在落实"绿色新政"（European Green Deal）的过程中，突出强调非洲绿色矿产对欧盟经济发展的战略价值。本文以欧盟 2008 年出台的《欧洲原材料倡议（2008～2014）》（简称"原材料倡议"）为起点，通过梳理其政策文件的相关内容，旨在把握欧盟对外矿产政策的一般性与对非洲矿产政策的独特性，这将有助于更深刻地理解中国在非洲面临的竞争处境，并在总结欧盟经验教训的基础上谋划中国对非洲的矿产政策。

一　欧盟"原材料倡议"

矿产资源指"由地质作用形成的，具有利用价值的，呈固态、液态、气态的自然资源"，它包括能源矿产（如煤、石油、天然气等）、金属矿产（如钴、锰、金等）、非金属矿产（如金刚石、石墨、自然硫等）以及水气矿产（如地下水、氦气、氡气等）四个大类。[①] 矿产资源是一国或一个地区生产和发展的物质基础，保障矿产资源的供应安全是政治行为体矿产政策的关注重点。

欧盟在矿产资源禀赋上先天不足，大量依赖进口，尤其在金属矿产领域，对外依赖度高达 50% 以上。[②] 鉴于此，欧盟对外矿产政策的出台与新兴经济体加强对本国金属原材料出口管控密切相关。从 20 世纪 90 年代后期开始，中国、俄罗斯和印度等新兴经济体为满足国内经济发展的需求，对原材料出口加强管理。比如，稀土资源丰富的中国对于稀土出口的限制，使完全依赖稀土资源进口的欧洲产业感受到巨大的压力。[③] 前欧盟贸易委员彼

---

① 《中华人民共和国矿产资源法实施细则》第一章第二条，附件：矿产资源分类细目。

② 于宏源、余博闻：《资源自立与全球治理——欧盟矿产资源安全战略评析》，《欧洲研究》2017 年第 2 期。

③ Henrike Sievers and Luis Tercero, "European Dependence on and Concentration Tendencies of the Material Production", Polinares：EU Policy on Natural Resources, *Working Paper* 14, March 2012, p. 1.

得·曼德尔森曾说："资源民族主义在资源丰富的国家中蔓延，这将严重阻碍欧洲工业。"在此背景下，2003 年以后，欧盟及其成员国层面的金属采矿行业联盟加大力度游说欧盟机构，推动出台矿产供应的相关政策。最终，欧盟委员会在2008 年推出《欧洲原材料倡议（2008～2014）》。

"原材料倡议"本质上只是一份政策文件，并不具备法律约束力，但是，它清晰地描绘了欧盟对外矿产政策的总体目标和实现手段。关于目标，它鲜明地指出欧盟对外追求的目标是"确保以公平和不受扭曲的价格和不受歧视性的方式在世界市场获得充足的原材料"[1]；关于手段，"原材料倡议"主张从确定关键原材料清单、外交、贸易和发展四个方面采取措施加以应对。在"原材料倡议"的指导下，2008 年以来欧盟的对外矿产政策包括以下具体措施。

欧盟发布了"关键原材料"（Critical Raw Material）清单并确定了每三年更新一次的制度。欧盟依据两个标准确定关键原材料：一个是原材料对欧盟经济发展的重要性；另一个是原材料供应中断会给欧盟带来的风险程度。2011 年，欧盟发布了第一份关键原材料清单，包括14 种具有战略意义的矿产。此后，根据市场发展、技术发展和有关国际环境变化的情况，欧盟不断在清单中增加新的矿产种类，在其2014 年和2017 年更新的清单中，关键原材料的数量分别为20 种和27 种。在2020 年发布的最新清单中（见表1），欧盟从83 种矿产资源中挑选了30 种确定为关键原材料，并第一次将铝土矿、锂、钛、锶列入名单。[2]

欧盟积极开展"原材料外交"，通过双边、地区或多边的不同合作框架与非欧盟国家建立战略伙伴关系和开展政策对话。关键原材料列表对于欧盟

---

① European Commission, "The Raw Materials Initiative-Meeting Our Critical Needs for Growth and Jobs in Europe," https：//eur - lex. europa. eu/LexUriServ/LexUriServ. do? uri = COM：2008：0699：FIN：en：PDF.

② European Commission, "Critical Raw Materials Resilience：Charting a Path towards Greater Security and Sustainability," https：//eur - lex. europa. eu/legal - content/EN/TXT/? uri = CELEX：52020DC0474.

表 1　2020 年欧盟发布的关键原材料（CRM）清单

锑	铪	磷	重晶石	重稀土元素
钪	铍	轻稀土元素	金属硅	铋
铟	钽	硼酸盐	镁	钨
钴	天然石墨	钒	焦煤	天然橡胶
锗	萤石	铌	磷矿	镓
铂族金属	铝土矿	锂	钛	锶

资料来源：欧盟委员会《关键原材料的弹性：为提高安全性和可持续性开辟道路》。

的"原材料外交"有很强的指导作用，帮助欧盟确认了重点合作对象。比如，欧盟与拉美的智利和哥伦比亚、北非的摩洛哥和埃及都签署了原材料合作意向书，与中国、美国则通过开展原材料政策对话来解决原材料生产、贸易和循环利用等问题。2021 年，欧委会先后代表欧盟与加拿大、乌克兰和哈萨克斯坦建立了三个原材料战略伙伴关系。此外，欧盟加强同经济合作与发展组织、世界银行等国际组织的矿业合作，讨论和推广矿产行业规范，比如有关透明化矿产资源供应链、负责任价值链的尽职调查等。

　　欧盟试图利用贸易手段消除其他国家对矿产资源的出口限制。一方面，在双边和地区性贸易谈判中，欧盟引入关于原材料可持续获取的条款，并且突出强化原材料市场的开放和透明。比如，2011 年生效的欧盟—韩国的自由贸易协定就包含关于取消矿产税收和其他出口税的规定。另一方面，欧盟利用世界贸易组织（WTO）的争端解决机制来对抗其他国家的出口限制条款。[①] 比如，欧盟曾向 WTO 起诉中国限制 9 种原材料（铝土矿、焦炭、萤石、镁、锰、碳化硅、金属硅、黄磷、锌）出口，认为中国违反了 WTO "非歧视原则"。2012 年欧盟再次与美国、日本一起起诉中国对稀土、钨和钼等实施出口限制。在这两个案例中，WTO 都判定欧盟胜诉，认为中国没有履行"入世"承诺。由此可见，欧盟在 WTO 有不容忽

① Ilaria Espa, "Export Restrictions on Critical Minerals and Metals: Testing the Adequacy of Wto Disciplines," Cambridge: Cambridge University Press, 2015, p. 19.

视的规则影响力，并会在原材料贸易纠纷中积极主动地应用"非歧视原则"以保证其原料供应。①

欧盟主张用发展政策塑造资源国的矿产开采和投资环境。比如，通过预算支持的方式为资源国提供发展援助，推动资源国建立采矿相关项目的公共金融体系、法律和行政框架等，并推广欧盟用来管理原材料的社会和环境标准。欧盟尤其重视推广《采掘业透明度倡议》（Extractive Industries Transparency Initiative，EITI）。EITI主张实现整个采掘业价值链信息的透明化，重点关注矿产资源收益的分配，强调增加采矿业公司向政府付款和政府运用资源收益的透明度，并建立问责机制。

《采掘业透明度倡议》（EITI）

《采掘业透明度倡议》于2003年启动实施，旨在推动并支持资源丰富国家通过全面公布和审计企业付款及政府从石油、天然气和采矿行业获得的收入情况来改善治理，提高透明度。作为利益相关方就实现共同目标做出的一项自愿承诺，参与《采掘业透明度倡议》的成员由资源丰富国家、国际和国内采掘业企业、公民社会、投资者以及捐赠国构成。

2004年，加入该倡议的国家只有7个，目前已增加到57个。此外，阿塞拜疆、赤道几内亚、所罗门群岛、美国和也门5个国家之前为EITI的实施国，后来或退出或被除名。

2023年是EITI成立20周年，在1月25日召开的会议上，EITI现任执行主管马克罗宾森（Mark Robinson）重申了2020年EITI董事会通过的六项2021~2023年战略重点：（1）支持能源转型；（2）解决腐败风险；（3）加强收益的使用；（4）用环境、社会和治理（ESG）原则指导投资；（5）及时发布公开数据；（6）开发衡量执行国效果的指标。

资料来源：笔者根据EITI官网相关信息整理。

---

① 陈丽萍、孙春强、陈静、李政：《矿产资源领域全球治理现状概述》，《国土资源情报》2014年第8期。

二 欧盟对非矿产政策

非洲被誉为"矿产博物馆"。目前，世界上已开发利用的矿物有100多种，非洲不仅蕴藏全部重要的矿产资源，而且总储量占世界的30%。世界五大矿产资源国之一南非、有"世界原料仓库"和"地质奇迹"美誉的刚果（金）、世界第四大铜金属生产国赞比亚等都在非洲。特别值得一提的是非洲富含绿色矿产，即那些大量应用于可再生能源产品、电池和人工智能等电动系统的矿产，比如，非洲在钴、铝、金、铂、钛、锗、镓、金刚石、锰、铜等方面的储量居世界首位。这些绿色矿产资源对实现向低碳和数字化经济转型至关重要。

由于欧洲国家在非洲曾有殖民历史，在欧洲的发展进程中，无论是工业革命时期还是两次世界大战期间，非洲的矿产资源一直扮演着重要角色。[①] 鉴于此，欧盟对新兴国家在非洲矿产领域的力量增长非常敏感。"原材料倡议"曾指出新兴国家"寻求在资源丰富的国家确保获得原材料的特权"，还特别提到中国大幅度增加与非洲的经济接触，包括"重大基础设施项目和积极参与在赞比亚（铜）、刚果民主共和国（铜、钴）、南非（铁矿石）、津巴布韦（铂）等国家的勘探和开采活动"。[②] 同样，由于欧盟在非洲的殖民历史，欧盟对非洲的矿产政策与发展政策紧密相连。二战结束后，殖民话语被发展话语所取代，欧盟通过对"欠发达地区"的发展援助继续维持与"前殖民地"的关系。换言之，欧盟通过对非洲的发展援助，要么扩大双边矿产贸易，要么获得在非洲的优势投资项目，本质都是换取非洲矿产资源的优先获得权，从而满足自己对原材料的需求。下文将具体论述欧盟对非矿产政策的两条主要路径。

[①] Duncan Money, Hans Otto Frøland and Tshepo Gwatiwa, "Africa – EU Relations and Natural Resource Governance: Understanding African Agency in Historical and Contemporary Perspective," *Review of African Political Economy*, Vol. 47, No. 166, 2020, pp. 585–603.

[②] European Commission, "The Raw Materials Initiative – Meeting Our Critical Needs for Growth and Jobs in Europe," https://eur – lex. europa. eu/LexUriServ/LexUriServ. do? uri = COM: 2008: 0699: FIN: en: PDF.

（一）欧盟通过发展—贸易联结塑造非洲的矿产环境

不同于很多发达国家只是在 WTO 框架内与非洲国家开展贸易往来，欧盟（欧共体）很早就通过《洛美协定》建立了与非洲国家独特的贸易—发展关系。根据《洛美协定》，欧盟给予非洲国家原材料等产品免关税和免配额进入欧盟市场的贸易优惠，同时通过欧盟发展基金（European Development Fund，EDF）给予非洲国家发展援助，这种合作方法一度被视为"南北关系"的典范。EDF 框架下的花费很大程度上要满足 OECD 规定的官方发展援助标准，即援助方为促进受援国经济增长和社会发展而给予的赠款或赠予成分至少为25%的优惠性贷款。2000 年以后，欧盟在《科托努协定》框架下与非洲国家谈判新的贸易协定，计划用互惠性质的经济伙伴关系协定（European Partnership Agreements，EPAs）取代之前单边优惠性质的《洛美协定》。尽管贸易条约的性质发生了变化，但是欧盟将贸易与发展联结的路径并没有改变。在 EPAs 谈判期间，欧盟继续为非洲国家提供 EDF 的援助资金。

欧盟发展基金（EDF）

EDF 是欧盟在发展援助领域最大的地理类财政工具，它的资金主要投入那些与欧盟成员国有历史联系的地区，比如非洲、加勒比和太平洋国家集团（the African, Caribbean and Pacific Group of States），它们获得了 EDF 大部分的资金，还有一部分资金投入海外国家和地区（the overseas countries and territories）。

资料来源：EPRS, "European Development Fund-Joint Development Cooperation and the EU Budget: out or in?"。

关于这种贸易—发展联结的路径，2011 年欧盟发布的《解决大宗商品市场和原材料领域的挑战》做出了解释。该文件指出，非洲国家未能将矿藏等自然资源转化为经济增长的原因在于这些国家缺乏有力的监管框架，呼吁"加强发展和原材料供应之间的一致性"，即"欧盟通过其发展政策让发达国家和发展中国家都受益于原材料的可持续供应"。① 它提到欧盟发展援助主要用于非洲的资源采掘，并资助了采矿项目和相关基础设施，进而得出结论："欧盟委员会、欧洲投资银行和其他欧洲发展融资机构，与非洲国家和地区当局合作，评估如何最合适地解决基础设施以及相关治理问题，从而有助于可持续地利用这些地区的资源和促进原材料供应，同时通过加强部门对话来引导这一过程。"

2010 年召开的第三届欧盟—非洲峰会上通过了欧非 2011~2013 年的新行动计划，确定了双方在矿产资源议题上的合作重点，确定了三个重点关注领域：治理、投资、地理知识和技能。具体而言，关于治理，欧盟要求提高矿业合同和支付环节的透明度，提高在谈判合同中的政府和议会的行政管理能力及增强公民社会和私人部门的参与；关于投资，欧盟加强对非洲基础设施建设的援助，强调要加强在采矿环境方面的政策管理，既注意吸取国有采矿公司在公司社会责任方面的经验，又注重提升小型采矿公司的能力来增强地方和多元化采矿供应链；关于地理知识和技能，欧盟表示要加强欧非地理调查的合作，以便更好地估计国家矿产储量，根据这些储量的预期收入更好地规划预算，并提高其与矿业公司的议价能力，提高非洲地理调查机构的能力，提高非洲可用资源数据的水平和质量，并继续在这一领域对非洲的相关人员开展能力培训等。

欧盟—非洲峰会

2000 年，第一届欧非峰会召开，通过了要建立面向 21 世纪的平等、尊重、团结、合作的新型伙伴关系的《开罗宣言》，标志着欧非间最高级别政治对话机制"开罗进程"的开启。2007 年，第二届欧非峰会上发布《非洲—欧盟联合战略》，并将非洲—欧盟战略伙伴关系确定为双方的基本合作框架。此后的三届峰会（2010 年、2014 年、2017 年）均以该框架为依托，

---

① European Commission, "Tackling the Challenges in Commodity Markets and on Raw Materials," https：//op. europa. eu/en/publication - detail/-/publication/e5b19725 - e943 - 4c1c - 8218 - a0a415a8624f/language-en/format-PDF.

并结合当时欧非双方共同关心的国际热点问题进行磋商。

2020 年 3 月，欧盟委员会发布题为《对非洲全面战略》的政策文件。这是继 2005 年欧盟委员会推出《欧盟与非洲：走向战略伙伴关系》政策文件后，欧盟出台的第二份明确提及战略的对非政策文件。在新的欧盟对非战略发布后，2022 年 2 月，第六届欧非峰会在布鲁塞尔召开，27 个欧盟成员国与 55 个非盟成员参会，涵盖了欧盟与非盟的全部成员。欧非峰会已成为当前欧非关系发展的最重要平台。

资料来源：参见王涛、鲍家政《"多边—多边"机制视域下的欧非峰会探析》，《西亚非洲》2018 年第 4 期；赵雅婷《大变局下的欧盟对非洲新战略探析》，《当代世界》2020 年第 8 期。

就落实情况而言，善治和加强国家能力成为欧盟对非洲的重要援助内容。比如，在 2008~2013 年的第十届 EDF 执行期间，有 27 亿欧元的发展援助被指定用于奖励那些达到欧盟良治标准的国家，这些良治标准既包括一般性的对于经济、财政、司法管理的承诺，也包括关于自然资源管理、矿业条约和矿藏收益透明度的特殊规定。如喀麦隆接受援助的条款中有对 EITI 的承诺。还有一部分发展援助用于非洲国家的交通基础设施建设项目，这对于采矿的可持续运作必不可少。例如，加纳的西部走廊基础设施项目，包括将铝土矿和锰转移到海边的港口和铁路的基础设施建设。此外，欧盟还将一部分发展援助用于在手工和小规模矿产（Artisanal and Small-Scale Mining）部门推广社会和环境标准，这些部门在非洲发展迅速，吸纳了大约 1 亿人就业。除了欧盟层面，欧盟成员国也在非洲积极推广欧盟的标准和实践。例如，法国地质调查局致力于推动企业社会责任和环保规范的传播，并推动一系列标准的认证工作。不仅如此，法国地质研究与矿产局承担刚果、马拉维、喀麦隆和乍得等国的资源数据调查，该机构制作了上述国家第一张 1：1500000 的国家综合地质图，创建了这些国家的地质与矿区信息系统，并对相关国家的地质科学研究和矿业发展进行规划。[1]

---

[1] Euro Geo Surveys, http://www.eurogeosurveys.org/.

不过，欧盟的殖民主义逻辑仍隐藏在发展政策的堂皇表象之下。有批评者指出，欧盟在与非洲国家谈判的贸易协定中禁止对方对原材料出口使用出口税或其他限制，以此来保证欧盟的原材料供应。[①] 自20世纪50年代以来，非洲矿产原料通过免税的贸易优惠进入欧洲市场，进而融入全球产业链条。但是，非洲国家与欧洲国家在全球生产结构中处于非常不平等的地位。非洲只有少数国家拥有冶金工业，有些非洲国家虽然有发达的采矿业，但由于缺乏冶金能力，不得不大量输出矿砂，沦为欧洲国家的原材料和初级产品供应地。而且，欧盟对非洲矿产行业展开发展援助的最终目的是帮助有关跨国公司优先获取非洲当地有价值的投资项目，使其能在与其他国家跨国公司的竞争中赢得先机。以英国为例，在英国脱欧之前，英国是欧盟成员国中在非洲直接投资的佼佼者，并且投资一直保持增长态势。[②] 英国大型矿业公司通过跨国并购等方式取得多个非洲矿业投资项目。凭借英国在非洲的影响力，再加上成熟的矿业运作体系和对矿业资本市场、信息咨询市场等配套市场的充分了解，英国跨国公司通过引导或施加压力促使非洲国家政府制定符合英国习惯的法律和行业标准。例如，英国与23个非洲国家签订《双边投资保护协定》、英法等发达国家联合推进 EITI 等专业性极强的行业准则等。由此可见，欧盟通过给予非洲国家发展援助，获得并维持受援国矿产资源的开采权和优先出口权，这样不仅保证了欧盟发展所需矿物质的供应，而且在非洲塑造了符合欧盟价值与利益的矿产行业标准。

近年来，非洲国家本身实力不断增长，对本土的矿产资源有了更多自主管理和利用的意识。2009年非盟提出《非洲矿业愿景》，核心诉求是"以透明、公平和最佳方式开采矿物资源，以此作为广泛的可持续成长和经济社会发展的基础"。非洲国家试图走出资源诅咒，采取发展措施，如增加附加

① Isabelle Ramdoo, "Shopping for Raw Materials: Should Africa be Worried About EU Raw Materials Initiative," ECDPM Discussion Paper, No. 105, December 2011, p. x.

② UNCTAD, "World Investment Report 2022: Regional Trends Africa," https://unctad.org/publication/world-investment-report-2022.

值，发展下游产业和多元化生产及出口基地。此后，非盟再次在《2063 年议程》中表示，矿产资源无论现在还是未来都是非洲结构转型的重要推动力。

《非洲矿业愿景》

在 2009 年 2 月的非盟首脑会议上，各国元首通过了非洲矿业愿景（Africa Mining Vision，AMV）。这是非洲自己对如何解决矿产资源丰富与普遍贫困并存悖论的回应。AMV 体现的非洲思路是将矿产资源放在经济大局中整体看待。因此，它不仅仅是主张通过确保优化采矿税收收入和合理使用收入来改善采矿制度，而且主张将采矿更好地纳入地方、国家和区域层面的发展大局中。这意味着在采矿中要考虑：（1）确保工人和社区看到大规模工业采矿的真正好处；（2）矿区的环境得到保护；（3）确保非洲各国能够与矿业跨国公司谈判产生公平的资源租金；（4）在合同中规定当地运营投入；（5）在区域层面将采矿业纳入工业和贸易政策；（6）开放矿业飞地地位（enclave status），这样非洲就可以从廉价原材料出口国的历史角色转变为知识型服务的制造商和供应商。

资料来源：笔者根据非盟官网相关信息整理，https：//au. int/en/ti/amv/about。

在非洲矿产自主性增强的背景下，欧盟依靠发展—贸易联结路径的矿产政策在非洲遭遇巨大阻力。2021 年 4 月 15 日，欧盟与 48 个非洲国家完成《后科托努协定》的谈判。但是双方对于《后科托努协定》框架下的 EPAs 谈判并不顺利。EPAs 涵盖投资市场准入的协议，以确保欧洲投资者在非服务部门设立前和设立后阶段开展工作的权力。尽管外国直接投资可能有利于经济增长和创造就业机会，但是这需要各国建立健全有效的投资监管、法律和制度框架。大多数非洲国家国内尚缺乏必要的基础设施。在这种情况下，非洲国家担心投资的自由化将导致非洲本地公司面临来自欧洲公司的竞争加剧，而本地企业可能难以击败欧洲公司。因此，绝大多数非洲国家拒绝接受EPAs。有迹象表明，非洲国家在制定贸易和工业政策时日益具有战略性。

坦桑尼亚和尼日利亚最近退出欧盟与东非和西非的 EPAs，同时这两个国家都发布了雄心勃勃的工业化计划，以实现对本国产业的保护。[①]

（二）欧盟改革发展融资手段争夺非洲绿色矿产

2019 年底，欧委会正式推出"绿色新政"（EGD）。EGD 以碳中和为目标，希望欧盟到 2050 年成为一个实现净零碳排放的绿色经济体。[②] 由于能源生产和消费占据了欧洲温室气体排放的 75%，因此 EGD 对于能源系统减碳尤为重视，提出欧盟要逐步退出石油和煤炭市场，以去碳化天然气作为过渡，增加绿色氢能，以期最终在 2050 年实现以清洁能源取代化石能源的目标。[③] 由于绿色矿产资源是能源转型的物质基础，随着 EGD 的落实，欧盟对绿色矿产的需求急剧上升，这成为当前欧盟与非洲国家接触的关键动力。

新冠疫情发生后，绿色产业作为欧盟经济复兴的关键，与之相关的关键矿产供应安全问题更加突出。2020 年 9 月，欧盟委员会发布了《欧盟战略技术和行业关键原材料前瞻研究》。报告指出欧盟为了生产锂电池、燃料电池、风力涡轮机和太阳能光伏板及电动汽车等清洁能源装备，到 2030 年，对石墨的需求将增加 3 倍，钴需求增加 4 倍，锂需求增加 17 倍；而到 2050 年，欧盟对石墨的需求将达到现在的 13 倍，钴需求是现在的 15 倍，锂需求将达到现在的 60 倍。[④] 目前，欧盟 28% 的重晶石和 24% 的磷矿石来自摩洛哥，64% 的铝土矿来自几内亚，68% 的钴和 36% 的钽来自刚果民主共和国，

① Isabelle Ramdoo, "Resource Based Industrialisation in Africa: Optimising Linkages and Value Chains in the Extractive Sector," ECDPM Discussion Paper, No. 179, September 2015.

② European Commission, "The European Green Deal," https://commission.europa.eu/strategy-and-policy/priorities-2019-2024/european-green-deal_en.

③ 庄贵阳、朱仙丽：《〈欧洲绿色协议〉：内涵、影响与借鉴意义》，《国际经济评论》2021 年第 1 期。

④ Silvia Bobba, Samuel Carrara, Jaco Huisman, Fabrice Mathieux, and Claudiu Pavel. "Critical raw materials for strategic technologies and sectors in the EU. A Foresight Study," 2020, p. 76, https://rmis.jrc.ec.europa.eu/uploads/CRMs_for_Strategic_Technologies_and_Sectors_in_the_EU_2020.pdf.

还有大约90%的铂族金属来自南非。① 加纳、赞比亚和津巴布韦也有潜力供应铜、铂族金属和铝土矿。南非、刚果（金）、莫桑比克还能提供众多清洁能源设备所需的稀土。此外，非洲还有巨大的矿产开采潜力，一些成矿条件好、找矿前景广阔的地区至今尚未开展过找矿工作。比如，坦桑尼亚镍、铀、稀土等矿产资源具有勘查及发现世界级矿藏的潜力，但目前绝大部分资源仍未开发利用。这些原材料对于提升欧洲清洁能源装备制造链的韧性至关重要。在此背景下，2020年9月欧盟委员会发布了《关键原材料弹性：绘制更高安全性和可持续性路线》，明确提出欧盟将与包括非洲在内的资源丰富的第三国建立"涵盖开采、加工和精炼的战略伙伴关系"。②

但是，采掘业不同于其他传统商品领域，它需要大量投资。由于非洲基础设施和制度条件的相对落后，私人资本一般不愿意进入。为了获得足够的投资资金，欧盟加紧改革发展融资体系，试图利用公共资本撬动私人资本，以获得欧洲企业在非洲矿产竞争中的有利位置。自2018年开始，欧委会在为2021~2027年财务框架做提案时就提议设立邻国、发展和国际发展合作工具（Neighbourhood, Development and International Cooperation instrument - Global Europe，NDICI-Global Europe），以此来改变现有的发展融资框架。2021年6月，欧盟通过了NDICI-Global Europe方案，其中对欧洲可持续发展基金+（European Fund for Sustaianble Development+，EFSD+）的安排为欧盟下一阶段的发展融资提供了框架。EFSD+通过保证金和混合金融两种方式来撬动私人资本。一方面，EFSD+可以提供400亿欧元保证金，通过提供信用担保，帮助企业获得欧洲中央银行或成员国国家开发银行的贷款，从而在非洲这样具有投资风险的环境中启动项目；另一方面，当出现保证金无法解

---

① Zainab Usman, Olumide Abimbola, and Imeh Ituen. "What does the European green deal mean for Africa?", 2021, https：//carnegieendowment.org/2021/10/18/what - does - european - green - deal-mean-for-africa-pub-85570.

② European Commission, "Critical Raw Materials Resilience：Charting a Path towards greater Security and Sustainability," https：//eur - lex. europa. eu/legal - content/EN/TXT/? uri = CELEX：52020DC0474.

决的问题时，欧盟会利用混合金融，将公共部门和私人部门的赠款、贷款、期权结合起来为企业在非洲等国的项目融资。这样，欧盟可以在官方发展援助之外动员更多资金服务于其发展政策。

发展融资

发展融资是介于发展援助和商业性资金之间的、促进发展中国家发展的融资方式，它的主体通常是多边开发银行（如欧洲投资银行）或国别开发银行（如法国开发银行、德国开发银行）等。

资料来源：黄梅波、陈燕鸿编著《国际发展融资》，复旦大学出版社，2022。

新的发展融资手段对欧盟与非洲加深矿产合作关系至关重要。2022年2月，在第六届欧非峰会上，欧盟表示将在"全球门户"框架下，通过EFSD+撬动1500亿欧元对非洲投资。峰会举办期间，欧盟和纳米比亚讨论了建立可持续原材料价值链的伙伴关系，并将之作为"全球门户"的旗舰项目。2022年11月，在埃及举行的第27届联合国气候变化大会上（COP27），欧盟委员会主席冯德莱恩（von der Leyen）和纳米比亚总统根哥布（Geingob）签署了一份谅解备忘录，欧盟与纳米比亚之间正式建立战略伙伴关系。该伙伴关系旨在确保原材料和精炼材料安全和可持续供应的发展，以支持双方经济的绿色和数字化转型，并希望通过支持采矿和原材料价值链的发展来促进纳米比亚本地资源的增值，实现纳米比亚工业现代化并推动经济和社会发展。欧盟和纳米比亚承诺制定2023~2024年的可操作路线图，并在签署谅解备忘录后的六个月内商定具体的联合行动。在COP27上，欧洲投资银行和纳米比亚签署了一项联合声明，计划向纳米比亚政府提供高达5亿欧元的贷款，用于投资与原材料价值链相关的可持续项目。这笔贷款将得到NDICI-Global Europe的支持。由此可见，欧委会已经开始致力于与资源丰富的非洲国家建立伙伴关系，并且利用其发展融资的政策工具来确保关键原材料的可持续供应。

"全球门户"倡议

2021年12月1日，欧委会发布一项名为"全球门户"的倡议，计划在2027年前在全球范围内投资3000亿欧元用于基础设施建设项目。这笔资金主要通过以下三种方式筹集：（1）EFSD+是欧盟实现"全球门户"战略的主要融资工具，它的目标是通过保证金和混合金融募集1350亿欧元，其中有250亿欧元来自欧洲投资银行；（2）欧盟对外援助预算提供180亿欧元赠款；（3）欧洲复兴开发银行等开发性金融机构以担保和低息贷款等方式动员1450亿欧元投资。

资料来源：欧盟官方网站，https：//ec. europa. eu/commission/presscorner/detail/en/qanda_ 21_ 6434。

此外，欧盟计划在"全球门户"倡议框架下投资11项非洲战略走廊（Strategic Corridors）的建设，其中有5条走廊的选择是因为其附近富含欧盟电池产业发展所需要的矿产资源。[1] 其中德班—卢萨卡走廊沿线富含可用于电池制作等领域的原材料，有些地区已经进入生产环节。由此可见，欧盟希望通过官方发展援助撬动私人资本，以建设运输绿色矿产资源的关键基础设施通道。

除了欧盟层次，在成员国层次，法国和德国的发展融资也为其国家企业在非洲的矿产争夺提供助力。法国100%的铀和钴、80%的铝矾土从非洲国家进口。依靠法国政府提供的信贷、担保、减税等政策，一些法国跨国公司在非洲的矿产领域获得巨大的利润。[2] 比如，法国的阿海珐（AREVA）集团在尼日尔进行铀矿开采活动长达40年，曾经垄断了尼日尔的铀矿开发。法国博洛雷集团（Bolloré Group）以独立或合作运营方式获

① Claudia Baranzelli, Gian Andrea Blengini, Sergio Oliete Josa and Carlo Lavalle, "EU－Africa Strategic Corridors and critical raw materials：two-way approach to regional development and security of supply," *International Journal of Mining, Reclamation and Environment*, Vol. 36, 2022, p. 13.
② 余南平：《法国在南部非洲国家的影响力塑造——以法国对非援助为视角》，《欧洲研究》2012年第4期。

217

得西非 5 个港口，这些港口为法国获取非洲的矿产资源提供了便利。此外，德国开发银行向德企提供出口信贷担保，以协助企业应对非洲国家违约风险，并为德企提供在非洲投资的咨询服务。这些举措鼓励经营矿产的德企在非洲投资，从而在非洲的矿产资源竞争中占据一席之地。

综上所述，欧盟对非矿产政策一直与其对非发展政策紧密相连：最初是以发展—贸易联结塑造非洲的矿产监管和治理环境；近年来通过改革发展融资手段争夺非洲的绿色矿产。不难看出，随着非洲自主性提高，欧盟对非政策也更加强调互利共赢的伙伴关系，双方合作从之前的双边矿产出口贸易转向以发展矿产相关产业链和建设基础设施为主。

三 欧盟矿产政策对中国的影响与启示

中国与非洲国家矿业部门合作始于 20 世纪 80 年代，到 20 世纪 90 年代已初具规模。比如，加纳的金矿、南非的铬矿、纳米比亚的铀矿和刚果的铜矿都有中国企业参与开采提炼。进入 21 世纪后，中非经济合作主要通过两个渠道继续深化。一是贸易渠道。自 2009 年起，中国连续 13 年稳居非洲第一大贸易伙伴国，中非贸易总额连年上升，商务部西亚非洲司最新公布的数据显示，2021 年中非双边贸易总额突破 2500 亿美元大关。[①] 其中，矿产品是非洲对华主要出口品，2019 年中国自非洲进口了价值 655 亿美元的矿产品，占中国自非洲进口总额的 68.4%。这一数据在 2020 年因新冠疫情有所下降，但总额仍保持了 450 亿美元，占比 61.9%。二是贷款渠道。自 2013 年"一带一路"倡议提出和落实以来，中国通过优惠贷款和商业贷款，成为非洲基础设施建设项目发展融资的主要提供者，53 个同中国建交的非洲国家中，有 52 个国家已经同中国签署了共建"一带一路"的合作文件。2021年 8 月，中国发布了第一份《中国企业投资非洲报告》，报告推算至 2020年末中国企业对非直接投资存量应不低于 560 亿美元。随着中国经济实力

---

① 国家发改委，https：//www. ndrc. gov. cn/fggz/lywzjw/jwtz/202205/t20220526_ 1325786. html。

的上升和中非合作的深化，中国企业进入非洲矿产领域的步伐加快。鉴于欧盟日益重视非洲绿色矿产的战略价值，中国不可避免地面临与欧盟展开竞争的处境。下文将依次从欧盟非洲矿产政策对中国的影响和启示两方面进行分析。

（一）欧盟在非政策对中国的影响

第一，矿产价值链转移的风险。如表 2 所示，欧盟在锂电池、风力涡轮机、太阳能光伏板等清洁技术领域对中国原材料的依赖度很高，中国依次为欧盟提供了 32%、54% 和 53% 的原材料。尤其值得一提的是，欧盟对来自中国的稀土材料及半成品高度依赖。比如，稀土广泛应用于生产风力涡轮机所需要的零部件永磁铁，而欧盟对中国永磁体的依赖接近 100%。[1] 因此，欧盟产业界和欧洲议会呼吁优先和多样化关键原材料供应，尤其要限制这些材料对中国的依赖。[2] 2021 年，欧委会发布《新工业战略》，明确提出以"开放战略自主"指导来增强关键原材料供应链的安全性。[3] 俄乌冲突爆发后，西方更加强调供应链多元化的重要性，要保证锂和其他稀贵金属的可靠获得渠道。2022 年 5 月，在夏季达沃斯论坛演讲中，欧委会主席冯德莱恩表示："未来经济将不再依赖石油和煤炭，而是依赖生产电池的锂、用于芯片的金属硅，以及用于电动汽车和风力涡轮机的稀土，但是对其中许多材料，欧盟尚依赖少数国家的供应。"[4] 接着，她提出："我们必须避免陷入与石油和天然

---

① Frank Umbach, "Geopolitical Dimensions of the EU's Future Supply of Critical Raw Materials," https：//www.euractiv.com/section/china/opinion/geopolitical-dimensions-of-the-eus-future-supply-of-critical-raw-materials/.

② Rare Earth Magnets and MotorsCluster of the European Raw Materials Alliance, "Rare Earth Magnets and Motors：A European Call for Action," Berlin, 2021. Marcin Szczepański, "Critical raw materials in EU external policies,", Strasbourg：European Parliament Research Service, May 2021.

③ European Commission, "A New Industrial Strategy for Europe," https：//commission.europa.eu/strategy-and-policy/priorities-2019-2024/europe-fit-digital-age/european-industrial-strategy_en.

④ European Commission, "Special Address by President von er Leyen at the World Economic Forum," https：//www.eureporter.co/politics/european-commission/2022/05/26/special-address-by-president-von-der-leyen-at-the-world-economic-forum/.

气相同的陷阱。我们不应该用新的依赖替换旧的依赖。"这意味着欧盟未来会继续寻求减少乃至避免对中国矿产资源的依赖，中国面临矿产价值链转移的风险。

表2 欧盟清洁能源相关技术供应链上主要行为体所占市场份额

	原材料(%)	加工材料(%)	零部件(%)	组装(%)
锂电池				
欧盟	1	8	9	\
中国	32	52	52	66
非洲	21	\	\	\
风力涡轮机				
欧盟	\	12	20	58
中国	54	41	56	23
非洲	2	\	\	\
太阳能光伏板				
欧盟	6	5	\	1
中国	53	50	89	70
非洲	13	\	\	\
燃料电池和氢技术				
欧盟	5	40	25	1
中国	17	10	\	\
非洲	48	\	\	\

资料来源：笔者根据《欧盟战略技术和行业关键原材料前瞻研究》中相关信息整理，Bobba, S., Carrara, S., Huisman, J., Mathieux, F. and Pavel, C., "Critical Raw Materials for Strategic Technologies and Sectors in the EU-A Foresight Study," 2020, Brussels.

第二，绿色技术的竞争。欧盟认为绿色技术是赢得未来的关键，希望在这一领域发挥全球领导作用。[1] 当前，欧盟是绿色技术转型的领先者，全球28%的环境相关创新注册专利来自欧洲。欧洲不仅拥有领先的风力涡轮机制造商，也是汽车电气化、循环经济等领域技术革新的主要参与者。而欧盟

---

[1] Louise vanSchaik, Akash Ramnath, Giulia Cretti, "Turning EU Green Energy Diplomacy into Reality," Clingendael, December, 2021, https://www.clingendael.org/sites/default/files/2021-12/Policy_ brief_ Turning_ EU_ Green_ energy_ diplomacy_ into_ reality_ December_ 2021.pdf. Brigitte Dekker, Maaike Okano-Heijmans (eds.), "Dealing with China on High-tech Issues," Clingendael, December, 2021, https://www.clingendael.org/sites/default/files/2020-12/Report_ Dealing_ with_ China_ December_ 2020_ 0.pdf.

需要确保原材料的可持续供应，尤其是关键原材料来发展绿色技术。比如，欧盟目前致力于在燃料电池和氢能技术领域取得领先地位。如表2所示，虽然欧盟在加工材料和零部件环节有优势，但自身仅能供应原材料需求的5%，该技术高度依赖的锂、锶、钴、稀土等关键原材料的48%需要由非洲提供。[1] 在与此相关联的氢能领域，欧盟重点放在开发电解槽产能方面。[2] 中国2019年就实现了电解槽的生产成本比西方国家低83%，这引发欧洲对中国在稀土、太阳能光伏模块制造等领域领先之后，又在这一关键能源技术上领先的担忧。因此，欧盟与非洲加强了矿产伙伴关系，加速绿色技术革新，这无疑会给中国带来竞争压力。

燃料电池技术

燃料电池技术连接两种基本的未来能源载体：电力和氢。它是一种电化学装置，可将氢燃料与燃料电池中的氧气反应生成水并通过外部电路释放电子产生电流。这个过程燃料不需要燃烧，因此是一项极有吸引力的清洁能源技术。

资料来源：《欧盟战略技术和行业关键原材料前瞻研究》。

第三，在非洲的影响力竞争。冯德莱恩就任欧委会主席后，明确提出将追求"地缘政治影响力"。碳中和时代，清洁能源技术所依赖的关键原材料具有稀缺性、不可再生性、强依赖性，本身就具备地缘战略价值。[3] 同时，欧盟通过"全球门户"框架投资非洲国家交通领域的战略走廊设施建设，将非洲的关键原材料资源和非洲基础设施建设联系起来，这既可以深化与非洲国家的矿产伙伴关系，又可以对中国"一带一路"倡议形成挑战，增强

---

[1] European Commission, "Strategic Foresight Report 2021," September 2021: 10.

[2] VanWijk, Ad, and Frank Wouters. "Hydrogen-the Bridge between Africa and Europe," In *Shaping An Inclusive Energy Transition*, p. 107. Cham: Springer International Publishing, 2021.

[3] 赵宏图：《碳中和与国际能源政治新变局》，《现代国际关系》2022年第2期。

欧盟在非洲的地缘政治影响力。[1] 基础设施项目是中国在非洲影响力的重要来源。但是，欧盟大力推进"全球门户"，希图以绿色、透明度和可持续性的原则突出其与"一带一路"的不同性，以期与中国在非洲的影响力形成对冲。

在上述三个竞争领域，欧盟都需要非洲的积极配合。值得注意的是，在COP27上，欧盟遭遇了非洲领导人对其"伪善"的批判，暴露了欧非关系深层次的紧张。本次批判的原因在于，俄乌冲突爆发后欧盟寻求非洲的天然气来解决国内的能源缺口，这与之前它以"绿色转型"的名义要求非洲终止化石燃料项目的立场发生冲突。一家非洲智库的主管在COP27上接受采访时说："欧洲试图使非洲成为它的'天然气站'，我们不能允许非洲成为短视和自私的殖民主义利益的受害者。"[2] 这次冲突暴露的深层次问题在于，欧盟并没有真正尊重非洲依据自身国情实现绿色转型的自主性。对很多非洲国家而言，天然气是本国未来几十年实现经济发展的主要驱动力，它带来的收入是支撑非洲实现绿色转型的关键条件，而欧盟仅根据自身需求来要求非洲取消或启动化石燃料项目，这被视为一种不公正的行为。而非洲对欧盟的这种不信任也为双方在矿产领域的合作罩上了一层阴影。

（二）对中国的启示

作为在非洲影响力极大的新兴经济体，中国需要妥善应对与欧盟的竞争。同时着眼未来，吸取欧盟对非矿产政策的经验和教训，制定更加符合中非双方共同利益的矿产政策。

其一，中国要规避欧盟对非矿产政策中的缺陷，不能仅将非洲大陆视为自己的原材料供应来源地。欧盟对外矿产政策根本上是从自身矿产进口国的属性出发，为了保证自己可持续的原材料供应安全而采取的具体举措。殖民历史塑造了欧洲国家对待非洲的底层逻辑，对非洲的发展援助没有摆脱中

---

[1] Simone Tagliapietra, "Global Gateway a Real Step toward a Stronger Europe in the World," https：//www.bruegel.org/blog-post/global-gateway-real-step-towards-stronger-europe-world.

[2] Tim Schauenberg, "Europe Scrambles for African Gas," https：//www.dw.com/en/africa-gas-europe-cop27/a-63719525.

心—边缘的合作思维。在这个意义上，非洲国家被局限在绿色科技价值链的萃取阶段，且面临资源开采枯竭等问题。有鉴于欧盟的不足，中国更要注重为非洲本地创造发展机会。2021年底召开的中非第八届部长级会议通过的《达喀尔宣言》指出："中方鼓励本国企业扩大对非投资，支持非洲生产本地化，加速非洲经济转型，提高产品竞争力。"《达喀尔行动计划 2022～2024》更进一步提出："双方将继续支持在采矿业延展产业链条，扩大在冶炼、加工等产业链上下游以及电力、交通等配套基础设施的投资建设，在非洲国家开展矿产深加工项目，进行资源开发利用型合作区建设，带动当地工业化发展，将资源优势转化为经济发展优势。"未来，中国矿业公司将持续推进中非产业对接和产能合作，帮助非洲建立本地矿业产业链，推动非洲工业化和现代化发展。

其二，欧盟对非洲的矿产政策也有几点主要经验值得参考。

一是欧洲在非洲的矿产资源勘探工作得到成熟的矿产资源数据库的支持。这些矿产信息不仅有助于欧洲公司抢占优质矿山，管控海外投资风险，而且有助于企业和政治行为体在国际上关于矿产品贸易价格的谈判中获得议程设置能力，因为某一矿产全球储量的统计对于矿产定价至关重要。欧盟作为矿产资源数据库的先行者，积累了大量关键性矿产知识。中国作为后来者，可以在吸取欧洲经验的基础上，继续发展创新。以知识和科技引领矿产企业合作。

二是欧洲重视与非洲社区建立联系。非洲手工和小规模矿产发展迅速，日益成为很多民众的收入来源。欧盟的发展政策为非洲地方社区人员提供培训，欧洲企业通过为地方医药卫生领域提供社会投资等来获得社区的支持。而且欧洲的矿产开发者通过获得的开采许可来规定赔偿金和明确权利与责任，因此，社区可以从矿产企业的开采活动中获得收益和补偿。这有助于减少矿产投资企业与地方社区的矛盾，避免后续代价巨大的争端和社会风险。新冠疫情之后，非洲国家经济出现下滑，失业率激增，进而导致社会治安状况急剧恶化。矿业资源是非洲很多国家的主要收入来源，更是非洲许多国家恢复经济的关键行业。可以预见，后疫情时代，非洲采矿业的政治敏感度会进一步增长，从而给中国在非矿业运营商带来更大的挑战。中国目前也有中小型民营企业投入非洲矿产资源开发业务，但依然偏好与非洲政府合作，通过大型国企从收购方式开展投资，未来应该更加重视深入非洲社区层面，与基层建立友好合作关系。

三是欧盟擅长的混合融资模式减轻了公共财政的压力，旨在以官方发展援助资金为基石最大限度地撬动私人资本。中国的"一带一路"倡议是有史以来规模最大的公共工程项目，它帮助非洲建设最急需的基础设施项目。但是，未来的竞争更加多元而复杂，对资金的需求量很大，因此在"全球发展倡议"提出的八大重点任务中，其中一点就是"发展融资"。中国可以吸收欧盟发展融资改革中的有效经验，改革发展融资体系，更好地服务于对非战略的大局。

四 结语

"原材料倡议"拉开了欧盟 21 世纪对外矿产政策的序幕，指导了欧盟一系列相关举措。对于非洲，由于欧洲多国在非洲有过殖民历史，欧盟的矿产政策与发展政策紧密相连。本文在介绍了欧盟对外矿产政策的一般性特点后，详细论述了欧盟对非矿产政策的特殊性，展示了欧盟从发展—贸易联结的路径向发展融资的路径转变，揭示了欧盟对非洲矿产政策的本质是为了维持欧洲—非洲的中心—边缘关系，确保欧盟获得非洲绿色矿产的稳定供应，为欧盟在低碳技术革命中抢得先机。对于中国而言，这意味着矿产、技术和地缘影响力的多重挑战，中国需要吸取欧盟的经验教训，谨慎处理各种问题。本文同时还说明了，全球范围的低碳转型趋势使绿色矿产资源丰富的非洲有了新的发展机遇。虽然域外国家在非洲的竞争是受其自身经济利益和更广泛的地缘政治利益驱使，但是各大国的高度关注给了非洲更多的选择权，再加上非洲国家自主性的增强，这些对非洲而言都是殖民时期以及冷战时期不具备的利好条件。如何充分勘探和利用非洲丰富的矿产资源，并用矿产推动非洲国家实现工业化和现代化目标，是中国在制定对非矿产政策时需要面对的课题。

关键矿产供应链与政治变局：以拉美矿产国为例

张　锐*

摘　要： 拉丁美洲对满足全球关键矿产需求至关重要，尤其在铜、锂两大矿产上有突出的资源优势。当前，该区域围绕关键矿产资源开发出现了以下动向：资源国加速构建锂矿产业链，国家对资源管控的力度加大；社会冲突持续激化，环境困局日益严峻；美欧的战略投入不断升级。中国与拉美的关键矿产合作应与时俱进、提质升级，开展双多方的战略沟通与政策协调，推动"能源+矿业+制造业"联动发展新模式，实施可持续的绿色矿业合作，在全球矿业治理中发出"中国声音"，提出"中国方案"。

关键词： 拉丁美洲　关键矿产资源　矿业治理　中拉合作

随着全球能源转型的深入推进，能源系统面临从燃料密集型向材料密集型的转变。光伏组件、风力涡轮机、电动汽车、储能电池等能源装备的制造均倚赖于各种矿产资源，国际社会将这类矿产称为"关键矿产资源"（critical mineral resource），主要包括铜、锂、镍、钴、锡、稀土等。据国际能源署（IEA）预测，全球要实现《巴黎气候协定》2摄氏度的温控目标，2040年对关键矿产资源的需求规模将是2020年的6倍。[1] 据欧盟委员会

＊　张锐，博士，全球能源互联网发展合作组织副研究员，研究方向为国际能源政治、气候变化等。

[1]　IEA, "The Role of Critical Minerals in Clean Energy Transitions," https://www.iea.org/reports/the-role-of-critical-minerals-in-clean-energy-transitions/executive-summary.

2021 年的测算，仅电动汽车一项将使欧洲到 2030 年对锂的需求增长 18 倍、对钴的需求增长 5 倍。[①] 需求飙升强化了油气时代根深蒂固的资源稀缺观念，促使各国（尤其是大国）更加重视矿产资源的海外布局与跨国供应安全。近年来，关键矿产资源已经演变为一个显性的国际政治经济议题，全球主要经济体高度重视并积极布局跨国供应体系，未来全球围绕关键矿产开采、加工、精炼和应用的竞争将愈发激烈。

本文聚集关键矿产资源的富集地——拉丁美洲，探讨拉美关键矿产资源的实力，重点分析当前该区域涉及关键矿产资源的五大政治动向，其中既有机遇，也有挑战，并就中国与拉美国家在这一领域的合作提出政策建议。

一　拉美关键矿产资源的实力地位

拉丁美洲对满足全球的关键矿产需求至关重要，其在几个主要的矿产资源上有着巨大的开发潜力，一些资源国不断强调自身在推动全球能源转型上可以做出的贡献。

铜被广泛用于各类清洁发电设施、储能设施和电动汽车，同时凭借其导电性和低反应性，也是电缆、晶体管、逆变器等电网类设施的关键材料。根据金融数据及信息服务商标准普尔的研究，21 世纪 20 年代全球能源转型所需的铜将增加 2 倍，到 2035 年，全球铜需求将再翻一番，达到 5000 万吨，如果全球铜供应按照目前的发展速度增长，到 2035 年年度供应短缺将达到近 1000 万吨，市场将处于持续短缺的状态。[②] 拉美是目前和未来支撑全球铜供应的主要地区，据美国地质调查局的数据，2021 年全球铜矿储量约为 8.8 亿吨，其中，智利铜矿储量位居各国之首，约为 2 亿吨，占比 22.7%；秘鲁（7700 万吨）、墨西哥（5300 万吨）分别位居第三、四，占全球总储

---

① Euractiv, "Europe Powers up Electric Car Battery Drive," https：//www.euractiv.com/section/electric-cars/news/europe-powers-up-electric-car-battery-drive/.

② 戚德志：《标普全球：即将到来的铜短缺可能破坏能源转型》，https：//m.yicai.com/news/101475014.html。

量的 8.8% 和 6%。从产量上看，2021 年，智利、秘鲁和墨西哥的铜矿产量分别为 560 万吨、220 万吨、72 万吨，三者之和占全球总产量的 40.6%。①

锂被视为能源转型时代的"白色石油"，既因其是重要的、难以替代的电池金属，也因其分布具有更强的集中性。随着全球新能源汽车的快速发展，锂矿的供需失衡状况日益突出，2021 年碳酸锂涨价幅度高达 430% 以上；2022 年，碳酸锂价格从年初的 28 万美元/吨飙升到第二季度的最高 50 万美元/吨。据多家机构预测，尽管全球锂资源开发速度加快，锂资源产量 2020~2025 年复合增长率将达到 31%，但锂资源需求同期的增速预计在 36%，供应仍跟不上需求增长。② 拉美是全球锂资源最为丰富的区域，阿根廷、智利、玻利维亚三国交界的普纳高原地区构成了"锂三角"地带，智利的阿塔卡马盐沼、玻利维亚的乌尤尼盐沼、阿根廷的翁布雷穆尔托盐沼均为世界级的特大型锂盐湖。2021 年全球探明锂资源为 8000 万吨，其中玻利维亚、阿根廷和智利的储量居全球前三位，分别为 2100 万吨、1900 万吨和 980 万吨，占比分别为 26.3%、23.7% 和 12.3%。墨西哥（170 万吨）、秘鲁（88 万吨）、巴西（47 万吨）亦有较小规模的储量。2021 年全球锂产量为 10 万吨，其中智利产量为 2.6 万吨，仅次于澳大利亚的 5.5 万吨，位居世界第二；阿根廷为 6200 吨，巴西为 1500 吨。③ 玻利维亚盐湖杂质较多，品质不及智利和阿根廷盐湖，加之锂资源产业化迟缓，2022 年前 11 个月，该国仅出口碳酸锂 635.5 吨，在全球锂产品供应中份额很小。④

拉美在其他类型资源上也有一定优势。稀土方面，2021 年世界探明储量为 1.2 亿吨，巴西储量预计达到 2200 万吨，占全球总量的 18.3%，排名世界第三；2021 年世界稀土产量为 28 万吨，而巴西产量为 500 吨，仅位居世界第

---

① USGS，"Rare Earths 2021," https：//pubs. usgs. gov/periodicals/mcs2022/mcs2022 - rare - earths. pdf.

② 王俪锦：《多方引导锂盐价格理性回归》，http：//www. ccin. com. cn/detail/307961。

③ USGS，"Lithium 2021," https：//pubs. usgs. gov/periodicals/mcs2022/mcs2022-lithium. pdf.

④ 安丽敏：《争夺南美锂盐湖》，《财新周刊》2023 年 2 月 4 日。

九，其产能潜力远未得到释放。① 镍矿方面，巴西为世界第四大资源国，探明储量达到 1600 万吨，占全球总量的 16.8%；2021 年产量为 10 万吨，在全球产量中的占比为 3.7%。② 另外，哥伦比亚和巴西还有少量的钴储量。

二 拉美关键矿产开发的政治动向

由于关键矿产资源的战略重要性不断增加，其在全球、区域和各国政治中的分量也相应地"水涨船高"，很多分析者担心关键矿产资源很可能会延续油气政治的竞争性逻辑和冲突性风险，为世界增添更多不确定、不稳定因素；也有些观点认为关键矿产资源的政治风险是可控的，其对各国政治经济秩序的不利影响有限或只是间接的，而其带来的资源开发效益、能源转型效益才是"主要方面"，将助力世界的和平与发展。拉美区域为此提供了一个很好的观察窗口，矿业开发与治理一直是该区域政治的优先议题，新形势下，资源国从战略到策略上的一系列调整将呈现关键矿产特有的政治属性及其激发的多层次的政治互动。

本文将重点分析拉美区域涉及关键矿产开发的五个显著政治动向。

（一）锂矿产业链的构建

锂矿成为当前区域关键矿产的投资热点，也成为域内资源国挖掘资源潜力、加速产业升级、培育低碳时代国家竞争力的重点，资源国通过招商、引资、引技等手段，寻求扩大各自在全球资源供给中的份额。

阿根廷作为锂储量第二大国，其开发进度远远落后于澳大利亚和智利。该国政府正在制定专门促进锂矿开采的产业战略，拟推出以税收优惠和货物累计出口税率为主的投资激励政策，使企业在项目初期只需要承担较低的税负。阿根廷锂资源丰富的三个省——萨尔塔、胡胡伊和卡塔马卡于 2021 年

---

① USGS, "Rare Earth 2021," https：//pubs. usgs. gov/periodicals/mcs2022/mcs2022 - rare - earths. pdf.

② USGS, "Nickel 2021," https：//pubs. usgs. gov/periodicals/mcs2022/mcs2022-nickel. pdf.

底建立了跨省合作机制，寻求制定统一的锂产业规范和管理政策，建设区域矿业物流通道和仓储基地，加强资源地的基础设施建设，以改善投资环境。目前，阿根廷处于勘探阶段、正在规划和在建的盐湖锂项目超过 60 个，其中已处于领先开发阶段的项目有 23 个。仅 2021 年 10 月的上半月，中国的紫金矿业、赣锋锂业、宁德时代就在阿根廷获得了约合 87 亿元人民币的锂矿开发权。① 2022 年上半年，阿根廷锂矿出口目的国分别为中国（33%）、日本（24%）、韩国（14%）和美国（7%）。②

长期以来，锂矿在玻利维亚出现"资源诅咒"的效应。令人感到无奈的是，该国非但未从开发中获得预期的财富，反而多次陷入事关开发模式和利益分配的政治纷争之中。2020 年 11 月路易斯·阿尔塞担任波国总统以来，该国改变此前保护主义色彩过浓的矿业政策，试图营造开放务实的营商环境。通过与跨国矿业公司的密切接触，2022 年 6 月，玻利维亚能源部宣布有 6 家外国企业入围该国锂矿开发伙伴关系名单。③ 2023 年 1 月，玻利维亚国家锂业公司与由中国宁德时代牵头的企业联合体签署了框架协议，两家公司将在锂资源开采、提炼、加工和销售等方面开展合作，按目前计划，宁德时代准备在乌尤尼、科伊帕萨两大盐湖各建一个工厂，每家工厂每年最多可生产 2.5 万吨电池级碳酸锂。项目的第一阶段投资将超过 10 亿美元，资金将用来改善道路等基础设施，并推动锂离子电池正极材料和电池工厂的建设。

秘鲁政府希望立足该国的铜矿产业基础和不断完善的基础设施，在锂领域能有所作为。2018 年、2019 年，该国南部先后发现两个大规模、高品质的锂矿床。2022 年 9 月，秘鲁能矿部部长亚历山德拉·埃雷拉表示将优先推动锂矿的勘探与开发："当我们谈论锂的时候，我们没有给予它

---

① 李木：《87 亿元！中企提前 35 年拿到百万吨锂资源》，https：//www.china5e.com/m/news/news-1123732-1.html。

② 中国驻阿根廷共和国大使馆经济商务处：《阿根廷有望在 2025 年成为世界第二大锂矿生产国》，https：//www.investgo.cn/article/gb/fxbg/202211/636751.html。

③ 6 家企业包括俄罗斯的 Uranium One 公司，美国初创公司 Lilac Solutions 和中国的宁德时代、深圳聚能永拓、特变电工和中信国安。

应有的重要性。"①

除了加速上游的勘探开采，域内国家还寻求对接全球能源转型需求，加强下游制造环节的国际合作，建立本土的、完整的锂产业链，因为锂行业的大部分利润来自创造锂电池的长价值链，仅提取和出口锂的国家只能获得十分有限的收益。

阿根廷政府正着手制定电动汽车的产业规划，以实现锂资源经济效益的本地转化。阿根廷本土第一家锂电池工厂于 2021 年底建成，由该国能源公司 Y-TEC 投资。另外，主动与全球主要锂电池研发制造企业接触，希望它们能与阿国能源企业、矿业企业合作，在阿建立锂电池的合资企业，以资源换技术、换投资的意图十分明确。例如，2021 年 5 月，赣锋锂业与阿根廷国家生产发展部、胡胡伊省政府签署了谅解备忘录，赣锋锂业公司表示将考虑并评估在胡胡伊省设立电池组装厂的可能性；2021 年 11 月，在阿根廷矿业部的牵线下，宁德时代与阿根廷国有能源公司 YPF 建立了锂资源战略合作伙伴关系。即使资源开采尚未步入正轨，玻利维亚延伸产业链的积极性已经很高，阿尔塞政府与阿根廷、墨西哥政府签署了共同促进电池生产和电动车产业的合作协议，上文提及的纳入伙伴关系的 6 家外国企业也大多涉足电池制造产业。墨西哥政府高度关注美国近年来推出的能源转型产业政策，希望成为美国电动车、储能和清洁能源装备产业的原材料和零部件供给方，该国矿业部不断加强与美相关部门的政策对话频次和层级。

（二）国家管控力度加大

面对全球近年来对关键矿产不断飙升的需求，拉美资源国加大了对关键矿产的国家管控力度，希望提高资源回报水平。这类政策的出台虽然往往基于各国政府保民生、求发展的决策压力，但由此产生的政策波动性会削弱投

---

① 财联社：《秘鲁矿业部长：秘鲁将优先勘探和开发锂矿》，https://finance.eastmoney.com/a/202209102506738182.html。

资环境的稳定性，"推高矿产资源勘查与开发的成本，对外商投资企业的收益构成严重负面影响，会严重挫伤外国投资者的投资积极性"[1]，最终阻碍矿产产能的提升和产业的塑造。相关的政策举措主要有以下几点。

一是重新审查已有采矿合同，寻求重新分配矿产收益。例如，巴拿马政府与加拿大第一量子（First Quantum）公司重新谈判了巴拿马铜矿（Cobre Panama）项目的合同。[2] 加拿大矿业公司接受了新的条款，即从 2022 年 1 月起每年至少向巴国政府支付 3.75 亿美元的特许权使用费，并提前中止该项目的免税期，开始向政府支付公司营业税。

二是寻求直接提高税费收入。2022 年 3 月，智利参议院矿业和能源委员会通过了一项采矿权使用费提案，提出将根据矿业公司年销售额和盈利能力确定税额，分为"从价"部分和"盈利能力"部分。"从价"部分拟征收的税率标准是对于每年铜产量低于 20 万吨的矿业公司，税率为矿产品年销售额的 1%；对于每年铜产量高于 20 万吨的矿业公司，则根据伦敦金属交易所（LME）的铜年平均价格征收税费，这里存在不同的价格区间和相对应的税率区间。"盈利能力"部分的税率标准根据不同的铜价来征收，按照铜的价格区间从 2 美元/磅到 5.75 美元/磅不等。如果铜价小于 2 美元/磅（约为 4409 美元/吨），税率仅为 2%；如果铜价高于 5.75 美元/磅（约为 12677 美元/吨），税率将达到 40%。[3] 这一机制虽看似机动灵活，但显然表明，智利政治家们既不甘于未能从处于高位的铜价中赚取更多收入，又着眼于未来较长时间全球旺盛的铜需求。秘鲁同样希望采取类似的税收政策，2022 年 3 月，秘鲁经济和财政部部长格雷厄姆表示，秘鲁将针对矿业公司从全球金属价格飙升中获得的"超额利润"征收额外税款。巴西联邦政府正在考虑提高采矿业税率，北部的帕拉州已于 2021 年 4 月提高了铜、锰和

---

① 王永中：《资源国关键矿产博弈的新动向及可能影响》，《人民论坛》2022 年第 15 期。

② 该项目为中美洲地区最大的铜矿项目，包括一处露天矿场、一间矿石加工厂，以及一座装机容量为 300 兆瓦的发电站。巴拿马铜业于 2019 年 6 月开始出口铜精矿，主要目的市场为中国，在产能得以充分发挥的情况下，每年可出口铜精矿 32 万吨。

③ 《矿业发展：秘鲁向左，智利向右》，中国矿业网，https：//www.escn.com.cn/news/show-1394306.html。

镍等矿种的税率。

三是采取资源国有化手段。墨西哥议会于 2022 年 4 月批准一项法案，禁止向私人财团提供开采锂矿的特许权，实现锂资源的国有化。墨西哥政府于同月配套成立了墨西哥锂业公司，提出将打造从勘探、开采到相关制造行业的全链条。这一政策的实施前景面临挑战，因为该国尚无任何一个在建或在运的锂矿项目，也缺乏相关技术实力和开发资金，如何在高度国有化的政策框架下引入外国企业的投资将是墨西哥面对的难题。智利制宪会议的环境委员会在 2022 年初提出一项提案，即确保由智利国有企业获得对锂、碳氢化合物和稀土金属的独家采矿权，以及铜矿的多数所有权。[①] 该提案在智利国内引发较大争议，后在制宪会议全体大会上遭到否决。虽然这一举措受挫，但智利政府希望提升资源国有化的目标依旧存在，该国矿业部于同年 5 月表示将尽快成立一家国有锂公司。

四是加强区域资源国间的协调。近期备受关注的动向是玻利维亚、智利、阿根廷和墨西哥探索构建"锂矿联盟"，从 2021 年开始，上述四国不断开展双边或多边的沟通，希望能够组建一个类似欧佩克的资源国组织，以管控锂矿产能和价格，使资源效益最大化。2022 年 4 月，四国召开了首届"拉美锂矿前景"视频会议，并决定年内在玻利维亚召开一次关于国际锂矿资源的线下会议，推动相关治理工作。同年 10 月，在阿根廷召开第 39 届拉丁美洲和加勒比经济委员会大会期间，阿根廷、玻利维亚和智利外长就相关事宜进行进一步会谈。另外，阿根廷与智利、阿根廷与玻利维亚建立了官方或半官方的锂矿政策沟通机制，实现常态化的跨国协调。

基于当前现实情况，南美国家组建锂矿多边合作机制是大势所趋，但要发挥类似欧佩克的国际市场调节功能具有很大难度。首先，各国的生产规模存在较大差异，本文第一部分已经表明智利、阿根廷、玻利维亚的开

---

① 智利的锂矿资源目前主要掌握在智利矿业化工和美国雅宝两家私营企业手中，这是该法案提出的一个现实背景。

采量完全不在一个量级，墨西哥尚无产出，悬殊的产能决定一个国际机制很难协调它们之间具体的、不断变化的利益诉求。况且前三个国家的产量相加也只达到全球第一开采大国澳大利亚产量的一半，其对国际市场的影响也很有限。

其次，各国的市场监管体系存在较大差异。锂矿产业在阿根廷被置于一般采矿活动的监管范围，政府对市场的干预有限，在该国的联邦制结构下，各省政府对矿产持有所有权和较大的管辖权，中央政府的国际矿业治理行动存在内部执行上的阻碍。在智利，中央政府负责授予锂矿开发的特许权，私营企业可以通过招标获取开发权益。而在玻利维亚，锂被定义为一种战略资源，按照现有规定，国家完全控制矿产的所有权和开发活动。

再次，拉美区域政治有较大波动性，该区域目前对组建多边机制的热情主要受到了智利左翼政府上台的驱动，这四个锂资源国目前均由左翼政治力量执政，政治上的亲近使一些跨国合作议程能够得到更有力的重视和推动，但如果未来一些国家政局出现变动，或域内国际关系出现波折，相关合作也将面临戛然而止的风险。

最后，从近期全球市场形势看，锂矿资源仍为卖方市场，价格处于持续的上行周期，产业界对推动此类资源国联盟的意愿并不强烈，担心出现"自缚手脚"的风险。

（三）社会冲突持续激化

矿产开发所引起的社会冲突是拉美区域的"老大难"问题，近期在数量上明显增多、烈度上明显增强。在秘鲁，围绕矿产项目的社会抗争此起彼伏。近年来，嘉能可公司与必和必拓公司的安塔米纳铜矿、尼克萨资源公司的阿塔科查铜矿、哈德贝公司的康斯坦西亚铜矿、嘉能可公司的安塔帕凯铜矿、美国南方铜业公司的夸霍内铜矿、中国五矿公司的拉斯邦巴斯（Las Bambas）铜矿等项目均遭遇过各种各样的社区抗议或抵制，正常的生产经营活动受到严重干扰，企业方被迫卷入反反复复、无法把控的社区协商之中，但很难找到彻底解决问题的方案。① 一个比较典型的案例是对拉斯邦巴斯铜矿进行的"堵路抗议"。② 该矿山的产品运往港口需要途经琼比维卡省，当地居民认为铜矿项目收益颇丰，他们"提供"了物流通道，承担了"运输过程中的环境污染"，但未能获得收益。所以，道路沿线的一些民间团体或社区居民直接拦阻运矿车辆，对该项目实施"交通封锁"。2021年，拉斯邦巴斯铜矿因社区堵路，多次连续性停产的天数合计达到100天。2022年，形势愈演愈烈，4月14日，抗议团体以协商长期未获进展为由进入矿区，造成该项目从4月20日到6月中旬停产，停产天数达到50多天。安定局面没有维持几天，7月23日社区又重启抗议，宣布再次封锁矿石运输通道。这样的社会运动导致2022年上半年该项目的铜产量仅为10.1万吨，同比下降30%，经营利润为6450万美元，同比减少32%。③ 秘鲁政府知晓项目投资方一向合规经营，也承担了应尽的社会责任，琼比维卡居民的诉求已经超过企业能够接受和负担的程度，时任总理贝伊多曾亲自前往冲突发生地进行调解，政府部门也始终介入，但在缺乏可行解决方案的情况下均于事无补。

危地马拉出现的镍矿抗争也日益激烈。该国东部的菲尼克斯镍矿是中美洲规模最大的镍矿，矿区所在地埃尔埃斯托尔市的居民认为矿产开采和运输对当地土地和水资源造成了污染。2020年6月，危国最高法院曾支持市民团体的诉讼意见，下令暂停该矿生产，但项目公司从未真正执行法院的判决，生产活动一直持续。2021年10月，当地的社团发动了封路运动，切断

① 《矿业发展：秘鲁向左，智利向右》，中国矿业网，https：//www.escn.com.cn/news/show-1394306.html。

② 拉斯邦巴斯铜矿项目位于秘鲁南部安第斯高原，铜金属储量超过1000万吨，产能位居世界前十大铜矿山之列。2014年，五矿集团联合国新国际、中信金属收购项目全部股权。2017年底，项目按期达产。项目投产到2021年底，累计缴税超过14亿美元，每年直接拉动秘鲁GDP增长约1.5个百分点，创造直接工作岗位8000余个，带动间接就业岗位约7.5万个，成为秘鲁经济发展的重要引擎。相关信息参见国家发改委《秘鲁拉斯邦巴斯铜矿项目》，https：//www.ndrc.gov.cn/xwdt/ztzl/zlcnyutzhz/202112/t20211228_1310278_ext.html。

③ 《五矿资源上半年营收同比下降42%，拉斯邦巴斯铜矿利润锐减六成》，界面新闻，https：//m.jiemian.com/article/7936613.html。

了矿山与加工厂之间的通道，并认为参与协调的政府"无意维护民众利益"。危地马拉警方与示威人群多次爆发暴力冲突，政府随后宣布在当地实施 30 天的戒严状态和夜间宵禁。

除了上述两国之外，智利、阿根廷、巴西等国关于矿产开发的社会抗争也是有增无减。矿产开发容易产生环境和社会层面的负外部性，这是引发多数冲突的直接原因，还存在诸多深层次的经济与社会因素。

一是自新冠疫情以来区域严峻的经济形势。根据联合国数据，拉美地区 2020 年的 GDP 下降了 6.8%，是 120 年来最大的经济收缩，失业率跃升至 10.7%；2021 年该区域极端贫困人口达到 27 年来的最高位，攀升至 8600 万人。[①] 2022 年，受全球经济增长放缓、欧美主要国家通胀率高企和美联储加息外溢等不利影响，拉美主要经济体的通胀率不断攀升、本币大幅贬值，中短期内经济下行压力加大。据世界银行评估，2023 年，拉丁美洲和加勒比地区整体经济增长预期趋缓，预计 2023 年该区域经济增长率为 1.3%，造成这种情况的原因是高通货膨胀和高能源价格，区域内其他国家将面临更严格的融资条件，很多面临严重财政赤字的国家将更难实现债务展期，预计这将限制各国政府的投资规模。[②] 在一个经济整体衰退的大环境中，采矿业很容易成为经济滞胀、失业问题、社会贫富分化诸多矛盾汇聚爆发后的焦点，拉美社会根深蒂固的资源民族主义、民粹主义会普遍抬头，生活遭遇困难的民众倾向于以简单粗暴的方式寻求资源财富的再分配。

二是受到不少地方社会复杂问题的裹挟。一些国家针对矿业的社会纷争往往受到当地非法采矿势力和有组织犯罪集团的煽动，一些地方的纷争其实是当地长久的族群矛盾或社区间矛盾的升级，矿产项目成了一方获益而另一方不满的"宣泄对象"。而且在很多时候，社会抗争的诉求十分多样甚至相互矛盾，政府方和项目投资方无法整合各方诉求或解决突出的主要矛盾。例

---

① 中国驻乌拉圭东岸共和国大使馆经济商务处：《2021 年拉美极端贫困人口达到 27 年来最高位》，https://www.ccpit.org/chile/a/20220228/20220228hit5.html。
② 《世界银行：2023 年拉美地区整体经济增长缓慢》，http://www.21jingji.com/article/20230111/herald/390ef0082eaee15413a23406476452fc.html。

如，在秘鲁，大型矿区所在的区域存在大量不同的族群和村镇，有些人参与抗争是为了获取直接的社会福利或权益补偿；有些人为了保护环境，希望彻底关停项目；有些人希望成为产业链的一部分即获得工作。[1]

三是存在政府部门治理不力的情况。对于各资源国高层的政治人物而言，他们不愿意因强势处理此类纷争而得罪民众、失去选票，面对很多积年累月的棘手问题，他们也无法提出切实可行的解决办法，无法有效增加公共产品的供给，很多时候只能要求矿业企业多做一些"息事宁人"的补偿或社会贡献，"治标不治本"。地方基层政府也不愿承担处理此类纷争的属地责任，甚至很多时候还采取默许或暗中支持的态度，希望借社会运动获得更多来自中央政府的财政支持或开发企业的利益回报。

（四）环境困局日益严峻

矿产开发造成的环境压力构成了事关区域稳定的突出风险点，其中，锂矿、铜矿开发带来的水资源问题尤为显著。锂三角地带和南美很多铜矿的开采地本身就是缺水地区，而资源的开采往往需要耗费大量水资源，如生产 1 吨锂通常需要近 200 万升水。同时，矿产的开采和冶炼容易造成水污染。例如，在阿根廷的姆尔拖盐沼，当地人表示锂工业污染了供人类和牲畜饮水的溪流，也影响了农作物的灌溉；在智利多个锂矿的开采地，居民反映锂矿中的有毒物质从蒸发池中泄漏到自然水系之中，成堆的废弃盐造成了大面积的土壤和水污染。

一些资源国更加重视环境问题，环境方面的监管和追责力度均有所增加。2022 年 4 月，智利国防委员会对必和必拓、安托法加斯塔、雅宝三家公司提起诉讼，指控它们的锂矿、铜矿开采活动过度耗费地下水，对阿塔卡马盐沼北部盐滩造成环境破坏。再如，2022 年 1 月 12 日，智利矿业部发布公告称，中国比亚迪公司与本土一家矿业公司获得在该国开采 8 万吨金属锂

---

① Reuters, "Peru to Increase Public Spending in Mining Regions to Curb Social Conflicts," https：// ww w. reuters. com/world/americas/peru-increase-public-spending-mining-regions-curb-social-conflicts-2022-05-10/.

的配额，但仅两天后，智利法院暂停了该项目，表示锂矿所在地科皮亚波州州长及阿塔卡玛盐湖附近的土著社区以环境保护为由提起了上诉。另外一个重要的动向是《埃斯卡苏协定》于 2021 年 4 月正式生效，该协定是拉美区域第一个关于环境保护的国际公约，也是全球第一个包含环境保护者权益条款的公约，旨在保证充分和有效地落实公众获取环境信息和参与环境决策过程的权利。截至 2022 年 6 月，该协定已经获得拉美 25 个国家的签署，14 个签署国已完成各自国内的批准手续，其中包括阿根廷、智利这两个矿产大国。

（五）美欧的战略投入不断升级

近年来，美国、欧盟通过全球范围的治理活动，尝试提升自身在关键矿产供应链上的地位和韧性。美国国务院于 2019 年发起了"能源资源治理倡议"（EGRI），通过分享技术和管理经验，帮助倡议参与国扩大开发锂、钴、稀土等资源。截至 2021 年 4 月，加拿大、澳大利亚、巴西、刚果（金）、秘鲁等十国参与其中，美国已拨款 1050 万美元，用于新资源的勘探和所谓"负责任采矿"的规范推广，整个合作表现出美国将获取资源的短期诉求与塑造产业规范的长期意图有机地结合起来。欧盟发起了"关键材料伙伴关系"，该项目寻求将邻近的挪威、乌克兰、塞尔维亚和阿尔巴尼亚纳入欧盟的资源供应链，并计划通过技术援助、投资促进挖掘非洲、拉美资源国的开发潜力；运行一年一度的"欧盟—美国—日本"关键原材料三边会议机制，寻求建立符合西方价值观和利益的规则体系。美欧联手治理的动向十分明显，2021 年 6 月，美欧峰会发布的联合声明表示："美国—欧盟能源委员会将继续引领战略能源议题的协调，包括能源部门的脱碳、能源的安全和可持续的能源供应链。双方将致力于构建跨大西洋绿色技术联盟，以促进在绿色技术开发和部署方面的合作。"

拜登政府将拉美关键矿产资源作为其建设本土清洁能源装备供应链的重要依托，希望未来能够就近获得稳定可靠的原材料。美国国务院能源转型办公室主任海莱娜·马扎表示："拉美拥有丰富的包括锂在内的关键矿产资源，在我们追求能源转型的过程中，该地区将成为重要的供给角色。不断增长的清洁能源矿产贸易也可以为拉美国家提供经济机遇，使这些国家的民众获益。因此，美国致力于与拉美国家合作开发区域的矿产供应链。"需要注意的是，美国的战略意图还包含了打压中国的目的，面对中国的矿产供给实力及在拉美不断增长的投资份额，零和博弈、恶性竞争的思维主导了美国政治人物的决策逻辑。美国商务部前高官在一篇评论中很典型地反映了上述倾向，她指出："中国正在努力将其对关键矿产供应链的影响力扩展到拉丁美洲，美国不能对此熟视无睹。正如全球持续发生的半导体短缺所表明的情况那样，美国的经济福祉和国家安全取决于具有战略意义的清洁能源技术和支撑这些技术的矿产资源，所以需要建立安全、有弹性和多样化的供应链。允许像中国这样的地缘战略竞争对手对关键矿产的获取施加不成比例的影响，或者允许矿产的生产集中在一个地理区域——都将对美国及其盟国构成严重风险。"[1]

近期，美国政府面向拉美矿产资源国采取了以下政策措施。

一是将关键矿产合作作为战略合作的优先议程。在 2022 年第九届美洲峰会发布的公报中专门谈到了这方面的合作："推动可持续、延续性的和负责任的矿业部门治理原则，特别应面向为能源转型提供动力的矿物和金属，并确保我们半球内矿产供应链的一体化。"[2] 这一表述明显透露出即使在新兴的矿业领域，美国仍秉持一贯的门罗主义立场和主导区域秩序的霸权野心。这也预示着在未来能源转型和绿色经济大潮中，美国很可能向拉美关键矿产领域投入更多资源，以"构建西半球供应链同盟，加强锂、钴、镍、

---

① Adina Renee Adler, Haley Ryan, "An Opportunity to Address China's Growing Influence over Latin America's Mineral Resources," https：//www.lawfareblog.com/opportunity-address-chinas-growing-influence-over-latin-americas-mineral-resources.

② 在美洲峰会的机制框架内，美国能够对政策文件的制定发挥主导作用，也能充分代表美国"西半球"政策的主张。参见 Summit of the Americas, "Accelerating the Clean, Sustainable, Renewable and Just Energy Transition," http：//summit-americas.org/ documentos_ oficiales_ ixsummit/CMBRS02293e02. pdf.

石墨等供应链的上下游合作，甚至可能打造拉美版的'金属北约'"①，而且这种方向的合作还会带有"小院高墙""排斥中国"的地缘政治色彩。

二是深化双边合作。上文已经提及美国加强与墨西哥的政策沟通，两国都希望在清洁能源装备供应链上形成一个高度捆绑的上下游关系。再如，2020 年 11 月，美国国务院能源资源局与巴西矿业能源部成立了美巴关键矿产工作组，旨在推进这一领域的双边外交接触和技术合作。该工作组定期召开会议，重点帮助巴西开展招商引资工作，巴西还于 2022 年加入美国提供的"能源矿产和治理计划"，美方将向其政府部门和企业提供矿产经济、矿山可持续开发、尾矿再利用等方面的人才能力培养。

三是拉拢域内国家加入其主导的矿产治理多边机制。美国将秘鲁、巴西拉入其 2019 年发起的"能源资源治理倡议"②，通过设立专款、开展活动来支持倡议参与国的关键矿产资源勘探和推广所谓"负责任的采矿规范"。美国于 2022 年 6 月启动了"矿产安全伙伴关系"倡议，旨在为促进全球关键矿产供应链吸引公共和私人投资，目前的参与伙伴国主要为欧美发达国家，同时也与包括巴西、阿根廷在内的多个资源国建立合作关系，美方的意图是整合西方世界的力量，建立与亚非拉美矿产国之间的新型合作框架。

美国对拉美的战略影响显然不会仅限于明面上的"互利合作"，为了实现利益最大化和打压中国的目标，近年来美国还不断采取一些霸权性举动，如阻碍一些资源国加强战略自主和区域协同的努力、针对中国投资的项目选择性地资助或支持民间的抗议活动、影响一些资源国在选择合作伙伴上的决策等。2022 年 9 月 20 日，玻利维亚总统阿尔塞在第 77 届联合国大会一般性辩论的发言中表示："几个月前美国方面曾说，由玻利维亚、阿根廷和智利组成的南美洲'锂三角'是美国关注和针对的对象。联合国必须对那些不

---

① 章婕妤：《从"近岸外包"到"友岸外包"：美国在拉美打造供应链体系》，https：//www.ciis.org.cn/yjcg/sspl/202209/t20220905_8689.html。

② 截至 2021 年底，加入该倡议的国家包括加拿大、澳大利亚、刚果（金）、博茨瓦纳等十个在关键矿产上有资源优势的国家。

尊重别国主权、干涉别国事务的国家采取行动。我们反对这种（企图）控制别国战略性自然资源的行为，我们不是棋盘筹码，完全有权决定自己的自然资源，拒绝单方面受到制裁。"①

美国还不断抹黑中国在拉美的矿产投资，如2022年9月美国南方司令部司令理查德森在厄瓜多尔出席南美防务会议期间，抹黑中国矿业项目侵蚀厄瓜多尔水源。事实上，中国在平等互利基础上同厄瓜多尔开展矿业合作，实行严格的环保标准，为当地的经济、民生和可持续发展做出积极贡献。以厄最大的矿业项目米拉多铜矿为例，截至2021年，中铁建铜冠投资有限公司（ECSA）累计在厄投资15.5亿美元，向厄预缴资源费1亿美元；2010~2021年，该公司累计投入1.69亿美元用于环境保护。②

欧盟拨款设立了"欧盟—拉美原材料伙伴关系"项目，旨在加强与阿根廷、巴西、智利、哥伦比亚、墨西哥、秘鲁和乌拉圭七国以关键矿物及其供应链开发为核心的合作。在该项目支持下，主要的活动包括以下几点。一是每年举办一次"欧盟—拉美原材料大会"，汇集这一领域的政府官员、工商业者、研究者和生活在矿区的社区代表，促进多方的交流和投资项目的落地。2022年的大会于11月3~4日在智利圣地亚哥举办。二是建立了"矿产开发数字网络平台"，汇聚了来自欧盟成员国和七个伙伴国的1000多个政府实体、企业和研究机构，各方在这一平台上发布各类产业信息，实现实时、密切的信息交流。三是筹划举办各类研讨会和能力培养活动，组织欧盟企业参与拉美区域的矿业论坛或展览会等。

德国积极面向拉美区域实施双多边的关键矿产外交，希望为本国的清洁能源装备和电动汽车行业"保驾护航"。一是与秘鲁、智利建立官方的原材料合作伙伴关系，德国分别与这两国组建了关键矿产治理的双边工作组，并拟建经济委员会和专家论坛，同时德国政府表示将给德资企业面向这两国的

①　《玻利维亚总统：美国觊觎他国资源、滥用制裁》，环球网，https：//world. huanqiu. com/article/49kKtO5m5hk。

②　中国驻厄瓜多尔大使馆：《中国驻厄瓜多尔使馆新闻发言人驳斥美国南方司令部司令涉华谬论》，http：//ec. china-embassy. gov. cn/sgxw/202209/t20220915_10766354. htm。

矿产投资提供额外的政策支持或融资支持。二是德国联邦经济事务和气候行动部在巴西、智利、秘鲁设立了实体的"采矿和矿产资源能力中心"，中心通常挂靠在已设立的双边商会中，其职责是为德资企业收集资源国的投资机会，了解它们在投资过程中面临的挑战，促进德国采矿装备和技术服务在拉美区域的"走出去"。

三　中拉合作展望

从当前到可预见的未来，拉美关键矿产开发将面临各类明显的机遇和挑战，且机遇面大于挑战面，域内各国普遍承认关键矿产对振兴国家经济、吸引外国投资和技术、探索经济社会可持续发展的重要意义，包括中国在内的域外主要经济体将高度重视拉美矿产资源的价值、相关资源国在全球能源转型和安全中的新身份和巨大贡献潜力。中国与拉美国家在关键矿产领域已经形成较好的合作基础，面向未来，本文提出以下政策建议。

第一，从战略高度看待和推动中国与拉美的关键矿产资源合作。中国在多种关键矿产资源上高度依赖国际市场，供给来源的多元化事关中国资源的进口安全，拉美占据多元化合作版图中的显要位置。全球在能源转型上处于领先位置、具有先进清洁能源装备制造水平的各大经济体已经在拉美区域启动了激烈的资源竞逐，美国更是寻求组建以其为中心、重点打压中国产业链地位和资源进口实力的合作阵营，我们无法回避也不能回避矿产政治中的权力政治和排他性政治的高企。基于上述形势，我国应在"中国—拉美和加勒比国家共同体论坛""一带一路国际合作高峰论坛"等多边机制下设立专门的关键矿产政策沟通机制，与具有明确开发意愿的资源国深化合作，构筑互利共赢的供应链，营造稳定可靠、公平开放的投资环境，使中国与拉美资源国形成稳定的合作预期与开发共识。加强对外合作的整体谋划，参考美欧经验，调动国内咨询机构和相关智库力量，为拉美国家提供包括勘探、冶炼、初级品和装备制造在内的一揽子规划方案，面向政府部门和重点企业主动开展能力培养。面向秘鲁、智利、阿根廷等重点国家，尽量争取以政府名义与对方签订专门的投资保护协议，在双多边自贸协定中突出投资保护条款，以保护我国企业合法权益。

第二，推动"能源+矿业+制造业"联动发展新模式。关键矿产资源的开发既受到全球能源转型的驱动，也受到资源国希望借资源开发、提升自身制造业水平、向产业链中上游拓展的诉求驱动，中国对拉美的合作谋划一定要"跳出矿业看矿业"，看到新时期矿业发展与能源行业、制造产业之间的联动关系，探索新的合作方向。一是促进矿电的联动投资，为矿产资源地提供因地制宜的清洁能源开发方案。[1] 鼓励中国矿业企业和电力企业加强联动，为海外工程配套建设电力工程，既可以就地满足当地矿业庞大的电力需求，降低用能成本和不稳定性，还可以通过电网向外输电，增强资源地的经济多元化程度。二是助力提升拉美国家清洁能源装备的制造水平，鼓励推动中国风电、光伏、电池制造企业"组团出海"，既可提早大范围地锁定上游资源供给，也可积极回应拉美国家的发展诉求，借机打造清洁能源产业链的国际产能网络和全球营销网络，成为提供一揽子解决方案的供应商；同时要加强技术标准、检验检测、认证等方面的国际互认。三是创新融资方式。基于项目合作的能源、矿业和制造企业可以签订合约，形成收益共享、风险共担、相互支持的利益共同体，依托项目内生价值、企业资本金和信用，向银团、财团、社会资本等融资，有效化解政府担保压力，保障项目的顺利实施。

第三，开展可持续的绿色矿业合作。目前，政治阻碍大多基于矿业开发中难以规避的环境和社会负外部性，同时也与拉美整体动荡的政治经济局势高度关联。矿业治理本身对宏观环境的影响尽管存在限度，但应通过打造节约高效、环境友好、矿地和谐的绿色矿业发展模式，将各种不稳定因素抑制到最低限度。针对拉美的实际，以下方面值得重点关注。一是高度重视拉美矿业开发面临的水资源短缺或污染问题，与拉美国家和企业合作，通过先进

---

① 显然，拉美大量关键矿产资源的富集地由于处于高海拔及其附近有广袤的闲置土地资源，是开发风电、光伏的理想场所。

技术的研发与加快应用，在锂矿、铜矿开采中积极推广节水矿业的落地，降低用水强度。二是以较高标准推动绿色矿山的全流程闭环打造，包括对环境影响的全面且动态的评估、减少污染物排放、创新与完善废物管理、生态系统风险管理和矿山的有序闭坑及复垦等。将国内"互联网+矿业"的成熟经验向外应用，建设矿山生产自动化系统，打造智慧矿山。三是直面拉美区域复杂的社会环境和民众诉求，既保证做到合法合规开发，也应在社会责任承担方面对标乃至超越国际标准，形成合理高效的社区补偿或扶持机制，促进矿地和谐，增进中国企业与资源地民众的民心相通。这里还存在一个企业国际化的要求，即开发企业应以更为包容开放的心态在投资目的国打造本土化的人才团队，对投资风险有更加敏锐的认知，与当地社会形成更加有效的互动。

第四，在全球矿业治理中发出"中国声音"，提出"中国方案"。发达国家高度重视构建全球性的矿业技术标准和行业规范，在矿业领域强调抵制腐败、保护人权与环境、维护开放公平的国际投资环境等，屡屡强势引导包括拉美国家在内的广大南方矿产国。对于南方国家阵营而言，治理的核心始终指向改变全球矿业长期存在的"中心—外围"权力结构，发展中资源国的很多矿业公司在当前全球矿业治理模式下，盈利能力深受西方主导的矿产品定价规则、供应链尽责管理规则等的影响，亟须改变这种权利义务和利益分配严重不均衡的情况。中国应推动形成均衡普惠、开放共享的全球矿业治理趋势，引导关键矿产资源开发真正建立在普惠发展而非剥削基础之上，支持拉美资源国加强战略协同和对不公平国际经济秩序的再调整，促使拉美国家在碳中和背景下的绿色发展潮流中充分获得应有资源权益和巨大发展机遇。

涉矿社会运动网络与外国矿业投资：
以吉尔吉斯斯坦为例

康　杰*

摘　要： 采矿业是吉尔吉斯斯坦的支柱产业，也是中吉"一带一路"建设合作的重点领域。自20世纪90年代以来，美西方国家在吉尔吉斯斯坦建立了包括涉矿环保类社会组织、基层草根组织、工会组织、亲西方媒体等在内的一整套涉矿社会运动网络，形成了较强的涉矿议程设置、社会动员和制造冲突能力，成为制约阻碍包括中国企业在内的外资矿业开发项目顺利运行的关键因素。在美国加大对华战略竞争的背景下，涉矿社会运动网络将对外国在吉的矿业投资造成破坏和干扰。未来一段时间，在吉矿产企业面临的政局突变和负面政策调整风险相对可控，但社会性风险将更为复杂严峻。涉矿社会运动问题并非吉国独有的问题，而是具有相当程度的普遍性，在中亚其他国家以及非洲和拉美国家普遍存在。企业应从长期战略高度重视社区互动和对外宣传工作，增强公共关系部门能力建设和人员配置，主动塑造有利的周边社会环境和舆论生态。

关键词： 社会运动　吉尔吉斯斯坦　非政府组织　矿业开发合作

---

　　* 康杰，中国国际问题研究院欧亚研究所副研究员，主要研究领域为美国对欧亚地区政策。

一　引言

采矿业是吉尔吉斯斯坦最重要的产业门类，是吉国经济增长、对外出口、政府收入和社会就业的主要贡献者。采矿业贡献了政府收入的 20%，提供就业岗位 2 万多个。① 黄金是吉尔吉斯斯坦最重要的出口商品，占总出口额的 50%。② 矿业资源开发也是中国与吉尔吉斯斯坦"一带一路"建设合作的重要领域。中国对吉尔吉斯斯坦的直接投资领域主要是地质勘探和采矿业，尤其是金矿开发。③

自 20 世纪 90 年代以来，吉尔吉斯斯坦外国矿业投资者与当地社会之间的冲突频发。除中国企业外，俄罗斯、哈萨克斯坦、土耳其等国在吉尔吉斯斯坦投资的矿产企业均遭遇过当地居民不同程度的暴力破坏和围困抗议。④ 在这些冲突背后，既有企业与当地社区缺乏沟通、相关法律法规不够健全、当地政府不作为等原因，更有当地由美西方资助的社会运动网络推波助澜的作用。

在美国强化对华战略竞争的背景下，中国在吉尔吉斯斯坦的矿产企业更成为被恶意歪曲抹黑和暴力攻击的对象。2018 年以来，中国国有和民营企业在吉尔吉斯斯坦投资的多个矿产开采和精炼项目遭到当地社会组织策动的打砸抢烧和非法罢工等破坏，多个项目长期停摆，一些项目被迫彻底废弃，造成重大损失。系统梳理美西方资助的吉尔吉斯斯坦涉矿社会运动网络，总

---

① EITI，«Кыргызской Республики 2018-2021 Отчет ИПДО：Отчет по добывающему сектору Кыргызской Республики»，июня 2022，https：//eiti. org/ru/documents/kyrgyzskoy-respubliki-2018-2021-otchet-ipdo。

② 《对外投资合作国别（地区）指南：吉尔吉斯斯坦》，2021，第 13 页，http：//www. mofcom. gov. cn/dl/gbdqzn/upload/jierjisi. pdf。

③ RomanMogilevskii，"Kyrgyzstan and the Belt and Road Initiative," University of Central Asia -Institute of Public Policy and Administration (IPPA)，Working Paper，No. 50，April 9，2019，p. 10.

④ PeaceNexus Foundation，"Conflict Management in the Mining Industry of the Kyrgyz Republic：Review of Challenges and Company Practices，" 2021，https：//peacenexus. org/wp - content/uploads/2021/05/Final-eng-Conflict-Management-in-the-Mining-Industry-of-the-Kyrgyz-Republic-1. pdf.

结其在新形势下的新特点、新动向，不仅有助于研判当地矿产开发项目面临的风险挑战，从而优化项目布局、完善应对措施，而且对于评估在其他国家和地区的海外矿产开发风险也有重要的意义。

二　吉尔吉斯斯坦涉矿社会运动网络的特点及构成

吉尔吉斯斯坦的社会运动组织主要有三大类：一是各类非政府组织（NGO），人数从几人至数十人不等，在具体政策领域或地区发起政策倡议、引导舆论、策划和动员集体行动；二是各行业的"独立工会"，所谓"独立工会"，一般是指美西方跨国工会网络的分支，接受美西方国家和国际组织的指令和资助；三是媒体组织，特别是接受美西方资助的各类媒体。这三类社会组织在社会运动的各个环节中相互配合，以便最大限度地实现既定目标，在吉尔吉斯斯坦构成了一套完整的社会运动网络。

吉尔吉斯斯坦独立初期，吉国精英致力于将国家发展成为所谓的"中亚瑞士""民主之岛""中亚自由样板"，鼓励和欢迎美西方国家在其境内建立各类非政府组织、"独立工会"、亲西方媒体等。2001年阿富汗战争爆发后，美国在吉尔吉斯斯坦获得军事存在，进一步强化了美国对该国的社会渗透。美西方援助的机构和情报组织，以及热衷于推行政治议程的私人基金会，成为吉尔吉斯斯坦社会组织的主要资助者。此外，在美国带动下，英国、德国、法国、荷兰、丹麦、瑞典、挪威、芬兰、加拿大、瑞士、日本等国家的外交和国际发展援助机构，以及欧盟、欧安组织等，也纷纷加入资助吉尔吉斯斯坦社会组织的行列。

仅在2001年，该国官方注册的非政府组织就有2500家，其中较为活跃的有500家。① 除此之外，还有大量的"独立工会"、乡村草根社会组织

---

① World Bank, "2001 NGO Sustainability Index: Kyrgyz Republic", http://web.worldbank.org/archive/website00504/WEB/PDF/KYRGYZST.PDF.

等。近年来，随着社交媒体的兴起，又涌现出了以社交媒体平台为根据地、组织架构松散、没有实体办公地点的各类青年抗议运动组织。时至今日，美西方资助的吉尔吉斯斯坦社会运动组织已成为高度分化和复杂的体系。其不仅在地域上覆盖了比什凯克、奥什等主要城市和乡一级单位，而且在边境地区、重要矿区甚至某个村里存在多个非政府组织；在领域上从传统的媒体、政治动员、冲突调解、人权、法律援助、教育等扩展到环保、农业、水利等领域；在流程上包含倡议、动员和发起活动等。吉尔吉斯斯坦的各类社会运动组织已经在一定程度上具备了匹敌地方政府的分配、协调和动员功能。

在上述各类社会运动组织中，涉及矿产资源开发领域的主要有四类：一是专业的环保类非政府组织；二是矿区乡村草根社会组织；三是"独立工会"；四是亲西方媒体矩阵。

在涉矿社会运动领域，美西方国家还积极推动吉尔吉斯斯坦社会组织加入各类非政府组织倡议联盟、跨国采矿行业工会等国际机制。其目的一方面是增强吉本土社会组织的能力建设，拓展其资金来源和活动空间；另一方面也可进一步利用国际杠杆来限制吉政府对社会组织的治理能力。

（一）环保类非政府组织

这类组织一般以化学、地质学、生态学等学科专业人士为核心，再加上律师、记者等。其主要业务通常包括如下几方面。一是监测和评估矿产开发的环境影响；二是以议会涉矿、环境立法为目标，组织游说活动，协助议会制定涉矿及环境领域的法律草案；三是向矿区民众提供涉及环保领域的司法援助。

在针对外国矿产企业的社会运动中，环保类非政府组织扮演着重要的议程设置者和（虚假）信息传播者的角色。这些组织在美西方国家资助下，善于运用所谓"环境专家"的身份，在西方媒体或智库平台上发声，夸大外资尤其是中资矿业开发项目的"环保威胁"，在吉尔吉斯斯坦普通民众甚至精英中散播"中国环境威胁论"和"采矿业有罪论"，促使民众抵制、阻碍、冲击各类采矿项目。

环保类非政府组织"独立生态专业评估"（Independent Ecological Expertise）就是其中之一。该组织成立于 1997 年，负责人是有毒化学品专家奥列格·比切纽克（Oleg Pechenyuk）。2020 年 10 月，比切纽克接受美国驻哈萨克斯坦使馆"一带一路"倡议环境评估项目的资助，在没有证据、没有调查的情况下，拼接美西方媒体的部分消息，发表抹黑吉尔吉斯斯坦中资矿业公司的报告文章，鼓吹"债务陷阱"和"环保陷阱"。[①]

吉尔吉斯斯坦的环保类非政府组织与哈萨克斯坦、俄罗斯、乌克兰、格鲁吉亚等国的环保类非政府组织有密切的互动关系，经常共同参与美西方国家组织的研讨会和活动。

（二）矿区乡村草根社会组织

在针对外资采矿项目的社会运动中，矿区附近乡村的草根社会组织也是非常关键的参与者。与真正实体化的非政府组织相比，草根社会组织具有更强的"当地"特性，组织往往更为松散，没有固定的资金来源、标志、办公场所、网站和社交媒体平台，也缺乏专业知识。但因其深入基层社会，更善于运用氏族、亲属、熟人之间的关系网络，发动农牧民参与围困、打砸外资采矿设施的活动。环保类非政府组织是议程设置者和信息传播者，而乡村草根社会组织则是关键的直接动员者。

为了协调和掌控这些分散在偏僻矿区的草根社会组织，美西方国家建立了一套国际非政府组织伞形援助体系。2002 年，由美国索罗斯开放社会基金会主持，英国和爱尔兰天主教海外发展署（CAFOD）、英国乐施会等参与，共同发起了采掘业透明度国际非政府组织"公开你的账本"（Publish

---

① Олег Печенюк, Кыргызстан: проблемы реализации горнорудных проектов, // «Экологические аспекты проектов «Пояс и путь» в Центральной Азии», http://cso-central.asia/wp-content/uploads/2020/09/2020.09.16_ % D0% 9E% D0% B1% D0% B7% D0% BE% D1% 80-%D1%8D%D0%BA%D0%BE%D0%B2%D0%BE%D0%BF%D1%80%D0%BE%D1%81 D1%8B-%D0%9F%D0%B8%D0%9F_ draft. pdf.

What You Pay，PWYP），资助和协调全球社会运动组织施压本国政府和国内采掘类企业公布相关财务信息。该组织的董事会和秘书处设在伦敦，在全球设有 7 个大区，每个大区下设区域协调办公室。根据国别设立了 50 多个国内非政府组织联盟，在国家内部还设有多个地区接待中心，统筹各社会组织会员。目前共有 1000 多个社会组织会员。①

2003 年，在时任英国首相布莱尔的倡议下，七国集团发起成立了国际组织"采掘业透明度倡议"（Extractive Industries Transparency Initiative，EITI）。出资者有三类：一是政府机构和基金会；二是私人基金会；三是发达国家的采掘业企业。

"采掘业透明度倡议"要求成员国披露整个采掘业价值链的信息，如采掘许可证和合同授予、各级政府从采掘业中所得的收益及其分配和使用情况、企业支付的社会责任费用等，并接受 NGO 和"自由媒体"的全过程监督。"采掘业透明度倡议"成立后，"公开你的账本"组织转为其框架下的非政府网络。

吉尔吉斯斯坦政府于 2004 年加入了"采掘业透明度倡议"。世界银行和英国国际发展部为在吉尔吉斯斯坦实施"采掘业透明度倡议"的第一阶段进程提供了资金和技术援助。反过来，根据"采掘业透明度倡议"的要求，吉尔吉斯斯坦成立了由国家地质和矿产资源局协调、行业代表和非政府组织组成的多利益攸关方小组（MSG）。目前，该国有超过 95% 的采矿收入根据"采掘业透明度倡议"的标准予以公开。2004 年 11 月，吉尔吉斯斯坦在"公开你的账本"组织指导下成立了"非政府组织联盟"，因报道库姆托尔金矿的环境影响而在西方闻名的非政府组织"生命之树"第一个被纳入，其作为捐助支点，将向更小的非政府组织和草根社会运动组织转移资金。

自 2012 年开始，"采掘业透明度倡议"依托"公开你的账本"组织建

---

① PWYP International Secretariat："Trustees' Annual Report and Financial Accounts 2020，" p. 30，https：//www.pwyp.org/wp-content/uploads/2021/07/PWYP-ANNUAL-REPORT-ENGLISH.pdf.

立指定的公民社会联络点，在吉南部巴特肯州卡达姆杰县、西部贾拉拉巴德州阿拉布卡区和恰特卡勒区、北部纳伦州纳伦市、西南部奥什州琼阿赖区、西北部塔拉斯州塔拉斯市建立了六个公共接待中心，作为当地草根社会运动组织的指挥和协调中枢，扩大其对偏远地区的影响。此外，"非政府组织联盟"还致力于培养未来"采掘透明度倡议"的青年领袖，为各类涉矿非政府组织提供资金、人员培训、组织协调等。

上述接待中心所在的地区都是吉重要的金矿区或金铜矿区，有多个外资项目进驻。西方国家利用这一机制，在各地资助成立了大量的乡村青年运动、社区人权组织、农村环保互助组织等草根社会运动组织。如 ELNaz 基金会、"我们的世纪"、奥什地区农业技术公共基金会、塔拉斯民主与民间社会联盟、卡扎拉曼村公共协会、塔拉斯地区青年委员会、明布拉克黄金组织等，以及一些以乡、村为范围的无固定名称组织。其中多个组织位于中资矿业公司项目驻地附近。2018~2020 年，吉尔吉斯斯坦多个地区发生针对中资金矿企业的打砸抢烧暴力事件，其中多数有草根社会运动组织的参与。

（三）独立工会

冷战结束后，后苏联空间各国原有的国家主导的工会组织大多因各国经济萧条和企业私有化而陷入困境，美西方国家大力渗透、接管和改造后苏联空间国家的工会组织，建立大量行业性"独立工会"。其"独立"于本国政府和社会组织，但依靠和听命于美西方。

在矿业领域，美西方国家扶植的主要"独立工会"是吉尔吉斯斯坦矿业和冶金工会（Горно-металлургический профсоюз Кыргызстана，MMPK）。该工会的前身是苏联时期的"矿业、冶金和煤矿工人工会"。20 世纪 90 年代，该工会与美国国家民主基金会的国际工运分支机构"团结中心"（Solidarity Center）建立合作关系，在后者帮助下加入了 Soyuzmetall 工会中心、国际欧亚冶金工人工会联合会和国际冶金工人联合会。其中，国际冶金工人联合会又改组为全球联盟"全球产业总工会"。

"独立工会"策划的针对外资矿产企业的罢工是吉尔吉斯斯坦涉矿社会运动的重要组成部分。近年来，该组织在吉各外资矿产企业策动了多起罢工，如针对加拿大 Centerra 公司（库姆托尔金矿，目前已被吉国有化）、哈萨克斯坦公司（塔拉斯金矿）、俄罗斯白金集团（杰鲁伊金矿）等。最近一次罢工发生在 2022 年 5 月，对象是中资公司富金公司。

（四）亲西方媒体矩阵

美欧渗透中亚舆论空间始于 20 世纪 90 年代初。美全球媒体署旗下的"自由欧洲"电台在中亚五国都建立了分部，成为在各国影响力最大的西方媒体。其中，吉尔吉斯语服务涵盖电视、广播、网站和社交媒体，据美公共外交委员会统计，其吉尔吉斯语服务每周的观看和访问量占吉总人口的 43%。

在各类涉矿社会运动组织中，媒体虽然不直接参与对外资企业的各类行动，但各类涉矿冲突事件往往需要媒体的报道和解读才能够为外界受众所知。而且，媒体报道的偏向性、信息的选择性、叙事方式的扭曲性，都能在相当程度上塑造外界围绕冲突起因、过程和主要过错方的舆论。在某种程度上，强势媒体不仅仅是涉矿冲突事件的新闻传播者，更充当了判决冲突责任的法官。

近年来，历次涉矿冲突，特别是大规模暴力打砸抢烧事件发生后，美西方媒体资助的各类媒体，几乎是主要报道者，甚至是唯一报道者。其记者往往能第一时间出现在骚乱现场，拍摄视频和照片，是历次暴力袭击事件的"第一手报道"提供者。

报道吉尔吉斯斯坦涉矿冲突事件最频繁的亲西方媒体当属 Kloop 媒体基金会及其旗下的 Kloop.kg。Kloop.kg 成立于 2007 年，是在吉尔吉斯斯坦影响最大的新兴媒体，也是美西方在吉重金打造的"媒体旗舰"。通过网站、广播和社交媒体以俄语、吉尔吉斯语、乌兹别克语三种语言发布信息。其主创团队成员非常年轻，熟悉新媒体制作、善于追查和爆料，主要采编人员年龄均在 25 岁以下。其网站的注册用户超过 30 万，在吉国青年受众中影响较大。该基金会还与美西方相关组织和私人基金会合作，在吉尔吉斯斯坦、哈萨克斯坦、塔吉克斯坦三国大学开设新闻专业训练营。该组织主要成员均在美国国际开发署的 Media-K 媒体项目资助下赴美受过训。

Kloop. kg 对近年来涉矿冲突事件均有长篇报道，并被其他媒体广泛转载。其中影响最为恶劣的是 2019 年 7 月 15 日，某企业矿区附近牧区发生不明原因的大批牲畜死亡事件，Kloop. kg 和一些当地非政府组织大肆造谣这是中吉合资公司排污所致，虽最终查清是口蹄疫引起的牲畜死亡，但 Kloop. kg 仍然不顾真相，污蔑中企造成"环境威胁"，煽动村民抗议。[①]

除 Kloop. kg 外，"自由欧洲电台"吉尔吉斯语分站 Azattyk、索罗斯开放社会基金会旗下的欧亚网、美国 China Dialogue 项目旗下的网站"第三极"、美军中央司令部下属网站"驼队—中亚新闻"、英国战争与和平报道研究所"中亚分析性报道局"等，也经常第一时间追踪报道外资矿产企业遭遇的暴力冲击。其报道口径也是用扭曲的引导性叙事，将外资企业抹黑为冲突的主要责任者。

除了直接报道之外，上述媒体之间经常相互引用、转载。同时，除传统新闻报道外，美西方国家还积极资助诸如微电影、播客、短视频等形式的"涉矿叙事"。

三 新形势下外国矿业投资项目的风险评估

随着对华竞争成为美国对外战略的主导目标，中亚地区对美战略价值显著提升。2020 年，美国出台了新版中亚战略《美国对中亚战略：2019~2025》，标志着美国对中亚战略的"范式转换"，从着眼于改造后苏联空间、压缩俄罗斯影响力的"转型范式"和辅助阿富汗战略、兼顾遏制中俄的"大中亚范式"，转向为突出对华遏制的"大国竞争范式"。拜登政府彻底退出阿富汗，美国对中亚政策更加聚焦对华战略竞争。

---

① Kloop. kg 对这次事件的报道时间跨度从 2019 年 7 月一直持续到 2022 年 9 月。

中亚毗邻中国、俄罗斯、伊朗的地缘位置，以及中亚国家"多元平衡"的对外政策传统，使美国无意在中亚投入真金白银。在美国的全球战略布局中，中亚战略是"印太战略"和对俄遏制战略的侧翼，核心目的是用有限的成本投入，扰乱中国和俄罗斯的战略后方，耗费与牵制中俄的资源和精力。

在矿业开发领域，美国致力于破坏中国与中亚国家矿业开发合作的政治、社会、舆论环境，用"标准牌""劳工牌""环保牌"等来持续增加中国的战略和外交成本以及中国企业的经营成本。具体而言，中国在吉尔吉斯斯坦矿业运营面临如下挑战。

（一）政局风险评估

采矿业作为重资产行业，在政局和社会动荡面前有显著的脆弱性。乱局下金矿企业尤其会首先成为骚乱分子觊觎的目标，遭到暴力冲击的风险较大。2020 年 10 月吉尔吉斯斯坦选举舞弊案导致政权更迭和骚乱后，在吉的外资金矿企业，包括中国、俄罗斯、土耳其和哈萨克斯坦企业，几乎全部遭到不同程度的袭击、破坏和抢劫。因此，外国在吉矿业投资项目面临的最大挑战仍然是政局更迭和后续的社会动荡。

长期以来，美西方资助的非政府组织、媒体等对吉尔吉斯斯坦稳定政局和吸引外资构成了严重挑战。吉尔吉斯斯坦现行的《非政府组织法》是 1999 年颁布的。历届政府曾多次试图修改该法，以加强对有外国背景的非政府组织的管理。2013~2016 年阿坦巴耶夫总统执政时期，曾建议在法律修正案中引入"外国代理人"条款，最后因遭到来自非政府组织的抗议和西方国家的强力施压而不了了之。

扎帕罗夫总统自 2020 年掌权以来，致力于建设符合吉尔吉斯斯坦国情的政治体制，走自主发展道路。扎帕罗夫政府先后通过修改宪法、库姆托尔金矿国有化等一系列措施，获得了中下层普通群众的拥护，初步巩固了执政地位。2022 年，扎帕罗夫政府又开始采取一系列措施，着手限制亲西方媒体和非政府组织，以阻断美西方对本国内政的干预，解决长期困扰本国发展的"老大难"问题。

2022 年 11 月 2 日，吉尔吉斯斯坦政府公布了新的《非政府组织法》草案。该法案赋予司法部和总检察长办公室监督非政府组织的权力，规定所有的非政府组织必须向司法部披露收入来源和支出领域，经批准后才能重新注册。2023 年 12 月 31 日之前，未完成重新注册的非政府组织将被强制取缔。同时，政府也加大了对恶意煽动反政府和排外情绪的西方媒体的打击力度。2022 年 10 月，吉国政府对美国"自由欧洲"电台吉尔吉斯语分站做出停播两个月的处罚决定。

吉尔吉斯斯坦寻求自主发展道路、克服外来干预的努力，有助于改善其投资环境，保障在吉运营的外国采矿企业的合法权益。但是这也相当于与美西方公开"摊牌"，未来恐会面临后者更大力度的打压和破坏。吉国经济基础较为薄弱，尤其是在外部冲击下其经济的脆弱性会更加凸显。长期而言，吉尔吉斯斯坦的政局仍有较强的不确定性和不稳定性。

（二）政策环境风险评估

在吉尔吉斯斯坦国内涉矿政策层面，既有利好，也有风险和不确定性。政治大环境总体对中资矿产企业较为有利，但一些具体政策可能提升中企的运营成本，且带来一些不确定性。

扎帕罗夫政府希望稳固执政地位，增加政府财政收入，扩展对华合作，因此高度重视中吉关系和中资企业的作用，对在吉尔吉斯斯坦投资的中国矿产企业态度较为积极。2022 年 6 月，扎帕罗夫参观了中资公司的索尔顿—萨雷项目建设工地，深入了解情况；并会见了矿区居民代表，听取了居民有关修建道路和基础设施会对环境产生负面影响的担忧。他向居民表示，工厂的建设不会占用更多土地，开发过程中也不会使用氰化物，而且中国矿业公司每年还会向当地居民支付 5000 万索姆的环境补偿金。金矿开采盈利后还会增加付款金额。此外，吉尔吉斯斯坦政府也在本项目中持有股份，这是一件双赢的事情。该项目自获得采矿权以来，多次遭到美西方策动的暴力攻击，项目至今未能开工生产。扎帕罗夫的参观与表态对促进项目顺利投产起到了保驾护航的作用。

但是，在吉尔吉斯斯坦最高议会层面排斥和反对外资矿产企业的声音仍然不容忽视。2022 年，反对党"团结吉尔吉斯斯坦"多次对中企在吉的矿产项目发难。

2022 年 4 月，吉尔吉斯斯坦政府与加拿大 Centerra 公司达成了库姆托尔黄金公司交割协议。Centerra 放弃库姆托尔黄金公司的所有权，换回吉尔吉斯黄金联合股份公司（吉国有企业）持有的价值 9.72 亿加元的 26% 公司股份，从而彻底解决了持续近一年的争端。这是近年来吉尔吉斯斯坦外国矿业投资领域最重要的事件。

库姆托尔金矿是世界上最大的金矿之一，库姆托尔黄金公司是吉尔吉斯斯坦最大的公司。其年产出占吉尔吉斯斯坦 GDP 的 12% 和工业总产值的 23%，贡献超过 4000 个就业岗位。[①] 但该公司一直是各种法律纠纷、环境灾难和税务丑闻的代名词。扎帕罗夫上台前，曾将库姆托尔黄金公司国有化作为其重要的竞选承诺。

2021 年 5 月，扎帕罗夫政府以库姆托尔黄金公司严重违反环境法规、对冰川和水源造成损害为由，对其实施了强制接管。Centerra 转而申请国际仲裁诉讼。在经过谈判后，双方各让一步，对于 Centerra 而言，在面对意志坚定、态度坚决的政府时，虽然损失了剩余 200 吨黄金的开采权，但换回了吉黄金联合股份公司 26% 的股份，尽可能地减少了损失、保障了利益。对于扎帕罗夫政府来说，该公司的国有化有望大大缓解吉尔吉斯斯坦的财政困境。

库姆托尔黄金公司的国有化是扎帕罗夫政府矿产开发国有化政策的一部分。自 2021 年以来，吉尔吉斯斯坦在矿产开发领域还采取了一些扶持国企、歧视私企和外资企业的政策，如针对后者大幅提高了矿权使用费和采矿许可

---

① "Government of the Kyrgyz Republic Announces Global Arrangement Agreement over Kumtor Gold Mine," Bloomberg, 2022-04-04, https：//www. bloomberg. com/press-releases/2022-04-04/ government-of-the-kyrgyz-republic-announces-global-arrangement-agreement-over-kumtor-gold-mine.

证续签价格，而国企则不受影响。这使私企和外国矿企的后续矿权成本大幅增加。2022 年有上百家私营矿企选择放弃矿权。[①]

考虑到全球媒体的关注和国际关系，吉方不会肆意将外资矿产企业作为国有化目标，但吉尔吉斯斯坦政府可能会在扩大合资矿企中的吉国股份方面提出进一步要求。

（三）社会风险评估

正如前文所述，吉尔吉斯斯坦涉矿社会运动网络的存在，为美西方国家干预第三国在吉矿业投资提供了抓手。而考虑到美国对华遏制打压的进一步升级，未来一段时期内矿产企业在吉尔吉斯斯坦面临的社会风险还会持续增加，且随着对手策略和偏好的变化，呈现出一些新特征。

美国除了希望直接排挤中国在吉矿产企业，还希望借此为其在中亚推动"全球基础设施投资伙伴协议"和"蓝点网络"计划造势。而"全球基础设施投资伙伴协议"和"蓝点网络"计划的核心卖点：一是投资可持续性和透明度；二是环保和劳工标准。美国在继续使用"环保牌"打击企业的同时，也将尝试打"劳工牌"。此外，企业的本土化经营不断加强，主要金矿企业中当地工人比例逐步上升，客观上也为美国打"劳工牌"提供了条件。2021 年以来，美国显著加大了对中亚各国独立工会的扶植力度，将独立工会作为渗透影响中亚政治和社会的重要筹码。总体而言，社会风险是企业在吉尔吉斯斯坦面临的最持久的挑战，且形势会更加严峻。

四　加强企业风险应对的建议

如前文所述，美国和西方国家策动的涉矿社会运动网络具备了较强的议程设置、虚假信息传播、歪曲化叙事、动员社会事件的能力，加大了外资企

---

① "Горнорудный сектор. Государство выживает инвесторов вместо их защиты," 24. kg, 02 ноября 2021. https：//24. kg/ekonomika/212433_ gornorudnyiy_ sektor_ gosudarstvo_ vyijivaet_ investorov_ vmesto_ ihzaschityi/.

业在吉尔吉斯斯坦安全运营和长远发展的政治社会风险。外资企业在合规经营、环境保护和社会责任方面往往付出了较大成本，却未能收获相应的社区正面评价。

此外，吉尔吉斯斯坦也并不是孤例。采掘业的主要投资目的国，如哈萨克斯坦、蒙古国、阿富汗、缅甸和非洲、拉丁美洲国家，都是美西方国家主要渗透和影响的地区。在这些国家运营的相关外资企业，也都面临类似的涉矿社会运动网络导致的政治和社会风险。涉矿社会运动问题具有相当程度的普遍性。①

矿业企业应当从长期战略高度，加强对社区互动和对外传播工作的重视和投入，立足周边社区，主动出击，以人为本，攻心为上。完善自身的公共关系和对外传播团队，加强能力建设和人员培训。多做周边社区工作，积极树立和维护自身形象，把企业周边社区建设成支持企业长期运营的"舆论根据地"。寻找当地相对中立、客观、受美国和西方影响较少的媒体、智库、学者等，建立互利合作关系，形成利益共生体，巩固正面报道和舆情塑造的"友军"和"统一战线"，以消除信息不对称基础，防止美国和西方国家借此传播虚假信息和煽动反华社会运动。

第一，深耕驻地社区，建立密切关系纽带。矿业企业除应与项目驻地相关政府、议会、社区委员会、长老建立长期合作关系，也应扩大与青年意见领袖、宗教领袖等的联系，建立多元主体关系网络。建立社交俱乐部，提高与当地合作伙伴之间对各自文化、经商和管理企业方式的相互认识和了解。积极利用当地节日和庆祝活动增进双方感情。在当地社区推广社区与企业一损俱损、一荣俱荣的利益共生感。公共关系部门应重点招募有在中国高校留学经历的当地员工，聘请当地经理人和管理人员，并视情开设当地语言培训

---

① 在拉丁美洲和缅甸也有类似例子，Cintia Quiliconi, Pablo Rodríguez Vasco, "Chinese Mining and Indigenous Resistance in Ecuador," Carnegie Endowment for International Peace, September 2021, https://carnegieendowment.org/files/Quiliconi_Vasco_-_China_Ecuador_revised.pdf. Xue Gong, "Chinese Mining Companies and Local Mobilization in Myanmar," Carnegie Endowment for International Peace, January 25, 2022, https://carnegieendowment.org/2022/01/25/chinese-mining-companies-and-local-mobilization-in-myanmar-pub-86262.

班，增强与当地人的交往能力。积极推广中资企业在哈萨克斯坦、肯尼亚、埃塞俄比亚等国建立社区关系网络的正面案例和经验。

第二，摸底调研企业项目驻地周边环境，完善信息收集和预警机制。与当地政府和警务部门合作，围绕项目驻地周边乡镇、社区等展开摸底调研，除掌握当地主要社会关系基本信息，还应特别关注主要的草根社会组织和环保类、人权类非政府组织的人员构成、基本动向和联系网络等信息，形成动态更新的数据库。要高度警惕独立工会在企业中的活动，提前做好预案，避免企业内部发生群体性对抗和暴力冲突事件。特别要警惕其利用"五一劳动节"和其他时间节点，在多个中企内策动多点并发式罢工，制造舆论事件。加强冲突预防课程培训，将冲突敏感实践/概念和解决问题的分析课程纳入采矿项目人员培训，防止劳资冲突或升级。

第三，增强项目信息公开和对外传播力度，有力反击美西方媒体对矿业项目的恶意栽赃抹黑。企业可与驻在国政府、智库、高校研究部门等合作，以双语定期发布旗下采矿项目的相关法律文件、项目进展、社会公益资金使用情况、企业环境治理和社会责任履行情况等信息，建立和定期更新专门的网站和出版物。并利用 Facebook、TikTok 和 Instagram 等社交媒体展开活动，报道企业对当地社区发展、居民就业增收、环境治理的贡献。针对公众对环境影响的质疑，可让当地社区代表参与和观摩企业相关流程和环境评估工作。在驻地地方政府大楼、邮局或其他公共场所设置专属招贴和信息站点，帮助公众提高对企业活动的认识。公司还可举办"开放日"活动，邀请当地社区访问观摩并参加座谈。

第四，加强报道本土化，善用外媒强化自身形象推广。在调研驻在国媒体生态的基础上，与相对较少受美国和西方控制、对华态度相对中立和客观的主流媒体、记者、制作人等建立合作关系。邀请相关媒体和记者参观企业，鼓励其用适合当地叙事和受众偏好的方式，制作关于企业的深度报道。举办摄影节、短视频制作大赛等活动，邀请媒体参赛，鼓励正面报道，探讨与国内和驻在国媒体合作摄制企业主题纪录片。加强企业内部公共关系部门的能力建设和培训，与驻在国咨询公司和公关公司合作，用及时专业的方式回应涉及企业的负面报道。企业还可出资设立所在国"大学毕业生联谊会"等平台，加强与驻在国青年群体的交流。与当地青年学者、记者合作，建立有关共建"一带一路"、双边关系、多边关系等主题的分析网站。网站内容主要由中亚国家、中国和其他国家学者撰写，其中中亚本土作者贡献内容应在 2/3 以上，维持每周 1~2 篇专题分析文章的更新频率，并建立团队每日更新新闻、企业信息、论文译介等版块。企业可与"鲁班工坊"项目相结合，作为企业社会责任项目的一部分，向项目驻地附近青年提供电子商务培训、职业技能培训等。

第五，增强社会责任基金使用的有效性，加强监管。企业应建立明确的社会责任基金监管框架，确保资金更多用在青少年和青年教育、乡镇基础设施建设、扶贫等领域，防止少数乡镇官员、部落酋长等贪污挪用基金，进而败坏企业形象。加强与当地社区就社会福利方案进行协商，不要在没有咨询当地社区及其需求的情况下擅自决定方案，防止"费力不讨好"。

附　　录

Appendices

2022年至2023年2月国际矿业大事记

2022 年

1 月 1 日　印度尼西亚宣布从 2022 年 1 月 1 日至 1 月 31 日禁止一切形式的煤炭出口，包括正在装运以及尚未装运完毕的运煤船，以保障国内的煤炭供应。1 月 12 日，印度尼西亚煤炭出口分阶段开放。

1 月 21 日　塞尔维亚全面停止力拓集团 Jadar 锂项目，并撤销力拓集团勘验许可证，该项目为欧洲最大的锂矿计划，也是塞尔维亚迄今最大的外国投资之一，但是该项目受到国内环保人士的大规模抗议抵制。

1 月 28 日　六冶公司中标印度尼西亚 OBI 镍钴湿法三期项目一标段、三标段工程，累计中标金额 8.81 亿元人民币，工程一标段为选矿工程，工程三标段为冶炼工程。

2 月 3 日　中国石油工程建设有限公司与埃克森美孚伊拉克有限公司签署西古尔纳-1 原油处理列项目 EPCC 总承包合同，合同金额约 3.1596 亿美元（折合约 20.1 亿元人民币）。

2 月 10 日　全球大宗商品巨头托克集团（Trafigura Grcup）在官网发布声明称，亚洲地区金属贸易商 Prateek Gupta 所控制的公司在向托克出售镍金属过程中实施"系统性欺诈",其所发货的集装箱里装载的不是镍,而是其他一些低价值金属,公司预期最多可能造成 5.77 亿美元损失。受此影响,LME 镍期货价格迅速上涨 1752 美元/吨,达 29142 美元/吨,单日涨幅超过 3%。

2 月 11 日 赛鼎工程有限公司与蒙古国 Coal Co.,Ltd. 签署 300 万吨/年洗煤、60 万吨/年焦化项目 EPC 总承包合作协议。该项目位于蒙古国艾力巴音矿区内,为蒙古国首个大型焦化项目。项目建成后,产能可达到 300 万吨/年洗煤、60 万吨/年焦化。

2 月 21 日 中石化石油工程公司全资子公司国际石油工程公司与道达尔能源乌干达有限公司签署了乌干达 Tilenga 油气集输系统 EPSCC 项目主合同,合同金额为 6.11 亿美元。

2 月 21 日 中建三局三公司中标刚果(金)大型矿山冶炼项目。该项目位于刚果(金)卢阿拉巴省,集采矿、选矿、冶炼为一体,是世界上规模最大、矿石品质最高的矿产项目之一,建成后日处理矿石达 25000 吨。

3 月 7 日 3 月 7 日至 3 月 8 日凌晨期间,伦敦金属交易所(LME)镍合约价格连续飙涨,一度创下 10 万美元/吨的天价。LME 决定于英国当地时间 8 点 15 分起暂停所有镍合约交易,并将所有于英国时间 2022 年 3 月 8 日零点或之后执行的交易取消。

3 月 22 日 中国五环工程有限公司与阿尔及利亚国家化肥公司(ASMIDAL)、阿尔及利亚国家工矿集团(MANAL)和云南天安化工有限公司在阿尔及利亚首都阿尔及尔共同签订阿中化肥公司(Algerian Chinese Fertilizers Company)股东协议,开展阿尔及利亚矿肥综合体项目的前期工作。该项目是阿尔及利亚首个矿肥综合体项目,规划总投资额约 70 亿美元,共分三期建设。

4 月 3 日 中冶钢构顺利中标印尼莫迪卡青山 AIM(一阶段)制造工程。该项目位于印度尼西亚中苏拉威西省莫若瓦力县,以韦塔尔矿山黄铁矿矿石为原料,采用先进氯化、焙烧等技术,拟建两条 60 万吨/年硫酸、120 万吨/年饱和蒸汽生产线,同时提炼铁、铜以及金、银等稀有金属。

5 月 6 日 中国中钢集团有限公司子公司中钢喀麦隆有限公司与喀麦隆

矿业、工业和技术开发部在雅温得签署投资额逾 7 亿美元的铁矿开采协议。项目的实施可为当地创造约 600 个直接工作岗位和超过 1000 个间接工作岗位，预期该项目将成为喀麦隆第一个工业化开采的矿业项目。

5 月 28 日　中国石油化工集团国际石油勘探开发有限公司与阿尔及利亚石油天然气公司在首都阿尔及尔举行签约仪式，双方将投资 4.9 亿美元合作开发位于阿尔及利亚东部伊利济省的扎尔扎伊廷油田，其中中方投资占比为 70%。

5 月 30 日　中国中铁十局承建的赣锋锂业阿根廷 Mariana 锂矿项目举行开工仪式。该项目是中国中铁在阿根廷落地的首个基建项目，主要工程是为年产 2 万吨氯化锂的盐湖提锂项目进行的基础设施建设。

5 月 31 日　巴西财政部将包括原铝、铝板和铝罐在内的多种商品的进口关税降低了 10%。HS 编码 7601.10.00 下原铝的新有效关税为 4.8%；铝板（7606.12.10 和 7606.12.90）为 9.6%；铝罐（7612.90.19）为 12.8%。

6 月　紫金矿业出资约 18 亿元人民币完成湖南省道县湘源锂多金属矿项目的收购，与对阿根廷 3Q 盐湖和西藏拉果错盐湖的全面收购合编为"两湖一矿"项目，标志着紫金矿业碳酸锂当量资源量将超过 1000 万吨，远景规划年产能有望突破 15 万吨碳酸锂当量，将进入全球排名前 10。

6 月 21 日　中国电建签约玻利维亚阿玛雅金矿采矿项目，主要工程内容为 1400 万方矿石及非矿石的开挖和运输。

6 月 30 日　中国洛阳钼业宣布位于刚果（金）的 KFM 铜钴矿项目一期工程将于 2023 年上半年投产，该项目的投资额为 18.26 亿美元。KFM 铜钴矿是世界上最大、品位最高的待开发铜钴矿项目之一，上述洛阳钼业项目未来达产后，预计年平均新增 9 万吨铜金属和 3 万吨钴金属。

7 月 13 日　中国江苏沙钢集团有限公司（"沙钢"）、宁波舟山港股份有限公司（"宁波舟山港"）与巴西矿业巨头淡水河谷公司合作的中宅精混矿项目开工建设。项目计划在中国浙江省中宅矿石码头建设筒仓精混矿设施，以混合至多 8 种不同的铁矿石产品，项目年产能为 1500 万吨。项目投产后生产的精混矿产品将专供沙钢使用。

7月19日　伊朗国家石油公司（NIOC）与俄罗斯天然气工业股份有限公司签署了价值约400亿美元的合作谅解备忘录，合作涵盖伊朗基什气田和北帕尔斯气田开发、南帕尔斯气田开发、液化天然气生产、输气管道建设等项目。伊朗拥有仅次于俄罗斯的世界第二大天然气储量，而本次合作则是伊朗石油行业历史上最大的外商直接投资协议之一。

7月25日　中国矿产资源集团有限公司成立大会在北京举行，该法人组织是中央直接管理的国有独资公司和国家授权投资机构，中共中央政治局常委、国务院副总理韩正出席大会并为公司成立揭牌。

8月11日　中国电建所属水电十一局签约津巴布韦萨比星锂钽铌矿土建工程项目。该签约项目生产规模为99万吨/年，矿区位于津巴布韦首都哈拉雷东南直线距离约180公里处，项目工程范围包括尾矿库筑坝、加工车间、锂精矿过滤车间、制造车间以及其他附属设施。

9月14日　中国宝武钢铁集团与力拓集团决定就西澳大利亚皮尔巴拉地区的西坡铁矿项目成立合资企业，宝武与力拓集团权益比例为46%和54%，并将分别投资20亿美元与13亿美元开发，目标是在合资期限内生产2.75亿吨铁矿石。

9月21日　2022（第24届）中国国际矿业大会以"线上"方式开幕。本届大会以"可持续的矿业，为了可持续的经济增长"为主题，十一个国家的驻华使节线上出席开幕式。

9月29日　中钢国际所属中钢设备有限公司中标土耳其 Tosyali 集团非洲工业项目，将负责为 Tosyali 集团在阿尔及利亚建设一个400万吨/年带式球团厂和一个400万吨/年选矿厂，以及在安哥拉建设一个170万吨/年选矿厂。

10月5日　"OPEC+"会议一致同意，沙特和俄罗斯等主要产油国将联合减产200万桶/日，这是新冠疫情流行以来"OPEC+"决定的最大减产幅度。

10月15日　中国石油工程建设有限公司中东地区公司签约伊拉克鲁迈拉油田 MQ（Mishrif Qurainat）原油处理设施项目。项目业主为巴士拉能源公司，合同工期为36个月以及2年的运营维护支持。

10月18日　紫金矿业出资3.6亿美元（约合人民币25.59亿元）收购南美洲苏里南Rosebel金矿项目，该矿为南美洲最大在产金矿之一。依据排产规划，Rosebel金矿项目未来服务年限为12年（2022~2033年），年均产金量约8.6吨，总计103.5吨。

10月21日　紫金矿业以59.1亿元人民币收购金沙钼业84%的股权，拿下全球储量最大单体钼矿——安徽金寨县沙坪沟钼矿。探矿权内的钼资源量233.78万吨，建成达产后年均产钼约2.72万吨。此次交易完成后，该公司权益钼资源量从92万吨大幅提升至290万吨，相当于中国总量的1/3，未来有望成为全球最大钼生产企业之一。

10月25日　智利政府对国际矿业巨头必和必拓、安托法加斯塔所反对的权利金提案进行了修改，取消了对大型矿企提高税率并与铜价挂钩的条款，而对大型生产商同等从价计征1%的税。

10月31日　中国国务院九部委联合印发《建立健全碳达峰碳中和标准计量体系实施方案》，提出到2025年碳达峰碳中和标准计量体系基本建立；到2030年碳达峰碳中和标准计量体系更加健全；到2060年技术水平更加先进、管理效能更加突出、服务能力更加高效，并引领国际碳中和标准计量体系全面建成。

11月2日　加拿大以"国家安全"为由，让中国中矿资源、藏格矿业、盛新锂能三家公司撤出对加拿大关键矿物公司的投资。

11月9日　中国能建山西电建成功签约印度尼西亚中苏拉威西省莫罗瓦利BSP年产400万吨红土镍矿EPC项目。该项目位于印度尼西亚中苏拉威西省莫罗瓦利县，矿区总面积1867公顷，工程范围主要包括矿区清表、覆盖层剥离和矿料剥采、挖掘、品控、运输至码头和装卸至驳船，以及施工期运输道路维护。

11月10日　由中国能建中南院和中国能建广东火电联合总承包的印度尼西亚PENTA800万吨红土镍矿开采和运输EPC项目开工。矿区总面积约1220公顷，工程范围主要包括清表、表层剥离、开采、运输、装船等工作。

11月10日　中国石油天然气集团有限公司和巴西国家石油公司合作的

位于巴西桑托斯盆地阿拉姆深水勘探区块的首口探井——古拉绍-1井测试获得成功，试油获得高产，是中国石油海外深水油气勘探的重大突破。

11月14日 七冶建设集团所属印尼公司中标印度尼西亚阿曼90万吨/年铜冶炼项目第三标段。该项目由印度尼西亚阿曼矿业公司投资建设，包括电解精炼厂、稀贵厂、渣选厂等工程建设内容（标注的时间为新闻发布时间）。

11月18日 中冶国际工程集团有限公司与印尼PT. ISN在雅加达举行了印尼RKEF镍铁冶炼项目合同签约仪式，标志着该项目正式进入实施阶段。项目位于苏拉维西省North Konawe地区，规划建设全产业链的镍工业园。

11月16日 中国最大的单体地下铁矿山——鞍钢西安山铁矿项目正式开工建设，这一项目总投资229亿元人民币，年产精铁矿将达千万吨级。

11月22日 第十一届亚洲铜业周活动在新加坡召开。本届会议由智利铜与矿业研究中心（CESCO）、中国有色金属工业协会（CNIA）共同主办，活动重点围绕全球铜工业面临的新挑战以及今后行业趋势等展开，包括亚洲世界铜业会议、CEO首脑峰会、亚洲晚宴等活动。

12月2日 中国能建国际集团与肯尼亚海能能源有限公司在内罗毕签署了肯尼亚蒙巴萨液化石油气存储设施项目商务合同。项目建成投产后，将有效解决肯尼亚液化石油气的储运难题，进一步保障其液化石油气的长期稳定供应，助力肯尼亚能源结构从煤炭向更加绿色低碳的清洁燃料转型。

12月5日 欧盟正式停止海运进口俄罗斯原油，并联合七国集团与澳大利亚实施"限价令"，具体为对俄罗斯海运原油实施每桶60美元的价格上限。

12月21日 世界第六大铝土矿生产国、第五大铝土矿资源国印度尼西亚宣布将于2023年6月起禁止铝土矿出口。

12月30日 中国国家能源局发布2022年能源工作成绩单，原油产量自2016年来首次重回2亿吨。

2023 年

1 月 16 日 中国石油工程建设有限公司海湾地区公司正式签约阿布扎比国家石油公司（ADNOC）海奥及迦沙开发项目 PCSA 阶段（Pre‐Construction Services Agreement，即 EPC 标前服务合同）。项目规模为天然气处理能力 10 亿立方米/天、原油处理能力 8.2 万桶/天、凝析油处理能力 7.7 万桶/天。

2 月 1 日 中国五矿集团旗下上市公司五矿资源位于秘鲁的 LasBambas 铜矿受当地暴力抗议活动影响，运输受阻、关键物资短缺，于该日起暂停生产。这已经是该铜矿自 2021 年以来的第三次停产。此前，秘鲁暴力抗议活动上升，抗议者封路逼停铜矿，该国 30% 的铜产量面临风险。

2 月 5 日 欧盟正式停止海运进口俄罗斯汽油、柴油、燃油等石油产品，并实施"限价令"，具体为对汽油、柴油、煤油等较贵石油产品设定每桶 100 美元的价格上限，对燃料油、石脑油等较便宜石油产品设定每桶 45 美元的价格上限。

2 月 5 日 世界最大金矿公司美国纽蒙特公司（Newmont）向全球排名第六的澳大利亚最大金矿企业纽克雷斯特矿业公司（Newcrest Mining）提出 169 亿美元的收购邀约。如果上述交易成功，这将成为澳大利亚历史上最大的矿业收购案和第三大企业收购案。受上述并购计划影响，纽克雷斯特矿业公司股票价格 2 月 6 日早盘一度上涨 14%，为其 2008 年以来最大涨幅。

世界重要矿产资源信息网站

网站名	网址	备注
全球矿业		
Mining	https://www.mining.com/	最全面的信息网站,提供最新的全球矿业新闻与政策情报、各类矿产资源的实时价格,还提供矿业就业信息、矿业政策科技与人才类信息、买家指南等
MiningTechnology	https://www.mining-technology.com/	提供全球矿业发展的时评分析,包括采矿设备技术、资源、社会环境问题、法律监管问题等
Mining Global	https://miningglobal.com	除全球矿业新闻,还设专门版块关注矿业数字化发展,并有按矿业公司分类的矿业动向报道
The Nothern Miner	https://www.northernminer.com/	提供全球矿业新闻、视频报道和分析以及就业信息,专设主要地区矿井分布与开采情况地图板块
Mining Journal Global Edition	https://www.mining-journal.com/	该期刊提供对全球矿业新闻的跟进与分析评论,设有专门的金融、投资板块
Mining Weekly	https://www.miningweekly.com/	期刊分为非洲版、美洲版、澳洲版、欧洲版,按地区、采矿部门、资源类型分类登新闻报道与研究文章
Mining Digital	https://miningdigital.com/	电子期刊,主要关注全球矿业技术、创新和数字化转型
International Mining	https://im-mining.com/	除全球矿业新闻,关注各类矿业会议,设有2022年In-Pit Crushing and Conveying会议专栏,有各年视频报道、采访档案
Financial TimesEnergy	https://www.ft.com/energy	金融时报能源版,以油气为主的全球矿产资源报道与分析
Kitco	https://www.kitco.com/	贵金属权威机构、金银产品零售商,提供贵金属时事新闻和价格变动情况,图表清楚、数据全面
London Metal Exchange	https://www.lme.com/	伦敦金属交易所
地区矿业		
Euromines	https://www.euromines.org/	由矿业公司、国家矿业协会以及其他相关团体构成的欧洲矿业协会官网,提供欧盟矿业政策、欧洲矿业新闻

续表

网站名	网址	备注
Australian Mining	https://www. australianmining. com. au/	关注澳大利亚矿产资源、矿业新闻、投资与就业情况
Mining Journal Americas Edition	https://americas. mining-journal. com/	Mining Journal 美洲版,关注美洲矿产资源、矿业新闻、时事分析、投资与风控
National MiningAssociation	https://nma. org/	美国矿业协会官网,提供美国矿业新闻、资源概况、统计数据
Mining In Africa	https://miningafrica. net/	关注非洲矿产资源概况、采矿公司、矿业新闻、统计数据
The Asia Miner	https:// www. asiaminer. com/	亚洲矿业期刊,提供亚洲矿业新闻、投资概况、时评分析
中国矿业		
中华人民共和国自然资源部	https:// www. mnr. gov. cn/	权威政策信息
中国矿业网	http:// www. chinamining. org. cn/	内含国际矿业信息
中国自然资源报-矿产板块	https://www. iziran. net/ column. html？cid＝20318	
中国地质矿产经济学会	http:// society. canre. org. cn/	
中国工业经济联合会	http://www. cfie. org. cn/	
中国石油企业协会	http://www. zgsyqx. com/	
中国有色金属工业协会	http:// www. chinania. org. cn/	网页内有多个分支机构及代管机构链接
中国化学矿业网	http://ccmassociation. cn/	
中国冶金矿山企业协会	http:// www. mmac. org. cn/	
中国化学矿业网-行业经济运行分析	http://ccmassociation. cn/ c/industry_analysis. html	
中国钢铁工业协会	http://www. chinaisa. org. cn/gxportal/xfgl/ portal/index. html	
中国煤炭工业协会	http:// www. coalchina. org. cn/	

续表

网站名	网址	备注
中国钨业协会	https://www.ctia.net.cn/	
中国矿业交易网	http://www.kyjyw.com/main/supplys.aspx? id=00020004	主要为民间交易,可参考市场行情
国际组织、机构、智库类		
The International Energy Agency	https://www.iea.org/	国际能源署
Global Data-Mining	https://www.globaldata.com/industries-we-cover/mining/	环球数据-矿业板块
World Mining Data	https://www.world-mining-data.info/	可查看历年全球矿业发展数据 pdf
Statista - Chemicals and Resources	https://www.statista.com/markets/410/chemicals-resources/	有化石燃料版块、金属资源版块、原油及精炼版块
S&P Global Market Intelligence	https://www.spglobal.com/marketintelligence/en/	根据标普全球市场情报,有大量数据、图表等信息
CEIC	https://www.ceicdata.com/en	有大量数据、图表等信息
Trading Economics-Commodities	https://tradingeconomics.com/commodities	全球经济指标,显示各类矿产资源实时价格、变动指数
Natural Resource Governance Institute	https://resourcegovernanceindex.org/	该网站提供全球各个国家自然资源管理的指数,可查看各个国家矿业发展情况,也可用网站算法对比不同国家矿业和能源发展状况
The World Mining Congress	https://wmc.agh.edu.pl/	联合国附属组织,除矿业新闻资讯,还可查看年度WMC 会议
Investing News	https://investingnews.com/	可查看各类矿产资源储量分布,也可按各类矿产资源分类查询相关数据、行业动向与时评分析
The International Council on Mining and Metals	https://www.icmm.com/	由采矿和金属公司、行业协会和非政府组织组成的国际组织 ICMM 官网,网站主要讨论矿业可持续发展绩效
The World Steel Organization	https://worldsteel.org/	世界钢铁协会

续表

网站名	网址	备注
Fitch Solutions	https://www.fitchsolutions.com/	惠誉旗下市场分析机构,可查询各类矿产资源未来若干年价格预测
PwC-Energy, Utilities and Mining	https://www.pwccn.com/en/industries/energy-utilities-and-mining.html	普华永道官网能源、公用事业及采矿业版块
EY	https://www.ey.com/en_gl	安永官网, Industries 版块可找到 Energy and Resources 分类
OECD	https://www.oecd.org/	经济合作与发展组织
IMF	https://www.imf.org/en/home	国际货币基金组织

图书在版编目（CIP）数据

世界矿业发展报告. 2022-2023 / 吴爱祥，陈红薇主
编；王冰副主编. --北京：社会科学文献出版社，
2023.9
　　ISBN 978-7-5228-1958-7

Ⅰ.①世… Ⅱ.①吴… ②陈… ③王… Ⅲ.①矿业发
展-研究报告-世界-2022-2023　Ⅳ.①F416.1

中国国家版本馆 CIP 数据核字（2023）第 102332 号

世界矿业发展报告（2022~2023）

主　　编／吴爱祥　陈红薇
副 主 编／王　冰

出 版 人／冀祥德
组稿编辑／祝得彬
责任编辑／王小艳　张苏琴
责任印制／王京美

出　　版／社会科学文献出版社·当代世界出版分社（010）59367004
　　　　　　地址：北京市北三环中路甲 29 号院华龙大厦　邮编：100029
　　　　　　网址：www.ssap.com.cn
发　　行／社会科学文献出版社（010）59367028
印　　装／三河市龙林印务有限公司

规　　格／开本：787mm×1092mm　1/16
　　　　　　印张：17.75　字数：270 千字
版　　次／2023 年 9 月第 1 版　2023 年 9 月第 1 次印刷
书　　号／ISBN 978-7-5228-1958-7
定　　价／198.00 元

读者服务电话：4008918866